Yaşamayı Öğrendiğim Gün

Pegasus Yayınları: 1182
Bestseller Roman: 531

Yaşamayı Öğrendiğim Gün
Laurent Gounelle
Özgün Adı: Le jour où j'ai appris à vivre

Yayın Koordinatörü: Yusuf Tan
Editör: Esra Kökkılıç
Düzelti: Halûk Kürşad Kopuzlu
Sayfa Tasarımı: Meral Gök

Baskı-Cilt: Alioğlu Matbaacılık
Sertifika No: 11946
Orta Mah. Fatin Rüştü Sok. No: 1/3-A
Bayrampaşa/İstanbul
Tel: 0212 612 95 59

1. Baskı: İstanbul, Ekim 2015
ISBN: 978-605-343-674-4

Yayıncı Sertifika No: 12177

Pegasus Yayıncılık Tic. San. Ltd. Şti.
Gümüşsuyu Mah. Osmanlı Sk. Alara Han
No: 11/9 Taksim / İSTANBUL
Tel: 0212 244 23 50 (pbx) Faks: 0212 244 23 46
www.pegasusyayinlari.com / info@pegasusyayinlari.com

LAURENT GOUNELLE

Yaşamayı Öğrendiğim Gün

Fransızcadan Çeviren:
HASAN CAN UTKU

PEGASUS YAYINLARI

Charlotte ve Léonie'ye

“Kendi kendinin efendisi olan kişi
dünyanın efendisi olandan daha güçlüdür.”
Buda

“İnsan varlığının farkına ancak uç noktalardayken varır.”
Karl Jaspers

1

Kötülüğü kökünden kazımak.

Jonathan bir yandan mekanik bir hareketle tıraş olurken, bir yandan da San Francisco'nun hoş bir ara sokağının içinde bulunan ve yaklaşık üç ay önce kiralamış olduğu minicik, pembe evin üst katındaki banyonun penceresinden, yoncaların çimenlikte amansızca ilerleyişini izliyordu. Acımasız temmuz güneşi altında sararmış zavallı çimenler her an boyun eğmeye hazır görünüyordu. Klopiralit bir işe yaramıyordu. Ayın başında koca bir bidon dolusu püskürtmüştü ama hiçbir işe yaramamıştı. Her bir filizi teker teker sökmek gerek, diye geçirdi içinden Jonathan elektrikli tıraş makinesi çenesini sürekli bir cızırdamayla okşarken. Bahçeyi en iyi haliyle korumak onun için çok önemliydi: Evin arkasında güneye bakan bu bahçe, iki haftada bir hafta sonları ziyarete gelen kızı Chloé'nin oyun alanıydı çünkü.

Jonathan tıraşı bitince akıllı telefonundan e-postalarını kontrol etti. Müşterilerden siparişler, bir şikâyet, bir öğle yemeğinin iptali, aylık muhasebe raporu, telefon operatöründen bir reklam ve birkaç haber bülteni.

Aynanın önüne geri dönüp eline bir fırça ile kahverengi boya şişesini aldı. Losyonu dikkatlice ilk beyaz tellerinin üzerine sürdü. Otuz altı yaş zamanın izlerini kabullenmek için çok erkendi.

Meydandaki kafede günlük randevusuna zamanında yetişebilmek için aceleyle hazırlanmasını tamamladı. Beş yıl önce, küçük sigorta şirketini kurduklarından beri, her sabah üç ortak terasta hızlıca bir kahve içmek için burada buluşurlardı. Ortaklarından biri eski sevgilisi Angela idi ve yakın zamanda ayrılmış olmaları bile bu sarsılmaz görünen geleneği hiç değiştirmemişti.

Onların şirketi, şehirde, bölgenin küçük esnaflarından oluşan bir müşteri kitlesi üzerine uzmanlaşmış olan tek şirketti. Zorlu bir başlangıç döneminin ardından şirket belli bir dengeyi tutturmuştu ve artık ortaklara çok fazla olmasa bile aylık ücret sağlayabiliyordu. Ayrıca şirket kök salmayı da başarmıştı ve büyüme olasılıkları umut vaat ediyordu. Kuşkusuz daha çabalamak gerekecekti ve Jonathan da zaman zaman geçici bir cesaretsizliğe kapılmıyor değildi ama yine de her şeyin mümkün olduğuna ve sınırları insanın ancak kendi kendine koyduğuna inanmayı sürdürüyordu.

Verandaya çıkıp bahçe kapısına kadar yürüdü. Havada hoş bir yaz pusu kokusu vardı. Evi sokaktan ayıran küçük ön bahçe de arkadakinden daha iyi durumda değildi. Kuzeye bakan bu bahçeyi de yosun kaplamıştı.

Posta kutusunda Jonathan'ı bekleyen mektuplar vardı. Bankadan gelmiş bir zarfı açtı. Araba tamiri, hesabını sıfırlamıştı. En kısa zamanda hesabı yeniden doldurması gerekiyordu. İkinci mektupsa telefon operatöründen geliyordu. Herhalde yine bir fatura olacaktı...

"Günaydın!"

Onunla aynı anda mektuplarını almaya çıkmış olan komşusu yüzünde rahat bir ifadeyle, hayatın yüzüne güldüğü adamlara özgü bir suratla onu selamladı. Jonathan da karşılık verdi.

Bir kedi miyavlayarak bacaklarına sürtündü. Jonathan onu okşamak için eğildi. Komşu binalardan birinde oturan yaşlı bir hanımın kedisiydi. Jonathan onu sık sık arka bahçesinde buluyor ve bu da Chloé'nin çok hoşuna gidiyordu.

Kedi sokakta Jonathan'ın önünden yürüdü ve binanın kapısının önünde ona doğru bakarak miyavladı. Jonathan kapıyı itti ve kedi de gözlerini ondan ayırmadan içeri daldı.

"Seninle gelmemi mi istiyorsun? Ama acelem var," dedi Jonathan asansörün kapısını açarken. "Haydi, çabuk gel!"

Ancak kedi usul usul miyavlayarak merdivenin dibinde duruyordu.

"Merdiveni tercih ettiğini biliyorum ama benim zamanım yok. Gel haydi..."

Kedi, gözlerini kırpıştırarak direndi. Jonathan içini çekti.

"Abartıyorsun..."

Kediyi kollarına aldı ve üçüncü kata dek basamakları birer birer tırmandı. Kapı zilini çaldı ve beklemeden yeniden aşağı indi.

"Ah! Demek buradasın seni kaçak," dedi yaşlı kadının sesi.

Jonathan henüz evleri uykudan tam uyanamamış olan ara sokağa çıktı ve randevusunun olduğu küçük meydana ulaşmak üzere sağdaki mağazaların bulunduğu caddeye saptı.

Bir önceki gün Amazon Ormanları'ndaki yıkımlara karşı düzenlenmiş olan ve kendisinin de katıldığı gösteriyi düşündü. Birkaç yüz insanı bir araya getirmiş ve hatta yerel basının ilgisini çekmeyi de başarmışlardı. Bu da az şey değildi.

Spor mağazasının vitrininin önünden geçerken uzunca bir süredir gözüne kestirmekte olduğu bir çift spor ayakkabıya göz attı. Müthiştiler ama çok da pahalıydılar. Biraz ileride bir Avusturya pastanesinin, dâhiyane bir buluşla binasının ön cephesine yerleştirmiş olduğu havalandırma deliklerinden dışarı sızan baştan çıkarıcı sıcak pasta kokusu içini gıcıkladı. Neredeyse boyun eğecekti ki yürüyüşünü hızlandırdı. Kolesterol miktarı çok yüksekti. Gündelik mücadelelerimizin içinde en kötüsü, gün boyunca kendi içimizde uyandırdığımız sayısız arzuya karşı verdiğimiz mücadele değil miydi?

Orada burada birkaç evsiz, battaniyelerinin altında uyumaktaydı. Meksikalı bakkal, dükkânını açmıştı bile, gazete bayisi de öyle ve biraz ilerideki Porto Rikolu kuaför de. Dalgın ifadelerle işlerine gitmekte olan bazı tanıdık yüzlere rastladı. Bir saate kalmadan buralar tamamen canlanacaktı.

Mission District, San Francisco'nun en eski semtidir. Burada hiçbir şey birbiriyle uyumlu değildir: Viktorya döneminden kalma, az çok yenilenmiş villaların arasında ruhsuz yeni apartmanlara ve ciddi hayati tehlike oluşturan eski binalara da rastlanır. Pastel renklerdeki eskiden kalma evlerin yanında saldırgan tonlardaki grafitiyle kaplı binalar da bulunur. Buranın nüfusu da, birbirleriyle pek fazla kaynaşmadan bir arada yaşayan farklı cemaatlerden oluşmaktadır. Çince, İspanyolca, Yunanca, Arapça ve Rusça gibi çok farklı dili duymak mümkündür. Burada herkes, diğerleriyle hiç ilgilenmeden kendi dünyasında yaşayıp gider.

Bir dilenci elini uzatarak yaklaştı. Jonathan kısa bir an için duraksadıktan sonra adamın gözünün içine bakmadan yanından geçip gitti. Herkese para veremezdi ki.

Ortağı Michael, kafenin terasındaki yerini almıştı bile. Baştan çıkarıcı bir gülümsemeye sahip, kırklı yaşlarında, zarif bir adamdı ve çok hızlı konuşup etrafına öyle yüksek bir enerji yayardı ki insan onun yüksek gerilimli bataryaya bağlı ya da amfetamin çekmiş olup olmadığını merak ederdi. Kum rengi bir takım elbise içinde beyaz gömleği ve turuncu ipek kravatıyla, sanki kravatına uysun diye seçilmiş gibi görünen bir dilim havuçlu kek ve kocaman bir fincan kahvenin önüne kurulmuştu. Teras kaldırımın üzerinde çok geniş bir alanı kaplıyor ve bir şatonun portakal bahçesine yaraşır büyüklükteki tahta saksılar içinde bulunan çalıların arkasından geçen arabalar neredeyse unutuluyordu. Hint hurması ağacından yapılmış masa ve sandalyeler, şehirde değil de başka bir yerde olunduğu izlenimini daha da güçlendiriyordu.

"Nasıl gidiyor?" diye sordu Michael yüksek sesle.

Jim Carrey'nin *Maske* filmindeki oyunculuğundan çok uzakta değildi.

"Ya sen?" diye karşılık verdi Jonathan alışıldık şekilde.

Cebinden küçük bir anti bakteriyel losyon şişesi çıkarıp parmaklarının üzerine içindekinden birkaç damla döktü ve ellerini enerjik bir şekilde birbirine sürttü. Michael keyifli bir gülümsemeyle onu izliyordu.

"Müthiş! Ne alıyorsun? Günün pastası bir harika."

"Artık kahvaltıda pasta mı yiyorsun?"

"Yeni rejimim: Sabahları başlangıç için biraz şeker, sonra bir daha gün boyunca hiç yok."

"Pasta olsun o zaman."

Michael garsona işaret etti ve sipariş verdi.

Üç ortak arasında mesleğin inceliklerine en hâkim olanı Michael'dı ve Jonathan ona karşı çoğu zaman belli bir hayranlık duyardı. Müşterileri ikna olmaya hazır bir ruh durumuna getirebilmeyi başarmadaki rahatlığına imrenirdi. Esnafı ikna etmek için ona eşlik ettiği zamanlarda Jonathan, Michael'ın tamamen isteksiz görünen kişilerin fikrini değiştirmeyi başardığı inanılmaz sahnelere tanık olmuştu. Uzun zaman eğitim aldıktan ve satış yöntemleri konusunda alıştırma yaptıktan sonra Jonathan işinde başının çaresine doğru dürüst bakabilecek bir düzeye ulaşmıştı gerçi. Ama Michael'ın sanatını uygulamasındaki rahatlığa, müşterileri yeni sözleşmeler imzalamaya, yeni seçenekleri kabul etmeye, korunma biçimlerini giderek geliştirmeye, hatta farkına bile varmadan aynı riske karşı birkaç kere değişik korunma planlarına girmeye ikna etme tekniklerindeki ustalığına erişebilmek için daha kırk fırın ekmek yemesi gerekirdi. Michael ortaklarına bu alanda hüküm süren duygunun korku olduğunun, korkunun bir sigorta danışmanının başlıca müttefiki olduğunun sırrını vermişti. Bir esnafa felaketten, soygundan, tazminat davasından söz edildiği anda korku gözlerinde belirirdi. Başlangıçta minicik olan bu korku, sinsice zihninin kıvrımları arasına sızar ve sonunda karar verme yetisine egemen hale gelirdi. Bu durumda uğursuz bir talihsizliğin ya da öfkeli bir müşterinin açacağı davanın getireceği masrafların yanında ödenecek yıllık aidatın lafı mı olurdu? Olasılıklar ne kadar karanlık görünürse, sigorta da o kadar değer kazanırdı...

Jonathan dürüst bir adamdı ve zaman zaman suçluluk duygusuna kapıldığı olurdu. Ancak bütün rakipleri bu tekniklere başvurduklarından onun tek başına bunlardan kaçınması aleyhine olacaktı. Bu merhametsiz dünyada kurallar neyse odur, diyordu kendi kendine. İnsan toplum dışına itilmişlerin arasına katılmayı istemiyorsa onları olduğu gibi kabullenip, onlardan yararlanmaya çalışmak zorundaydı...

"Biliyor musun?" dedi Michael. "Son zamanlarda senin durumunu çok düşündüm."

"Benim durumumu mu?"

Michael nazikçe başını salladı. Bakışları anlayış doluydu.

"Halinizi inceledikçe eski sevgilinle günbegün birlikte çalışmanın senin için nasıl bir cehennem olduğuna gitgide daha çok inanıyorum."

Biraz hazırlıksız yakalanmış bulunan Jonathan karşılık vermeksizin ortağına baktı.

"Karşılıklı olarak birbirinize zarar veriyorsunuz. Bu hiç makul bir şey değil."

Jonathan şaşakalmıştı.

"Bu iş böyle süremez."

Jonathan başını önüne eğdi. Michael ona neredeyse şefkatle bakıyordu.

"O yüzden de ileri görüşlü davranmakta yarar var..."

Havuçlu kekinden bir lokma yedi.

"Bu konuyu enine boyuna düşündüm ve sonunda sana bir teklifte bulunmaya karar verdim."

"Teklif mi?"

"Evet."

Jonathan sessiz kaldı.

"Bana hemen yanıt verme, bir süre düşün."

Jonathan dikkatle onun yüzüne baktı.

"Eğer çekilmek istersen," dedi Michael, "senin payını satın almaya hazırım."

"Payımı mı? Şirketteki mi?"

"Evet, pastadaki değil herhalde."

Jonathan ne diyeceğini bilemedi. Birlikte kurmuş oldukları bu işletmeyi terk etmek aklından bile geçmemişti. Ona hem maddi hem de manevi açıdan öyle çok yatırım yapmıştı ki âdeta artık vücudunun bir parçası haline gelmiş gibiydi. Midesinde bir düğümlenme hissetti. Şirketten ayrılmak onun için yaşamındaki en merkezî unsurla bağlarını koparmak anlamına gelecekti. Sıfırdan başlamak, her şeyi yeni baştan kurmak...

Kafenin içinde, duvara çivilenmiş bir televizyon ekranında kupa üzerine kupa kazanan tenis şampiyonu Austin Fisher'ın görüntüleri dönüyordu. Birkaç hafta önce Wimbledon'u yeniden kazanmasının ardından büyük favori olarak gösterildiği Amerika Açık turnuvasına katılmak üzere Flushing Meadows'a geliyordu.

Jonathan dalgınca bu görüntülere baktı. Hisselerini Michael'a satması aynı zamanda onu geçmek ve en iyi satış rakamlarına sahip kişi olmak konusundaki gizli düşlerinden de vazgeçmesi anlamına gelecekti.

"Bunun için biraz borca girmem gerekecek," diye devam etti Michael. "Zor olacak ama belki de hepimiz için en iyisi bu olacaktır."

"Selam millet."

Angela masalarına gelip oturdu ve dudaklarında küçük bir gülümseme bulunduğu halde içindeki bunaltıyı belli etmek için gürültüyle iç çekti. Jonathan onu çok iyi tanıyordu.

"Nasıl gidiyor?" diye sordu Michael geğirerek.

"Kızın dişlerini fırçalamaya yanaşmadı," dedi kadın çenesini Jonathan'a doğru uzatarak. "Tabii ki peşini bırakmadım. On dakika kadar boğuşmam gerekti... Sonuç, okula vardığımızda kapı duvardu. Bekçinin zilini çalıp azar işitmek zorunda kaldı. Kendi düşen ağlamaz."

"Her zamanki gibi filtre kahve mi?" diye sordu Michael gülümsemesi hâlâ yerli yerinde.

"Hayır, duble espresso istiyorum," dedi Angela yeniden iç geçirerek.

Michael siparişi verdi. Angela yüzünde yakıcı bir gülümsemeyle gözlerini Jonathan'ın üzerine dikti.

"Huzurlu bir halin var. Gevşemiş görünüyorsun..."

Jonathan karşılık vermedi. Angela parmaklarını ucu omuzlarına değen açık kestane rengi saçlarında gezdirdi.

"Bitkilerimle kızımla ilgilendiğimden daha çok ilgileniyorum diye bana sitem ediyordun ama..."

"Sana bunun için hiç sitem etmedim ben," diye itiraz etti Jonathan daha başından yenik bir sesle.

"Ama görüyorsun ya, bitkilerim feryatlar koparak yerlerde yuvarlanmıyorlar."

Jonathan gülümsemesini bastırdı ve hiçbir şey demeden kahvesini içti. Ayrılalı üç ay olmuştu ama Angela hâlâ ona eskisi gibi sitemlerde bulunmaya devam ediyordu. Birdenbire bunun aslında tuhaf biçimde hoşuna gitmekte olduğunu fark etti. Bu durum ilişkileri sanki her şeye karşın sürüyormuş duygusu uyandırıyordu. O zaman daha önce kendisine hiç itiraf etmemiş olduğu şeyin farkına vardı: İçinin derinliklerinde yeniden bir araya gelme umudu barındırıyordu.

Hisselerini Michael'a satmak bu umudunu da elinden alacak, Angela'yla aralarında kalmış olan son gündelik bağlarını da koparacaktı.

Ortaklarını terasta baş başa bırakarak ilk randevusuna doğru yola koyuldu. O gün ziyaret edeceği müşteri adaylarının listesi uzundu. Zorlu bir gün olacaktı ama ne de olsa hafta sonu arifesiydi. Dinlenmek için yeterince zamanı olacaktı.

İki gün sonra yaşamının sonsuza dek altüst olacağına dair en küçük bir kuşku bile taşımıyordu.

2

Profilden görünen yüzü hafifçe gerilmiş. Ayağa kalkıyor, hızlıca selam veriyor ve arkasını dönüp uzaklaşıyor.

Nikon'un güçlü zumu Jonathan'ın hareketlerini terastan ayrılıncaya dek izledi. Silueti bulanıklaştı. Ryan kamerayı durdurdu, ayağa kalktı ve genç adamın uzaklaşmasını, meydanın karşı tarafında bulunan apartmanının ikinci katındaki pencerenin siyah tüllerinin arkasından izledi.

"Hiçbir hazırcevaplık belirtisi yok, hiçbir şey söylemeden uzaklaşıp gidiyor... Oldukça gülünç ama tam olarak başarılmış da sayılmaz. Diyelim ki... 20 üzerinden ancak 10," diye mırıldandı sakalının içinden.

Nemli ellerini kot pantolonuna sildi ve siyah tişörtünün ucuyla da alnındaki teri kuruladı. Siyahın kir göstermemesi iyi bir şeydi.

Bakışlarını kafenin terasında gezdirirken iki zarif kadını fark etti. İçlerinden birini tanıyordu, onu daha önce iki üç defa filme çekmeyi denemiş ama başarılı olamamıştı. Yeni aldığı çok yönlü parabolik mikrofonun bağlı olduğu kamerayı kadınlara doğru yöneltti. Koca kulaklıkları yeniden taktığında kadınların sesi şaşırtıcı bir berraklıkla çınladı. Ryan yaptığı alışverişten hiç de pişman değildi: Seksen metreden fazla mesafeden kadınların konuşmalarını sanki onlarla aynı masada oturuyormuşçasına duyabiliyordu.

"Evet, doğru söylüyorum," diyordu biri. "Emin olabilirsin. Oysa hepsini önceden bloke etmiştim. En az altı ay öncesinden. Tabii ki her şeyimi de çoktan rezerve etmiştim. Uçak bileti, otel... Hepsi."

"Bu gerçekten de hiç hoş değil," diye yanıtladı öteki başını iki yana sallayarak. "İptal tazminatı aldın mı peki?"

"Tabii ki! Düşünsene, üç yıl önce de bana aynı şeyi yapmıştı. Artık hiç güvenim kalmadı."

"Ben senin yerinde olsaydım iş değiştirirdim. Sendeki özgeçmişle nerede istesen çalışabilirsin. Bense olduğum yerde sıkışıp kaldım..."

Ryan bir süre kayıt yapmaya devam ettiyse de boşunaydı. Bir önceki hafta binanın öteki tarafında bulunan odasının penceresinin, genç kadının doksan dört metre mesafedeki bahçesine baktığını keşfetmişti. Bu biraz uzaktı gerçi ama gerçekten kaydetmeye değer bir şey olursa görüntü odağını yakınlaştırıcı bir lens kullanarak idare edebilirdi. Ryan'ın dairesi ikinci katta, gerçekten de bulunmaz bir mevkideydi.

Apartmanın bir tarafı kafenin terasını alabildiğine gören manzarasıyla meydana bakıyor, diğeriyse evlerin ve apartmanların bahçelerine doğru açılıyordu ki bu bahçelerde sıklıkla benzersiz aile sahneleri yaşanıyordu. Bunlardan birçoğu Ryan'ın blogunda yayınlamak üzere belirlemiş olduğu 20 üzerinden 12 sınırına erişmişti.

Bir yudum kola içtikten sonra gözleriyle terası taradı. Tanımadığı, ellili yaşlarda bir çiftin hararetle konuşmakta olduklarını fark edince kamerayı onlara doğru çevirdi.

"Seninle konuşurken," diyordu kadın, "kendimi balmumundan bir heykelle konuşuyormuş gibi hissediyorum."

Ryan, kadının kocasının yarı pişman yarı dalgın yüzüne zum yaptı.

"Üstelik," diye devam etti kadın, "balmumu güneşte erir. Oysa seni hiçbir şey eritemez, buz gibi soğuksun. Daha çok mermerden bir heykel gibi. Evet, bu oldu işte, mermer. Bir mezar gibi. Bir mezardan daha konuşkan değilsin. İletişim kurmaktan acizsin..."

Bu sözcükleri duyunca Ryan içinde bir nefret esintisi hissetti ve kamerayı kapadı.

İletişim kurmaktan aciz. Mühendislik diplomasını aldıktan sonra iş hayatına ilk girdiğinde duyduğu bir sitemdi bu. Yedi yıl sonra bile bu sitem hâlâ kafasının içinde yankılanıyordu.

İnsan kaynakları müdürünün salakça teorisini kendisine açıklayan bön suratını hâlâ görebiliyordu. *Zekânın çeşitli biçimleri vardır,* diye girmişti konuya. *Rasyonel zekâ tek başına değildir. Duygusal zekâ da önem taşır.*

Duygusal zekâymış... İnsanlar salakların içini rahatlatmak için neler uyduruyorlar böyle? O halde neden kas zekâsı da olmasın, sindirim zekâsı, boşaltım zekâsı falan?

İşin aslı onun, sersemlerle konuşurken diğerleri gibi onların düzeyine alçalmaya yanaşmadığı için işten kovuluyor oluşuydu. Çünkü kendisinden bekledikleri buydu işte. Gerzeklerin krallığında salakların dilinden konuşabilenler kral olurlar. Berkeley ya da Stanford'da, C programlama dili veya Visual Basic yerine bu dili öğretmeleri gerekir aslında. Hem zaten politikada da bu böyledir: İnsanlara duymayı istedikleri saçmalıkları söyleyen kişiler seçilirler. Söylem ne kadar aptalca olursa, o kadar iyi iş yapar.

Ryan gerginliğini yatıştırmak için derin bir soluk alıp verdi. Kendi kendine inme indirtmesine hiç gerek yoktu. O zaman o salaklar kendisini yenmiş olacaklardı.

Kariyerinin başlangıcını ne zaman aklından geçirse hep aynı şey oluyordu. İşten çıkarılışının ardından gelen iş görüşmelerini hatırlıyordu. Neden bu kadar erken işten ayrıldığını öğrenebilmek için ona işkence ediyorlardı. Bu aşağılayıcı iş görüşmelerinde ona kişisel, inanılmayacak derecede mahrem sorular soruyorlardı. *Benim hobilerimin yapacağım işle ne ilgisi olabilir*, diye suratlarına haykırmayı isterdi. *Bir ilişkim olup olmadığından size ne?* Bunları onların yüzlerine söylemeli, daha en başından ağızlarının payını vermeli, bu sahte durumlara, rol yapmalara girmeyi hiç kabul etmemeliydi... Her seferinde de acele tarafından en gülünç ve en sefil sonuçlara varıyorlardı: *İlişkilere dikkat edilecek... Ekip çalışmasında zorlanabilir... İletişim kurmaktan aciz...*

Ryan en son kaydı sildi.

Şimdi, çok düşük ücretli bir temel programcılık işiyle yetinmek zorundaydı. Yarım günde baştan savma halledebildiği bu tam zamanlı işin tek faydalı tarafı evden çalışabiliyor olmasıydı.

Zihni bulanık, üç yudum daha kola içti ve ardından bilgisayarının ekranına doğru döndü. Blogdaki son mesajı için yüz yetmiş altı *like* ve on iki yorum vardı. Bu videoda dört defa karar değiştirdikten sonra ısmarladığı hamburgeri yiyen ve sonunda yanındaki arkadaşına aslında sosisli sandviç yemeyi tercih edeceğini üzgün bir suratla itiraf eden adam görülüyordu. Katıksız bir köylü budalası. İnsanı gülmekten öldürür.

Minneapolis Chronicles adını verdiği blogu bu türden sahneler yayınlıyordu. Reklamlar sayesinde oradan buradan birkaç dolar kazanıyordu. Ne koparsa kârdı. Aslında adını *Salakla-*

rın Yaşamı koymayı istemişti ama bunun yerine özellikle San Francisco'dan uzak bir şehre atıfta bulunan bir ismi tercih etti. Yakın plan çekim yaptığı için mekânların tanınması mümkün olmuyordu. Başını beladan uzak tutmak için bulduğu bir hileydi bu. Kaliforniya yasaları açıkça belirtiyordu çünkü: Kamuya açık alanda çekim yapabilmek için görüntüye girecek herkesten önceden izin alınması gerekiyordu. Orta Batı'nın bir ucundaki Minneapolis'teyse canın kimi isterse onu çekmekte özgürdün.

Böylece kahkahalarını sitenin müdavimi olan küçük bir grupla paylaşabiliyordu. Madem toplum salaklar tarafından ve salaklar için örgütlenmiş, diyordu kendi kendine, bunun için sızlanıp da ülser olmaktansa bununla dalga geçmek çok daha iyidir.

Mahallenin insanlarını filme aldıkça onların adlarını öğrenmeye, yaşam öykülerinden kırıntılar bilmeye de başlamıştı. Bunların çoğu hiçbir yararı olmayan, bayağılık ve vasatlıklarıyla iç bayıltan kişilerdi ama kimi zaman salaklıkları bu vasatlığı lezzetli hale getiriyordu.

Ryan kolasından bir yudum daha içti, sonra da tercihini dumanı tüten kocaman birer çay fincanının önüne kurulmuş iki genç kadından yana kullandı. İçlerinden biri yakında evlenecekti ve diğerine hayatıyla ilgili planlarını anlatıyordu. Ryan, müstakbel gelinin saf ve yumuşak ses tonunu duyunca gülümsemesine engel olamadı. Bu kızda potansiyel vardı.

Kameranın ayarlarını düzeltti. Objektifi f8'e açarak yeterli alan genişliğini elde etti. Takma kirpikleri ve üzeri kremle örtülü siyah noktaları aşabilmek için de yaklaştı.

"Bob'la ben her şeyi paylaşıyoruz," diyordu.

"Çok şanslısın," dedi öteki. "Benim Kevin'se sofrayı toplamamak için sürekli bir bahane bulur. Çamaşırları asmamak için de öyle. Beni çıldırtıyor."

"Evet, anlıyorum. Bob ve ben her şeyi paylaşıyoruz, rolleri de, işleri de. Hatta parayı bile. Masrafları da ikiye ayırdık. Her şey apaçık oldu."

"Ah, ne iyi olmuş. Bizimse hiç kuralımız yok..."

"Bak mesela şimdi satın alacağımız daire için Bob şöyle dedi: 'En iyisi masrafları aramızda paylaşmamız. Daireyi benim adıma alacağız ve aylık ödemeleri ben yapacağım. Her şeyle ben ilgileneceğim. Sen de vergileri, faturaları, yemeği, tatilleri falan ödersin...' Hepsini hesaplamış, böylece masrafları eşit paylaşıyoruz ve başımız da ağrımıyor."

"Ama... Bir gün boşanacak olursanız... Daire onun olacak, senin de elinde bir şey kalmayacak..."

"Ah... Ne çabuk... O benim hayatımın erkeği, onunla evleniyorum ve sen şimdiden boşanmayı mı düşünüyorsun?"

"Ama..."

"Senin aşka inancın yok..."

Ryan dudaklarını kemirdi. Her ihtimale karşı birkaç saniye daha kayda devam ettikten sonra kamerayı kapadı. Sonunda kahkahasını koyuverdi.

"İşte bu kadar! Minneapolis'e gidiş biletini kazandın güzelim!"

3

San Francisco körfezinin üzerindeki sis dağılmıştı ve Alcatraz Adası birden mavi bir haleyle sarınmış olarak uzaklarda belirivermişti. Ilık rüzgâr hoş bir deniz kokusu taşıyor ve açılmış yelkenlilerin halatlarının direklere çarptıkça çıkardıkları tıkırtılar duyulabiliyordu. Jonathan bütün gücüyle derin bir soluk aldı. Yaz günlerinde sabah sisinin sanki büyü yapılmış gibi bir anda dağılıverip de yerini daha birkaç saniye öncesine dek tahmin bile edilemeyecek parlaklıktaki güneş ışığına bıraktığı bu anlara bayılıyordu.

Rıhtıma pazar günleri çok sıklıkla inmezdi aslında, bunu biraz fazla turistik buluyordu ancak o gün elinde olmadan kendini oraya çekilmiş hissetmişti. Kızından ayrı geçen hafta sonlarından nefret ediyordu. İki haftada bir sadece hafta sonları kızını görmesine izin veren katı kural onu yalnız, yapayalnız bırakıyordu. Fakat ender *Sunday Streets* günlerinde sokağa çıkmayı alışkanlık edinmişti. Bu günlerde şehrin büyük bir kısmı yayalaştırılır, sokaklar yürüyenlere ve bisiklete binenlere kalırdı.

Sabahın ilk saatleri dayanılmaz geçmişti: Evin arka bahçesindeki yoncaları eliyle sökmek zorunda kalmış, sokak tarafınaysa yosunları ortadan kaldırmak için demir sülfatı ufalamıştı.

Dalgakıranın çevresini, mutlak ve neşeli bir kaygısızlık içinde akın etmekte olan aylaklar sarmıştı. Çocuklar kahkahalarla sıçrayıp duruyorlar, külahlarından aşağıya damlayan kocaman dondurmalarını yalıyorlardı. Sabah melteminin iyotlu kokusu çevredeki dükkânlardan yayılan sıcak çörek ve kızartmaların kokularıyla yer yer kesintiye uğruyordu. Şen bir şamata içinde sohbetlerden parçalar kulağına çınlıyordu.

Gezinenlerin akını onu son derecede doğal bir şekilde dalgakıranın köşesine, salların üzerinde toplanmış olan fokların görülebildiği noktaya doğru sürükledi. Onları şimdiye kadar yüz defa görmüştü belki ama yine de buralardan geçerken bir göz atmadan duramıyordu. Parlak vücutları, tıpkı onları izlemek üzere parmaklıklara abanmış olan turistlerin terli vücutları gibi birbirine yapışıyor, kendilerini gözetleyen bu röntgencilere karşıysa tamamen kayıtsız kalıyorlardı.

Parmaklık bu baskıya dayanamayıp meraklı turistleri Pasifik'in soğuk sularına bırakacak olursa bundan kimin sorumlu olacağını düşünmeden edemedi. Parmaklığı üreten şirket mi? Onu buraya yerleştirenler mi? Yoksa bu dalgakıranı kalabalıklar için çekici bir ticari merkez haline getirmiş olan Rıhtım 39'un yöneticileri mi? Bölgedeki esnafa sigorta satmaya başladığından bu yana zihni sürekli bu türden sorgulamalarla kirleniyordu. Tam bir meslek hastalığı.

Zaman zaman patenli gençlere çarpa çarpa rıhtımı takip ederek yoluna devam etti. Parlak bakır çalgılarıyla küçük bir caz topluluğu bir Sidney Bechet parçası çalmaktaydı. Biraz ilerideyse altmışlı yaşlarda bir adam, gerginlikle giysilerinin ceplerini yokluyordu.

"Gitmiş," diyordu. "Yok olmuş!"

"Ne gitmiş?" diye sordu yanında duran kocaman gözlüklü kadın. "Yine ne diyorsun sen öyle?"

"Cüzdanım! Kaybolmuş!"

"Otelde bırakmışsındır. Bu aralar her şeyi unutuyorsun..."

"Hayır ama, üzerimdeydi... Eminim... Ben... Ah! Buradaymış! Arka cebimdeymiş," dedi sol kalçasını avuçlayarak.

"Aklın başında değil, zavallıcığım..."

Jonathan müşfik gözlerle yaşlı çifte baktı. Günün birinde böyle bir ilişkisinin olması pek muhtemel gözükmüyordu.

Angela'yla yedi yıl birlikte olmuşlardı. Haksız yere onu kendisini aldatmakla suçlayarak terk ettiğinde gerçek bir şok yaşamış, bir sersemlik döneminin ardından yalnızlık ve özlem gelmişti.

Bir bisiklet zilinin çınlaması onu düşüncelerinden sıyırdı.

Arabaların sokağa çıkmasına izin verilmeyince, yayalar ve bisikletliler neşe içinde asfalta dökülüyorlardı. Trafik lambaları da pes etmiş bir halde, çaresizce sonsuza dek ışıklarını yakıp söndürüyorlardı. Zaman geçtikçe kalabalık daha da artıyor, keyiflerini şehrin en ücra köşelerine dek yayarak sokakları dolduruyorlardı.

Jonathan zaman zaman cep telefonuna bir göz atarak yeni bir e-posta ya da kısa mesaj olup olmadığına bakıyordu. Kimi zaman esnaflar idari sorunlarını pazar günleri çözüyorlar ve bu durumda da ona bir e-posta gönderiyorlardı. Her ne kadar bu yazışmalar bazen canını sıkıyor olsa da aslında bu iletişim, içindeki acı verici yalnızlık duygusunu biraz olsun hafifletiyordu. İnsanın zihninin meşgul olması kendi sorunlarını düşünmekten kaçınması için iyi bir yoldur, diyordu kendi kendine. Madem mutlu olamıyordu hiç olmazsa meşguldü.

Sakince yürürken dikkatini özellikle hareketli bir toplaşma çekti. Dans eden bir kadın, hoparlörlerden yayılan çok ritmik bir müzik eşliğinde yüze yakın insanı peşinden sürüklüyordu.

"Yetenekli kız, değil mi?" diye fısıldadı geniş kenarlı pembe bir şapka takmış, yaşlıca bir hanım. "Adı Babeth, Fransız'dır. Her *Sunday Streets* gününde buraya geliyor, her seferinde de peşinde daha fazla insan sürüklüyor. Ne enerji..."

Jonathan'ın da anne tarafından kökenleri Fransız'dı. Jonathan, Burgonya'da doğmuş, çocukluğunun bir kısmında orada, Clunisois adında küçük bir köyde yaşamıştı. Safkan Kaliforniyalı olan babasıysa meşhur bir şatoda çalışırken bağcılık mesleğinin bütün inceliklerini öğrenmişti. Sonradan evleneceği kadınla da bu vesileyle tanışmıştı. Birkaç yıl sonra aile San Francisco'nun güneyinde bulunan Monterey ilçesine taşınmış ve burada iflas etme tehlikesi içindeki bir üzüm bağını satın almıştı. On yıllık emeğin sonucunda nihayet yükselişe geçmişler, şarapları belli bir şöhret kazanmıştı. Sonra bir mart gününde bir tornado mahsüllerini tamamen mahvetmişti. Sigortası olmadığından mülkleri iflasa mahkûm olmuştu. Babası bunu hiç atlatamadı.

Neşeli dansçıların hepsi hareketlerini büyük bir uyum içinde tutmayı başarıyorlardı. Sanki onları birbirlerine bağlayan bir şey var gibiydi. Jonathan içinde onlara katılma, aralarına karışarak müziğin ritmi içinde eriyip gitme isteğinin yükselmekte olduğunu hissetti. Gereksiz bir utangaçlıkla bir süre duraksadıktan sonra gözlerini kapayarak davul vuruşlarının vücudunu titretişini hissetmeye koyuldu. Tam kararını verip de eşiği aşmak üzereyken elini birinin yakaladığını fark etti. Gözlerini açarak bir an geri çekildi. Karşısında duran genç bir kadın ince ve renksiz parmaklarının arasında usulca onun elini tutuyordu. Bir Çingene'ydi bu, koyu renkli giysilerinin katları arasında neredeyse kaybolacak kadar ince ve narindi.

"Geleceğini okuyacağım."

Güzel, kara gözlerini onun yüzüne dikmişti. Yoğun ve derin bakışları, yüzünde bir gülümseme olmamasına rağmen iyi niyetini belli ediyordu. Çevrelerindeki kalabalık onlara sürtünerek geçip gidiyordu.

Genç kadının bakışı daha sonra Jonathan'ın eline doğru indi. Sıcak ve yumuşak parmakları okşamayı andıran tatlı bir dokunuşla, yavaşça onun avucunu açtı. Jonathan kadının dokunuşundaki yoğunluktan sarsıldığını hissetti. Kadın hafifçe onun avucunun üzerine doğru eğildi. Jonathan hareketsizce kendini ona bıraktı, bir yandan bu zorunlu temasın sanki tadını çıkarıyor bir yandansa kadının onun hakkında nasıl bir kehanette bulunacağını merak ediyordu.

Çingene kadının ifadesiz yüzünün hatları düzgündü, uzun, kara kirpikleri çok az kıvrıktı, siyah, dolgun saçlarıysa düzgünce arkaya taranmıştı.

Birdenbire kadının kaşları çatıldı ve alnında kırışıklar belirdi. Başını yavaşça yukarı kaldırdığında yüzünde üzgün bir ifade vardı. Jonathan kadının tamamen değişmiş bakışını yakaladığı anda kanının buz kestiğini hissetti. Kadın da çok rahatsız, çok huzursuz görünüyordu.

"Ne var?"

Kadın başını iki yana sallayarak onun elini bıraktı ve sessiz kaldı.

"Ne gördün?"

Kadın kararlı bir yüzle başını öne eğerek geri çekildi. Jonathan kendini çok kötü hissetti.

"Nedir? Ne gördün? Söyle bana!"

Kadın başını hiç kaldırmadan önüne bakıyor, ağzı belli belirsiz titriyordu.

"Sen... Sen..."

"Evet?"

"Sen..."

Kadın birdenbire arkasını döndü ve koşarak uzaklaştı.

"Dur Lisa, beni bekle," diye haykırdı bir ses yoldan geçenlerin arasından.

Çok daha heybetli bir fiziğe sahip olan başka bir Çingene kadınıydı bu. Ancak adı Lisa olan çoktan kaçıp gitmiş, bir kedi çevikliğiyle insanların arasına karışmıştı bile.

Jonathan da onun peşinden atıldıysa bile tam o anda bir bisiklet yolunu kesti, hemen ardından bir tanesi daha belirdi. Bütün bir aile bisikletleriyle önünden geçip giderek ona hiç geçiş alanı bırakmadılar. Jonathan, kadını gözden kaybedebileceği düşüncesiyle içi daralırken burnundan soluyarak gözlerini ondan ayırmamaya çabalıyordu. Telaşa kapılmak üzereydi. Onu mutlaka yakalaması, ne gördüğünü öğrenmesi gerekiyordu.

Yolu açılınca onun peşine düştü. Çingene iyice uzaklaşmıştı artık, onu yüzler ve vücutlar kalabalığının içinde bir görüp bir kaybediyordu. Yenildiğini hissediyordu... Ancak yine de pes etmedi. Onu mutlaka yakalamalıydı, her ne pahasına olursa olsun. Dirsekleriyle kendine yol açmaya çalışarak çılgıncasına ilerliyordu. Çevresinden itirazlar yükselse de hiç dönüp bakmıyor, tamamen kaybolabileceği korkusuyla gözlerini bulanık gölgeden hiç ayırmıyordu. Bir an için ona yaklaşır gibi olduğunu hissetti ve hızını artırdı. Birdenbire güçlü bir erkek kolu onu sertçe arkaya doğru itti.

"Birini yere sereceksiniz!"

Hiç yanıt vermeden iki Japon turistin arasına daldı. Ancak birkaç metre ilerledikten sonra başını kaldırdı. Neredeydi bu kadın? Neredeydi? Cinnet geçirircesine kalabalığa gözden attı. Onu itiştirip özür dileyenler oluyordu. Yüzler selini gözleriyle tarıyordu. Çabuk! Birden, sağ tarafından uzun bir siyah saç örgüsü belirdi. Bütün gücüyle kendini o yöne doğru attı ve insanların arasından süzülüp geçebilmek için kollarını öne doğru uzattı. Yolu açmaları için haykırıyordu. Kenara çekilin Tanrı aşkına!

Bir anda kadının profilini gördü, oydu işte! O tarafa doğru atıldı, zikzak çizerek koştu ve sonunda ona yaklaşabildi. Üzerine atılıp onu kolundan yakaladı.

Kadın süratle ona doğru dönüp gözünden alevler saçarak yüzüne baktı. Jonathan tamamen soluksuz kalmıştı, kadın da onun kadar nefes nefese görünüyordu. Alnında belirmiş olan ter damlaları gözlerinin karalığını daha da ortaya çıkarıyordu. Burun delikleri soluğunun aralıklı ritmiyle birlikte açılıp kapanıyordu.

"Söyle bana! Bilmeye hakkım var!"

Kadın soluk soluğa ona bakmayı sürdürüyordu ama ağzını hâlâ bıçak açmıyordu.

"Ne gördüğünü bilmek istiyorum! Söyle bana!"

Kadını sıkı sıkı tutuyordu. Yollarını kesmiş oldukları insanlar yanlarından geçerken zaman zaman onlara çarpıyorlardı. Genç kadın gözünü hiç kırpmıyordu. Jonathan daha fazla ne yapabileceğini bilemiyordu.

"Ne kadar istiyorsun onu söyle ve konuş!"

Kadın sessiz kaldı.

Jonathan durumun çaresizliğiyle kolunu daha da fazla sıktı. Kadının gözleri acıdan hafifçe yaşardıysa da sessizce onun gözlerine bakmayı sürdürüyordu. Jonathan biraz daha sıktı. Kadının dudakları hâlâ mühürlüydü.

Jonathan nefret içinde kadının hiç konuşmayacağını anladı. Gözleri çaresizce birbirlerinden ayrılmıyordu. Sonunda kadının kolunu bıraktı.

Kadın şaşırtıcı biçimde yerinden kıpırdamadan orada, onun karşısında kaldı. Jonathan şaşırıp kalmıştı.

"Lütfen..."

Kadın gözlerini hiç ayırmadı. Yoldan geçen kalabalık onların önünde açılıyor, sonra yeniden kapanıyor, onları kuşatıyordu.

Jonathan daha fazla bir şey söylemeden onun gözlerine bakmayı sürdürüyordu. Zaten artık bir şey beklediği de yoktu.

Bir süre sonra kadın yavaş yavaş, sanki istemeye istemeye konuştu.

"Öleceksin."

Sonra arkasını döndü ve kalabalığın içinde gözden kayboldu.

4

İnsana öleceğinin haberi her gün verilmiyor. Hüküm biçimindeki bu kehanet Jonathan'ı sarsmıştı. Keyfi yerinde insanların bu iç bunaltıcı sürüsünün ortasında kendini yapayalnız ve sersemlemiş buluyordu.

Akşam olunca aklı yavaş yavaş başına gelmeye başladı. O güne dek bu türden gelecek okuyucularına, medyumlara, falcılara ve astrologlara katiyen ehemmiyet vermemişti. Üstelik bu insanların hepsini aynı kefeye koyardı. Onlara, her şeye kolayca inanan zavallı insanların sırtından para kazanan asalaklar gözüyle bakardı. Oysa o, Jonathan Cole, makul derecede zeki olduğunu düşünen, eğitimli bir adamdı. Bu türden zırvalıklara birazcık olsun değer vermek için insanın aptal olması gerekmez miydi? Hiç de dengeni bozmasına izin verilecek şey değildi bu.

Dengeni bozmasına izin verilecek şey değil bu, diye kendi kendine yineleyip duruyordu son iki gündür. Ancak kendini rahatlatmak için geliştirmiş olduğu bu akıl yürütmede tam yerine oturmayan bir şey de vardı: Çingene'nin sözleri maddi bir çıkar amacıyla söylenmiş olamazdı çünkü hiçbir şey talep etmeden kaçıp gitmişti...

Bunu daha fazla düşünmemeliydi. İçinde bir kaygının oluşmaya başladığını hissettiği anda akıllı telefonundan haberleri okuyarak ya da e-postalarının içine dalarak dikkatini dağıtıp bu düşünceleri aklından uzaklaştırmayı başarabiliyordu. Başka şeyler düşünmenin iyi bir yolu da planlarını düşlemekti. Örneğin taşınma planını. İşinde elde ettiği sonuçlar daha yüksek bir ücret kazanmasına izin verir vermez Chloé'nin kendisini ziyarete geldiği zamanlarda kendi odası olabilsin diye biraz daha büyük bir ev kiralayacaktı. Salondaki çekyatı sürekli açıp kapatmaktan bıkmıştı artık. Bundan sonra da sıra arabasını yenilemeye gelecek, bu sayede biraz da keyif sürebilecekti...

Üçüncü günün sabahı başında, sabit bir noktada bulunan, epey güçlü bir ağrıyla uyandı. Ateşli zihninin bağlantıyı kurması için yalnızca birkaç saniye yeterli oldu. Endişe onu ele geçirip zihnini oymaya başlamıştı bile. Yarım saat sonra telefona sarıldı.

"Doktor Stern'den bir randevu rica ediyorum."

"Bir saniye, uygun zamanlarına bakıyorum," diye yanıt verdi profesyonel olduğu kadar resmî ve soğuk da olan bir kadın sesi.

"Bu durum... acil."

Cılız ve yapış yapış bir piyano ezgisi. İçindeki kaygının yükselmekte olduğunu hissetse de sabretti. Kafasının içinde karmakarışık düşünceler dolaşıp duruyordu. Kendini hastanede beyin ameliyatı olurken görebiliyordu. Acaba sigortası bu türden müdahaleleri kapsıyor muydu?

"Ayrılmayın, başka bir çağrı aldım."

Yine o yapışkan piyano.

Açık pencereden *muffin* satıcısı Gary'nin bağırışını duyuyordu. Onun dükkânının arka avlusu ile Jonathan'ın evinin arka bahçesi birbirinden kare şeklindeki küçük bir çimenlikle ayrılıyordu. Okul tatilleri sırasında çocukları zamanlarının çoğunu burada geçirirler ve Gary da her fırsatta onlara bağırıp çağırırdı. Zavallı yavrucuklar hiç yoktan sebeplerle azar işitip dururlardı. Doğrusunu söylemek gerekirse adamın işleri çok da iyi gitmiyordu: Sattığı *muffin*ler çok iyi kalitede olduğu halde müşterilerinin sayısı çok fazla değildi ve ay sonlarını getirmekte zorlanıyor olmalıydı...

Piyano bir türlü susmak bilmiyordu. Jonathan birdenbire kendine geldi. Baş ağrısından geçmişte de çektiği olmuştu, o halde bu sefer neden böyle telaş ediyordu? İçinde bir öfkenin yükselmekte olduğunu hissederek sonunda ahizeyi kapattı. Bütün bunlar o lanet Çingene'nin suçuydu! Eğer o kadın kafasına bu aptalca fikirleri sokmasaydı şimdi bu halde olmayacaktı!

Burnundan soluyordu. Hem kadına hem de onu bu şekilde etkilemesine izin verdiği için kendine kızıyordu. Böyle bir şey söylemeye nasıl cüret edebilmişti? Hangi hakla? Gerçekte ne biliyor olabilirdi? Ha? Hem eğer gerçekten ölecektiyse ne zaman olacaktı bu? Önemli olan tek şey bu değil miydi yani?

Kahvaltısını dışarıda yapmak üzere evden çıktı. Çok fazla zamanı olmasa bile ortaklarıyla buluşmadan önce kafasını biraz dağıtabilmeyi istiyordu.

Dışarıda hava henüz ısınmamıştı. Derin bir nefes aldı. Şu aşağılık dünyada hâlâ bedava olan en son şeylerden biriydi bu. Günün birinde onun için de bize fatura kesmenin bir yolunu bulacaklardı mutlaka, örneğin havayı arıtmamız gerekecekti belki. Havayı en çok kirleten araçların yasaklanması konusunda internet üzerinden yayılan dilekçeyi imzalamış olduğu için kendi kendini kutladı.

Zamandan kazanmak için Gary'nin dükkânına uğradı. İçeri girer girmez taze çekilmiş kahve kokusu onu ele geçirdi. İçerideki manzara acıklıydı, bir köşede oturan tek bir müşteri vardı. Ama buranın *muffin*leri fiyatlarına göre biraz fazla küçük olsalar da lezzetliydiler.

Gary sessizce yaklaştı ve ağzının içinde güçlükle duyulabilecek bir "Günaydın" mırıldandı. Hafif kısılmış, küçücük gözlerinin üzerinde her zaman çatık duran kalın kaşları vardı ve ağzı da onu koca bir ayıya benzeten gür sakalının altında gözden kayboluyordu.

Her zamanki gibi konuşma ve gülümseme konusunda tutumlu davranarak sipariş aldı. Onun dükkânında cömertlik hiçbir bakımdan kendini göstermezdi.

Kırmızı tuğlalardan yapılmış bir duvarın tepesine konmuş televizyon ekranında tenis şampiyonu Austin Fisher'la röportaj yapan CNN muhabirinin yüzü görülüyordu. Eğer Fisher bu turnuvayı da kazanırsa Grand Slam zaferleri sayısındaki mutlak rekoru altüst edecekti. Muhabir kadın biraz iğneli bir tavırla, bunun oyuncunun üzerindeki baskıyı artırması gerektiğini söylüyordu. Özellikle de Austin Fisher'ın, yüzeyi kendisi için çok elverişli olmayan Flushing Meadows'ta galip gelmeyi şimdiye kadar hiç başaramamış olduğu düşünülürse, diye ekledi kadın acıtan yerin üzerine acımasızca bastırarak.

Jonathan, şampiyonun savaşçı yüzüne gözlerini dikti, giysilerinin dört bir yanını Nike logoları kaplamış silueti ekranı dolduruyordu. Son zaferini kazandığında çekilmiş karşılaşma görüntülerini hemen tanıdı. Çok fazla gülümsemeyen bu sporcunun oyunu amansız bir etkiye sahipti ve bu da ona durdurulamaz bir özellik veriyordu. Müthiş bir kendini aşma örneği oluşturuyor olduğu halde taraftarlar arasında çok fazla heyecan uyandırmıyor oluşunun nedeni de bu olabilirdi.

Jonathan bir *muffin* atıştırırken birden baş ağrısının geçmiş olduğunu fark etti.

Kahvaltısını bitirdiğinde kararını da vermişti. O Çingene'yi bulacak ve ondan kendisine borçlu olduğu açıklamayı yapmasını isteyecekti. Bu belirsizlik ve bulanıklıktan daha kötüsü olamazdı. Zihni bu konudan uzaklaşamıyor, çaresizlik içinde sürekli eksik olan yanıtları arıyordu. Yaşamının geri kalanını, çılgınlar gibi kuruntular ya da nedensiz korkular içinde geçiremezdi. Bir daha-haki hafta sonu daha fazlasını öğrenecekti.

Hesabı ödeyip aldığı para üstünü kontrol etti. Geçen sefer az kalsın kazıklanıyordu: Gary ona para üstü olarak on dolar yerine bir beşlik vermişti. Jonathan bunu kasıtlı olarak yapmış olabileceğini düşünüyordu.

Haftanın geri kalanı sıkıntısız geçti. Kendini işine adayarak ortaklarıyla birlikte belirlemiş oldukları hedeflere ulaşabilmek için her gün didinip durdu. Böylece bir keresinde kendisine gülmekten neredeyse kırılarak, "Eğer ben müşteri olsaydım, senin suratın bana hiç de güven vermezdi," demiş olan Michael'ın çenesini kapalı tutmasını da sağlayabilirdi belki. Bu cümle sürekli olarak aklına gelip duruyor, o sahneyi sürekli hatırlayıp da zihninin içinde tekrar tekrar oynattığında içi intikam arzusuyla doluyordu. Durup dinlenmeden çalışırsa Michael'ı geçebilirdi mutlaka.

Cuma günü geldiğinde Jonathan o hafta sonu Chloé kendisinde olacağından Çingene'yi bulmaya gidemeyeceğini birdenbire fark etti. Kızını da yanında götürmesi olacak şey değildi... Öte yandan daha fazla bekleyebilecek gücü de kalmamıştı. O kadını görmesi, onunla konuşması *şarttı*. Kendi kendine sekiz gün daha işkence etmeyi göze alamazdı.

Sonunda telefonunu eline aldı.

"Angela, benim, Jonathan."

Hattın öbür ucunda sessizlik.

"Alo," dedi.

"Seni dinliyorum, Jonathan..."

"Benim... Küçük bir sorunum var da... Ben..."

"Dur, tahmin edeyim: Bu hafta sonu müsait değil misin?"

"Hayır, yani... Evet, ama..."

"Sadede gel, Jonathan. İşim, gücüm var. Bitkiler beni bekliyor..."

"Senden yalnızca Chloé'yi pazar günü her zamankinden biraz daha erken almanı rica edecektim."

Sessizlik.

Hattın öbür ucunda bir iç çekiş.

Jonathan üstelemedi.

Hafta sonu geldi. Yedi yaşının bütün neşesiyle Chloé her zamanki gibi küçük evin her bir yanını şenlendirdi. Cumartesi günü Stinson Plajı'na gittiler. Bir önceki gece rüzgâr epey şiddetli esmiş olduğundan her zamankinden biraz daha iri olan dalgalar kumlara çarptıkça tuz kokulu serpintiler yayılıyordu.

Chloé bütün sabahı plajda oynayarak, kumun içinde bir havuz kazarak, en sevdiği oyun olan kumdan kaleler yaparak, suyun içinde koşuşturup her bir dalganın gelişine atlayarak geçirdi.

"Baba! Haydi, gel de oyna!"

"Sonra geleceğim tatlım..."

Jonathan bir yandan müşterilerinin e-postalarına yanıt verirken bir yandan da gözünün ucuyla kızını gözetiyordu. Eğer bu yazışmaların yığılmasına izin verirse sonradan başa çıkamazdı.

"Haydi, baba..."

Sonunda babasını su kenarına çekmeyi başarabildi ve feci soğuk olan suları üzerine sıçratarak çığlıklar içinde onun boynuna asıldı. Jonathan'ın itirazları kızın kahkahaları arasında yitiyordu.

Öğle yemeği için Parkside Cafe'nin terasında, güneşte ısınmış bir milyon tane dikeninin kokusunu çevreye yaymakta olan büyük bir çam ağacının gölgesine oturdular. Yemekten sonra Chloé hemen karşılarındaki çocuk bahçesine doğru koştu.

"Sen de benimle gel," diye yalvardı babasına.

"Sen git, ben buradan sana bakıyorum."

Kızının yaşama sevincine ve kaygısızlığına imrenerek bir bankın üzerine oturdu. Onun oyun oynayışını izledi ve bu anın tadını çıkarmaya çalıştı ama insan burada böyle hareketsiz, hiçbir şey yapmadan dururken yapılması gereken bin bir türlü işin üst üste birikmekte olduğunu bile bile nasıl gevşeyebilirdi ki? Bütün bu işler ona kendilerini birbiri ardına, zihnine saldıran kaçamak düşünceler halinde, tıpkı birer iğne gibi aklını dürte dürte hatırlatıyorlardı. Bodrum katının toparlanması gerek, bir kazayla yok olup gitmesinler diye kopyalanıp koruma altına alınması gereken binlerce fotoğraf var, yapılacak alışverişler, kâğıt havlu alınması gerekiyordu örneğin, sonra yaz bitmeden pencerelerin de boyanması gerekecek yoksa çürüyecekler, araba yıkanacak, bahçe sulanacak ve tabii ki yoncalar yeniden biter bitmez koparılıp atılacak. Ah, doğru ya, bir de Margie halaya cevap yazılması gerek. Artık kimselerin yapmadığı gibi güzel bir mektup yazarak kendinden haberler vermişti geçenlerde. Neredeyse bir ay oluyor... Ne kadar ayıp...

Birden aklından Çingene kadınların görüntüsü geçti. Onların Rıhtım 39'un önünde dalgakırana doğru gezinişlerini hayal ediyordu. Sekiz gün daha sabredilecek... Zalim bir bekleyiş.

"Haydi, baba..."

Jonathan başını iki yana sallayarak gülümseyebilmek için kendini zorladı. Zihninde bütün bu uğraşlar varken kızıyla nasıl oynayabilirdi ki?

Ama Chloé ona rahat vermedi. Yanına koştu.

"O zaman bana bir öykü anlat!"

"Eh, tamam."

"Evet! Evet! Harika!"

Babasının boynuna atıldı.

"Peki öyleyse... Bu öykü..."

Tam o anda telefon çaldı. İki gündür ulaşmaya çalıştığı bir müşteri adayının numarasıydı bu.

"Tatlım... Bana bir dakika izin ver, önemli bir görüşme bu. Sakın gürültü etme!"

Ertesi gün su kenarında bisikletle gezmeye çıktılar. Lombard Gate'e vardıklarında batıya doğru saptılar ve böylece o lanetli dalgakıranı arkalarına almış oldular. Presidio Parkı'na girdiler ve kıyıdaki güzel evlerle göğe uzanan ulu çamların arasından geçtiler. Deniz havası çok hoş kokuyordu. Okyanus, rüzgârın yumuşacık dalgalarıyla neredeyse hiç kıpırtısız, safir maviliği içinde göz alabildiğine uzanıyordu. Golden Gate Köprüsü'nün uzun gölgesi kimi zaman, sanki yaramaz bir ressam turuncu bir fırça darbesiyle körfezin ucunu kapatarak eğleniyormuşçasına beliriveriyordu. Chloé bulaşıcı bir mutluluk içinde küçük bisikletinin pedallarını keyifle olanca gücüyle çeviriyor, onun dudaklarındaki kocaman gülümseme Jonathan'ın içini de sevinçle dolduruyordu. Kendisine bildirilmiş olan çıldırtıcı kehaneti bile unutabiliyordu. Ancak yoldaki sayısız dönemeçten birinin ardında Ulusal Mezarlık karşılarına çıktığında tepelere serpiştirilmiş binlerce beyaz haçın görünüşü bir anda moralini bozarak gezintinin geri kalanını zehir etmeye yetti.

Chloé'yi annesine tamı tamına her zamanki saatinde götürdü. Her seferinde olduğu gibi yine içinde ayrılmaktan doğan yarayı gizlemek için kızına gülümsedi. Küçük sarı evin kapısının kapanmasını bekledikten sonra aceleyle yola koyuldu. 19.01. *Hiç belli olmaz.* Turistler herhalde otellerine dönmek üzere dalgakırandan ayrılmışlardır artık, pazar gezintisine çıkmış aileler de evlerine dönmüşlerdir. Yine de denemeye değerdi. Hareket etmek kasveti azaltıyordu.

İçinde aşırı hız yapmak için duyduğu itkiye karşı savaştı, trafik cezası ödemeyi hiç niyeti yoktu. Sonra arabasını park edecek bir yer bulabilmek için bir çeyrek saat kadar liman mahallesinde dönüp durdu. Sonunda midesi düğümlenerek dalgakırana koştu. Bacaklarına bir çeşit kramp girmişti ve oraya yaklaştıkça kaslarının daha da sertleşmekte olduğunu hissediyordu. Bütün beklentilerinin aksine orayı hâlâ akşamın yumuşaklığından yararlanmaya çalışmakta olan insanlarla dolu buldu. Çevreyi gözden geçirebilmek için bir bankın üzerine çıktı ve birkaç defa her yeri soldan sağa, yukarıdan aşağı taradı. Çingenelerden hiçbir iz yoktu. Gözleriyle kalabalığı yoklayarak, uzun siyah saçlar arayıp yüzleri inceleyerek meydanı geçti. Hiçbir şey yoktu. Dalgakıranın sonuna kadar ilerledikten sonra karşı kıyıdan geri döndü. Dikkat kesilmiş, sürekli diken üstündeydi. Ama boşuna. Giderek hüsrana kapılıyordu. Seyyar bir dondurmacıya doğru yanaştı.

"Size ne vereyim?" diye sordu ellili yaşlardaki derisi solgun, kötü kesimli kuzguni, dümdüz saçları yüzünün üzerine düşen adam.

"Bir şey soracağım: Bugün Çingene kadınları gördünüz mü? Hani şu el falı bakanlar..."

Adam gözlerini kıstı.

"Onlarla ne işiniz var?" diye sordu şüpheyle.

"İçlerinden biri... Geleceğimi okudu ve ben de daha fazlasını öğrenmeyi istiyorum... Yani sadece... İkinci bir fal istiyorum, o kadar. Onları tanıyor musunuz?"

Adam bir süre sessizce yüzüne baktı.

"Öğleden sonra buradaydılar. Şimdi nerede olduklarını bilmiyorum."

"Her hafta sonu gelirler mi?"

"Onların zaman çizelgelerini ben belirlemiyorum herhalde. Hanımefendi, neli isterdiniz?"

Jonathan bir süre daha kalıp kalabalığı inceledikten sonra istemeyerek de olsa arabasının yolunu tuttu. Gelecek hafta sonu şansını bir kere daha deneyecekti. Ancak içten içe inancı kalmamıştı artık. Artık bu işin peşini bırakması, hiçbir şeyi kanıtlamayan bu aptalca kehaneti unutması gerektiğini hissediyordu. Eğer ellerimizdeki çizgiler bize yaşamımız hakkında bir şeyler söyleyebiliyor olsaydı bunu bilim adamlarının şimdiye kadar çoktan keşfetmiş olmaları gerekmez miydi? Bu saçmalıkları bir an önce unutmak çok daha iyi olacaktı. Sayfayı çevirmek.

Birden aklına John geldi, üniversitedeki bu arkadaşı bir sarkaç kullanarak ona bir oğlu olacağı kehanetinde bulunmuştu. Bunu hatırlayınca elinde olmadan gülümsedi ve işte o sırada birkaç adım ötede o kadını gördü. Hayır, avucuna bakmış olanı değil, daha yaşlı ve daha iri yarı olan ve diğeri kaçarken ona arkasından Lisa diye seslenen öteki kadını. Neredeyse kadının üzerine atladı.

"Arkadaşınız, nerede o? Onu görmek istiyorum!"

Kadın hiç ürkmeden, sert bir bakışla onu süzdü.

"Ne istiyorsun sen be?" dedi son derecede kaba bir sesle. "Kız kardeşimi gördün işte. Ondan daha ne istiyorsun?"

Yanıt beklemeden, sert bir hareketle onun elini kavradı ve parmaklarını açtı. Jonathan kaskatı kesildi ama kadını bıraktı.

"Lisa sana ne gördüğünü söyledi işte," dedi ondan sertçe uzaklaşırken. "Öleceksin. Böyle yazılmış."

"Böyle şeyler söyleme hakkını size kim veriyor? İnsanların kafasına bu fikirleri sokmak korkunç bir şey!"

"Madem duymak istemiyorsun ne diye geri geldin?"

"Peki ne zaman ölecekmişim? Ha, ne zaman?"

Kadın küçümsemeyle yüzüne baktı. Gözlerinde merhametin zerresi yoktu.

"Şimdiye ölmüş olmalıydın. Kendini şanslı say. Ama yıl sonuna çıkamayacaksın. Artık bizi rahat bırak."

Bu sözlerdeki vahşet onu olduğu yere çiviledi. Tamamen sersemlemiş bir halde kadının uzaklaşmasına bakakaldı.

5

Bundan sonraki günler daha da sancılı geçti. Jonathan kendini kafasına ciddi bir darbe yemiş gibi hissediyordu. Başlarda ilk Çingene'nin söylediklerine fazla değer vermeye yanaşmamış olduğu halde şimdi artık onu ciddiye almaya başlamıştı. Ablasından, berbat tavırlı o iğrenç abladan kesinlikle nefret etmişti gerçi ama işin en kötü tarafı kadının her şeye rağmen aslında samimi olduğunu hissetmiş olmasıydı. En ufak bir merhametten, birazcık olsun empatiden yoksundu belki ama yine de... Samimiydi. En kaba, en sarsıcı, en yıkıcı cinsinden bir dürüstlük.

Elbette ki insan bir yandan samimiyken bir yandan da yanılabilir, kendinden emin olduğu halde hataya düşebilir. Yine de... Bütün bunlar Jonathan'ı sersemletiyor, ne düşüneceğini bilemez halde bırakıyordu. Yerin ayaklarının altında sarsılmakta olduğunu, yaşamının her an yıkılmaya hazır beklediğini hissediyordu. Yaşamının süresi konusunda şimdiye dek hiçbir endişe taşımamışken kendini artık onun sonunu hesaplarken buluyor ve bu fikir ona kabul edilmez, dayanılmaz geliyordu.

Yaşamının normal akışını sürdürmeyi denedi. Sabahları her zamanki saatte yataktan kalkmak, sorumluluklarını coşkuyla olmasa da üstlenmek, mesleki yükümlülükleriyle kişisel zorunluluklarını birbiri ardına eklemek için kendini zorladı. Ancak

Çingenelerin kehaneti yakasını bir türlü bırakmıyor, içinin derinliklerinde haklı olabilecekleri olasılığını sorgulayıp duruyordu.

Bu yarı felç halinde bir hafta geçirdikten sonra birden silkindi ve Doktor Stern'i görmeye karar verdi. Tam bir kontrolden geçmeyi istedi. Kan tahlilleri, röntgenler, taramalar, MR, her şey... Doktor tahlilleri yazarken kaygısız bir sesle ona ortada en küçük bir belirti olmadığına göre sigortanın bütün bunları ödemeyi reddedeceğini söyledi. Karşısına çıkardıkları yedi bin sekiz yüz dolarlık faturayı görünce Jonathan'ın ağzı bir karış açık kaldı.

Bunu büyük bir haksızlık olarak görüyordu. Zengin olsa tepki verebilir, gerekirse zamanında tedavi olabilirdi. Günden güne kafasında kurup durduğu bu hınç karşısında sonunda boyun eğdi. Sonuç olarak tıbbi muayeneler de boş değil miydi? Eğer ölmesi gerekiyorsa her durumda ölecekti. İnsan kaderine karşı koyamaz. Catherine de Médicis'nin öyküsü de buna tanıklık etmiyor muydu zaten? Falcısı Côme Ruggieri ona Saint-Germain yakınlarında öleceği kehanetinde bulunduktan sonra yaşamı boyunca bu adı taşıyan her yerin uzağında durmaya özen göstermiş, hatta Saint-Germain-l'Auxerrois'nın çok yakınında yaptırmakta olduğu Tuileries Sarayı'nın inşaatını bile durdurtmuştu. Ancak gün gelip de yatağa düşmüş, o kadar hastalanmıştı ki baş ucuna bir rahip göndermişlerdi. Ölüm döşeğinde rahibe doğru dönüp son bir gayretle adını sorduğunda adam yumuşak ve iç rahatlatıcı bir sesle yanıtlamıştı: Julien de Saint-Germain. Eski Fransa kraliçesinin gözleri fal taşı gibi açılmış ve sonra da son nefesini vermişti.

Jonathan bezgindi. Kendini uçmaktayken kanatları kurşunla delik deşik edilmiş bir kuş gibi hissediyordu.

Her şeye karşın alışageldiği yaşama tutunmaya devam ediyordu ama işinin ve bir insan, bir baba, bir komşu olarak oynadığı rollerin gerektirdiği gülümsemeyi yüzünde korumak gitgide güçleşiyordu. Randevular, pazarlıklar, itirazlar, imzalar, trafik sıkışıklıkları, elde edilemeyen hedefler, tamam müşteri beyler, hayır sayın müşteri adayları, bir de üstüne alışverişler, çamaşırlar, bulaşıklar, ev temizlikleri, çöpler, faturalar, dilekçeler... Gündelik mücadele sürüyordu ama yaşam o eski tadını yitirmişti artık, onun takdir etmeyi daha önce hiç aklından geçirmediği ama şimdi kaybıyla birlikte *sonradan* soyluluk kazanmış olan o tadı. Yaşamın değerini ancak yaşamımız tehdit altına girince fark ederiz.

Şimdi artık ölüm, sürekli olarak Jonathan'ın üzerinde kol geziyor, bir filigran gibi yaşamının akışının üstüne biniyordu. İçini oymasına bir türlü engel olamadığı korkunun ötesinde bir de zihni eskiden dikkatini hep meşgul eden her türlü tasarıdan da bomboş kalmıştı: Şimdiki zaman onu düş kırıklığına uğrattığında kendini küçük ve hoş vaatlerle dolu bir geleceğin düşlerine bırakarak avunmak gibi bir alışkanlığı vardı. Gelecek yıl çıkacağı tatil, yeni bir mobilya, bir çift ayakkabı, yeni bir araba satın alma olasılığı, bir karşılaşmanın umudu ve en çok da biraz daha büyük bir eve taşınabileceği günün beklentisi... Şimdiye dek tutunmaya çalıştığı bütün bu geleceğe birdenbire el konmuş gibi hissediyordu. Geleceği ortadan kaybolmuştu. Artık elinde kalan tek şey, sorunlarla dolu bu renksiz ve hiçbir gelişme umudu taşımayan şimdiki zamandı o kadar.

Bir sabah, işe gitmek üzere yataktan kalkacağı sırada bu şekilde devam edemeyeceğini fark etti. Artık buna yüreği yoktu, içinde hiçbir güdü bulamıyordu. Yataktan kalkacak gücü kalmamıştı.

İçine gömülmüş olduğu bu kasvet onu önceki yaşamını bile sorgulamaya itmişti. Bu şekilde yaşamasının ne anlamı olmuştu? Bu yaşam onu nereye götürüyordu? Hiç durmadan çalışıp güçlükler içinde debelenerek, toplumun içinde uyandırmayı başarmış olduğu birkaç arzuyu mağazalarda doyurmak üzere hafta sonunu beklemek ve sonunda da hiç de kalıcı olmayacak küçücük bir tatmin yaşamak. Sonra bir sonraki hafta sonu yeni baştan başlayabilmek için yine çalışıp çabalamak. Yaşam yalnızca bir gayretler ve geçici, anlık zevkler döngüsünden ibaret değil miydi sanki?

Gizli ihtirasına gelince, Michael'dan daha iyi bir satıcı olarak kendini aşmanın da artık gözünde bir değeri kalmamıştı. Bu istek şimdi ona aslında hiçbir yarar taşımayan, gülünç bir motivasyon kaynağı olarak görünüyordu. Yaptığı işin bile bir anlamı var mıydı sanki? Sürekli daha fazla sözleşme imzalamak... Son tahlilde bu neye yarayacaktı?

Jonathan'ın biraz ara vermeye, bu cehennemî zinciri kırmaya, biraz mesafe almaya gereksinimi vardı. Yaşamının geri kalanında ne yapmak istediğine karar verebilmek için. Eğer yıl bitmeden ölmesi gerekiyorduysa, bu son aylar boyunca yaşamış olmak ona nasıl bir tatmin sağlayacaktı?

Ortaklarını toplayarak onlara kişisel sorunları dolayısıyla biraz ara vermeye gerek duyduğunu açıkladı. Yokluğu onlar açısından herhangi bir mali sıkıntıya yol açmayacaktı: Gelir dağılımı her birinin imzalamış olduğu sözleşme sayısıyla orantılı oluyordu. Devam etmekte olan dosyaların takibiniyse asistanı yapacaktı.

"Uzun süre mi olmayacaksın?" diye sordu Michael.

Jonathan derin bir soluk aldı. En ufak bir fikri bile yoktu.

"Ne kadar gerekirse..."

Angela hiçbir yorumda bulunmadı.

O gün Michael nezaketle ona şirketin kapısına kadar eşlik etti.

"İyi durumda olmadığını ben anlamıştım zaten," dedi sesini alçaltarak. "Beni dinle, hiç acele etme, teklifimi de bir düşün."

Evine dönünce Jonathan bir bavulun içine gereken en az sayıda eşyayı doldurarak eski, beyaz Chevrolet'sine atladı ve 101 numaralı otoyoldan güneye doğru yol aldı. Her zamanki sabah sisi dağıldıktan sonra yoğun mavilikteki gökyüzü gözüne uçsuz bucaksız görünüyordu.

6

"Şimdi de Flushing Meadows'ta bulunan muhabirimiz Eva Campbell'e bağlanıyoruz."

"Evet Tony, Austin Fisher biraz önce Amerika Açık tenis turnuvasının ilk turunu kazandı. Dünya sıralamasında kırk üçüncü sırada yer alan Avustralyalı sempatik rakibi Jeremy Taylor'u tek lokmada yuttu diyebiliriz. Bu muhteşem karşılaşma 6-2, 6-4 ve 6-3'lük üç setle sonuçlandı. Austin şu anda yanımda bulunuyor..."

"Bütün yemek boyunca televizyona bakıp duracak mısın?" dedi Angela.

Meydandaki kafenin terasında, geniş camın hemen önündeki masada oturuyorlardı ve Michael gözlerini içerideki duvara sabitlenmiş olan ekrandan hiç ayıramıyordu.

"Turnuvayı kazanacağına kalıbımı basarım."

"Harika," dedi Angela kendisine özgü olan o alaycı tonla.

"Farkında mısın bilmiyorum ama Grand Slam zaferleri konusunda rekor kıracak..."

"Bu da benim bütün hayatımı değiştirecek tabii."

Bunu söyledikten sonra tabağında duran hamburgeri eline aldı ve kocaman bir lokma ısırdı.

"Yine de itiraf etmen gerekir ki bu inanılm..."

Angela dolu ağzıyla onun sözünü kesti.

"Chloé geceleri beni uyandırmayı bırakacak, bir daha hiç kâbus görmeyecek artık..."

"Yapma..."

"Müşteriler sözleşmelerini hiç pazarlık etmeden imzalayacaklar..."

Michael güldü.

"Angela..."

"Hayır, hayır, sen izlemeye devam et. Ben burada değilim zaten..."

"Baksana gözümün önünde duruyor, bakmadan duramıyorum..."

"Karşında oturan kadınla iki kelime konuşmadan durabiliyorsun nasılsa."

Michael kahkahayı koyuverdi.

"Yoksa bundan sonra keyifsizliğinin hıncını çıkarmak için beni mi kurban edeceksin?"

Angela da gülümsedi. Michael şaraplarını tazeledi.

"Sence Jonathan geri dönecek mi yoksa bırakacak mı?" diye sordu Angela.

"Mutlaka dönecek."

Angela kaşlarını çattı.

"Geçen sefer aksini düşünüyordun..."

"Evet... Ama er ya da geç aklını başına toplayıp çalışmaya koyulacağına inanıyorum. Anlarsın ya, bu konuyu düşündükçe onun işine asılacak türden bir adam olduğuna daha çok ikna oluyorum. Evet, bence o bu işe ömür boyu bağlı."

"Önce keyfimi kaçırıp sonra da bunun için bana sitem etmek niyetinde misin?"

Michael gülümsedi.

"Hayır, ama... Bence boş yere umutlanarak zaman yitiriyorsun. Boşa zahmet."

"Yemeğin tadını kaçırmaya kararlısın anlaşılan?"

"Durumunuzun elle tutulur tarafı olmadığına şüphe yok..."

Angela içini çekti ve hamburgerden bir ısırık daha aldı.

"Erkekler ne kadar korkak oluyorlar..."

"Genelleme yaptığın için teşekkürler..."

"Sorumluluk üstlenmekten acizler..."

"Jonathan için bunu söyleyemeyiz ama."

Angela omuzlarını kaldırdı.

"Eve girip de onu memeleri ortada bir kızla baş başa yakaladığımda bana ne söylediğini asla tahmin edemezsin."

"Söylesene..."

"'Sandığın gibi değil... Bu kız yeni çocuk bakıcısı... Yani olmak için başvurdu...'"

Michael gülümsemesini bastırdı.

"Senin için bir şok olmuştur."

"Kızı emzirme testinden mi geçiriyorsun diye sordum. Yedi yaşındaki kızımız için."

Michael kahkaha attı.

Angela bir lokma daha koparıp gözlerini boşluğa dikerek çiğnemeye başladı.

"Sana bir şey söyleyeyim mi?" dedi Michael.

"Ne?"

Michael soluğunu tuttu.

"Aslında senin yerinde olsam şirketi bırakırdım. Tamamen yeni bir sayfa açabilmek için."

"Anlaşılan şanslı günümdeyim. Buraya geldiğime nasıl sevindim bilemezsin..."

"Ben sana yalnızca fikrimi söylüyorum..."

"Hayatta olmaz! Beni duyuyor musun?"

"Ben de öylesine söyledim zaten..."

"Zaten Chloé'yi tek başına büyütmek zorunda kalan benim, şimdi bir de kendine yeni iş araması gereken de ben mi olacağım? Hem de bu zamanda... Daha neler!"

"Böyle tepki vermeni anlıyorum ama yine de uzun vadede kendi çıkarını düşünmen gerekir, yalnızca Jonathan üzerinden hareket etmemelisin."

"Her zaman fedakârlık yapan ben mi olacağım?"

Michael bir yudum şarap içti.

"Beni dinle, acele etmeden iyice düşün. Fikrini değiştirirsen konuyu sen açarsın. Belki sana bir teklifte bulunabilirim."

Kamera geriye doğru zum yaptı. Teras geniş planda bütün olarak göründü ve Ryan kaydı durdurdu.

Bütün bunlar geçen gün, yatak odasının penceresinden Jonathan'ı herkes gibi zararlı otlara karşı bir ilaç kullanacağı yerde, bahçesinde dört ayak üzerine çökmüş yoncalarını teker teker koparırken çektiği kaydın yanında hiçbir şey değildi. Adamın öyle komik bir hali vardı ki onu kaydederken kendi kendine kahkahalarla gülmüştü. Video da çok başarılı olmuştu elbette, yüz on dört like ve on yedi yorum.

Ryan bir yudum kola içti.

Terasta hararetle konuşmakta olan iki genç adam dikkatini çekti. Mikrofonunu onlara doğru yöneltti ve ses kaydını ayarladı. Sonra da filme almaya başladı.

7

101 numaralı otoyol San Francisco körfezi boyunca yirmi kilometre kadar uzandıktan sonra içerilere giriyor, iki saat kadar sonra Monterey'e yaklaşırken de yeniden okyanusla buluşuyordu. Güneye doğru biraz daha devam edildiğinde bitki örtüsü yoğunlaşıyor, bölgede manzaraya egemen olan çamlar çevreye bir tatil kokusu yayıyordu.

Jonathan'ın külüstür Chevrolet'si serviler ve begonvillerle çevrili yan yola saptığında güneş hâlâ tepedeydi. Köşeyi dönünce halasının gösterişli olmasa da çok sevimli, beyaz evi yeşilliklerle çevrili olarak belirdi. Jonathan motoru durdurup kapıyı açtı. Çiçeklerin hoş kokusu onu bir anda otuz yıl geriye götürmüştü. Altı yaşındaydı, ailesi Fransa'dan yeni taşınmıştı ve Margie halayı ziyarete ilk gelişleriydi. Arabadan indiğinde güllerin, filbaharların ve hanımelilerin birbirine karışarak çevreye âdeta bir cennet parfümü yaymakta olan kokuları başını döndürmüştü. Sanki evin ve bahçenin üzerine bir peri avuç dolusu sihir tozu serpmiş gibiydi. Otuz yıl sonra da aynı koku onun içinde aynı duyguyu uyandırıyordu.

Eve doğru ilerledi. Taşlık yolun çakılları ayaklarının altında çıtırdıyordu. Aşağı tarafta, yüz metre kadar ötede asırlık çamların sayısız kışın rüzgârıyla bükülmüş yüksek dallarının güçlükle gizlediği okyanus, derin maviliği içinde sanki uykuda gibiydi.

Margie hala, yüzünde otuz yıl önce onu ilk gördüğü günküyle aynı gülümseme, sevinç ve canlılıkla, hatta onun yaşında bir insanda ender görülen cinsten bir muziplikle parıldamakta olan aynı gözlerle birlikte verandada belirdi.

Tuhaf bir yaşamı olmuştu. Üç koca görmüş en az bir o kadar da meslek değiştirmişti. Arkeolog olarak başlamış, çok geçmeden insanları taşlara tercih ederek gezegenin ilk sakinlerinin kafataslarının incelenmesinde uzmanlaşmış, yirmi yıldan fazla zaman bununla ilgilenmişti. Sonra günün birinde bu kez yaşayanları ölülerden daha ilgi çekici bulduğunu söyleyerek çalışmalarını biyoloji alanında sürdürmeye karar vermişti. Birkaç yıllık laboratuvar çalışmasının ardından kendi vakfını kurmuştu ama Jonathan bu vakfın amacını hiçbir zaman tam olarak anlayamamıştı. Bilimin genellikle ihmal etmiş olduğu toprakları keşfetmek için araştırmalar yapıyorlardı. Yaklaşık on yıldır emekliye ayrılmıştı ama bu vakfın onursal başkanı olarak kalmıştı. Jonathan onun araştırmacılarla hâlâ iletişim içinde bulunduğundan ve bu sayfayı hiçbir zaman tam olarak kapatmamış olduğundan kuşkulanıyordu.

"Odan hazır," dedi Margie. "Ne kadar istersen kalabilirsin!"

Sıkı sıkı sarıldılar.

"Senden uzun zamandır haber alamamıştım," dedi kadın. "Bundan da bir derdin olmadığı sonucunu çıkardım."

"Margie!"

Kadın küçük bir kahkaha attı. Haksız sayılmazdı ve Jonathan da içten içe biraz suçluluk duyuyordu zaten: Gerçekten de onu içtenlikle seviyor olmasına karşın, kendisine ihtiyacı olmadığında halasını nadiren ziyaret ederdi. Gündelik yaşamın koşuşturması bize kimi zaman sevdiklerimizi ihmal ettirir.

"Aslında," dedi Jonathan, "mektubunu geçen ay aldım. Sana cevap yazmayı çok istedim ama bir türlü zaman bulamadım..."

"Seni gördüğüme sevindim. Tatile çıkmakta haklısın, sürekli iş düşünmek insanı bir yerden sonra aptal eder."

Halasının onun için hazırladığı odaya yerleşti, evin üst katında beyaz duvarlı, pastel renklere boyanmış, mobilyaları eski moda bir cazibeye sahip olan bu güzel oda, hafif boğucu bir atmosfere de sahipti. Her yerde Hindistan, Mısır ya da Orta Doğu'dan, yani halasının bir zamanlar arkeoloji çalışmalarını yürüttüğü yerlerden tablolar, gravürler, eski fotoğraflar bulunuyordu. Başucu masasının üzerinde Karl Jaspers'in bir kitabı duruyordu. Jonathan pencereye yaklaşıp onu açtı. Ahşap, zıvanaların üzerinde dönerken hafifçe gıcırdadı. Bahçedeki hoş kokulu hava pencereden içeri dolarak onu sarıp sarmaladı. Okyanus manzarası etkileyiciydi. Bol bitkili bahçenin ötesinde mavilik sonsuza uzanıyordu. Jonathan pencereden dışarı uzanarak deniz havasını ciğerlerine iyice doldurdu.

Şehrin gürültüsü ve kirliliği şimdi ona uzak, çok uzak görünüyordu, tıpkı işinin stresi gibi.

Ertesi gün arabasında yeni bir arızayla karşılaşmak gibi tatsız bir sürpriz yaşadı. O an içinde bir can sıkıntısı, neredeyse bir öfke hissetti: Dertleri onun peşini burada da bırakmayacaklar mıydı yani? Son gününe dek her şeye karşı çabalamaya devam etmesi mi gerekecekti? Kaderi bu muydu gerçekten?

"Yirmi yıl sonra bunu hâlâ düşünecek misin?" diye sordu Margie içindeki kasvetin karşısında belli bir alaycılıkla.

"Neyi?"

"Bu arızayı."

"Şey... Hayır, düşünmeyeceğim tabii. Neden sordun?"

"O halde onu hemen şimdi unut," dedi yaramazca.

Jonathan hayretle ona bakakaldı.

Yaşlı kadın, bahçenin bu köşesinde dikili duran güzel dikilitaşın yanı başında küçücük görünüyordu. Bu taş, kariyerinin başlarındayken Arabistan'da keşfetmiş olduğu bir dikilitaşın replikasıydı. Muhteşem oymalara ve Aramice yazıtlara sahipti.

"Sakın bana şu demir yığınının sana keyfini kaçırtacak güce sahip olduğunu söyleme!"

"Ama şimdi yeniden tamirciyi aramam gerekecek, ona yaptığı onarımın bir işe yaramadığını bildirmem, adamı haşlamam, pazarlık etmem hatta belki de tehditler savurmam gerekecek... Her şeye karşı mücadele edip durmaktan bıktım usandım artık."

Margie gülmeye başladı.

"Bu kadar komik olan nedir hiç anlamadım."

"Ama komik işte, zavallı dostum!"

"Neymiş o?"

"Bana fena halde ilk kocamı hatırlatıyorsun! O da yaşamı sürekli bir mücadele, her an süren bir direniş olarak görürdü. Benim keyfimin sürekli yerinde olması onu deli ederdi. O benim şanslı olduğuma, kendisi her gün başının üzerine yağan tuğlalara karşı savaşmak zorunda kalırken talihin beni kayırdığına inanıyordu. Dertlerinin çoğunun aslında bu dünya görüşünün nedeni değil de sonuçları olduğunu ancak yaşamının sonunda fark edebildi..."

Jonathan'ı ona çok da akılcı görünmemiş olan bu sözlerle baş başa bırakarak uzaklaşıp eve girdi.

"Bu arada," diye haykırdı mutfaktan, "benim külüstürü kullanabilirsin. Biraz yol yapmak ona da iyi gelebilir. Ben sadece haftada bir kere alışverişe gidip gelirken kullanıyorum, zavallıcık sıkıntıdan ölüyordur herhalde."

"Kaskon izin veriyor mu?"

"Rahat ol."

Garajın kapısı korkunç bir gıcırtıyla açıldı ve dışarıya hafif bir küf kokusu yayıldı. Üstü açılabilen ihtiyar Triumph, 1970'lerden kalma olmalıydı. Siyah kaportasının rengi biraz atmış, koyu kırmızı bir arabaydı.

Motor biraz öksürdükten sonra fazla güçlük çıkarmadan, tok bir uğultuyla çalıştı. Jonathan arabanın üstünü açtı ve güneş gözlüklerini taktı.

Birkaç saniye sonra Big Sur'un, kesik gölgeleri denize doğru açılan yeşil dağların ortasındaki ıssız, küçük yollarında ilerliyordu. Kıyının havası hoş kokuyor, güneş ise sonsuzmuş gibi görünüyordu. Jonathan gündelik yaşamının stresinden kurtulmayı nihayet başarmıştı ve birden içinde zamanının her saniyesinin tadını çıkarma isteği duydu. Eğer gerçekten de kaderinde genç ölmesi yazıyorsa talihine sızlanarak gündelik sıkıntılara katlanacağı yerde her anını dolu dolu yaşaması gerekirdi. Üstelik eğer yaşam yalnızca insana sunduğu zevklerden yararlanmaktan ibaretse, bu dünyanın güzelliklerinin tadına varabilmek için çok doğru bir yer seçmiş sayılırdı. Kendine tek bir emir verdi: Ölümü hiç düşünmeksizin her saniyenin tadına var.

Bir haftanın sonunda kıyıdaki küçük, şirin tabloların çoğunu tanıyordu artık. Unutulmuş koyların serin sularına dalıp çıkmış, kumların üzerine uzanıp yıldızları seyrederek uykuya dalmış, Margie'nin tariflerini açgözlülükle kendine sakladığı hamur işlerinin tadını çıkarmış, martıların çığlıklarını dinleyerek su kenarında yürümüş, açık havada bir gece kulübünün terasında dans etmiş, yarını olmayan bir flörtün şehvetini tatmış ve her akşam elinde bir kadeh Chardonay ile güneşin batışını izlemişti.

Öte yandan dünyayla bağını koparmış da değildi. E-postalarına bakmak ve medya sitelerinden haberleri takip etmek artık yaşam biçiminin ayrılmaz bir parçası haline gelmiş olduğundan bunlardan vazgeçmeyi düşünmemişti bile. Müşterilerinden gelen soruların yalnızca birkaç tanesine kendi yanıt veriyor, geri kalanını asistanına yönlendiriyordu. Güncel olaylardansa günden güne haberdar oluyordu.

Dinlenmek, kaygısız bir yaşantının tatlılığına böyle bir parantez açmak ona iyi geliyor, kendini bu tatlı aylaklığın kollarına dizginsizce bırakıyordu.

Bununla birlikte bir süre sonra bu hafif yaşamın ortasında kendi içinde sinsi bir boşluk hissetmeye başladı. Bu tembellik hoş olmasına hoştu ama sonuç olarak tatmin edici, mutluluk verici de değildi. Zevkler birbirini kovalıyordu ama verdikleri haz gitgide azalıyor, onu her seferinde yeni keyiflerin peşine düşmeye zorluyordu. Kimi zengin çocuklarının yaşadıkları tatlı hayatın neden kolaylıkla ağır uyuşturucu kullanımına yol açabildiğini anlamaya başlıyordu.

Başka bir sorunu daha vardı: zaman. Zaman günden güne hızlanıyordu. Günleri her ne kadar boş geçiyor olsa da sanki göz açıp kapayıncaya dek akıp gidiyor gibiydi. Hem bu tatilin hem de yaşamının geri kalanının hızla geçip gitmekte olduğunu hissetmeye başlıyordu.

Zamanı durdurmanın bir yolunu bulmayı istiyordu. Çocukluğunda sıradan bir öğleden sonra ona uzun, upuzun gelirdi. Oysa yetişkinlikte yaşam dörtnala koşturuyor, her yıl bir öncekinden daha kısa sürüyor gibi geliyordu. Hem zaten fizikçi bir arkadaşı da ona şöyle demişti: Algı bakımından yaşamımızın yarısına on altı yaşımızda ulaşırız.

8

Ağza atılacak tek lokma yok; hep aynı sıradan şeyler, komik bile değiller.

Teneke kutunun kapağı gürültüyle açıldı ve sonra da Ryan onu yerinden kopardığında tok bir çınlama çıkardı. Kolayı bardağa döktükçe bardak baloncuklu yoğun bir köpükle doluyordu. Ryan hiç beklemeden bardağı ağzına götürdü. Bu tanıdık koku. Küçük kabarcıklar derisine batan minicik damlacıklar sıçratarak köpürüyordu. Üç yudum içtikten sonra bardağı bıraktı. Kolunun bir hareketiyle ağzını siyah tişörtünün koluna sildi.

İki gündür blogunda hiçbir şey yayımlamamıştı. Kendini aç bir kaplan gibi hissediyordu.

Salondan çıkıp yatak odasına girdi ve düşünceli bir halde pencereden dışarı baktı. Sokaktaki evlerin bahçeleri ile yan caddedeki avlulara açılan bu manzara çok ender olarak malzeme verirdi. Şu an görünürdeki tek insan her sabah olduğu gibi otların üzerine koyduğu beyaz plastikten bahçe koltuğuna oturmuş mektuplarına bakmakta olan Gary denen şu herifti. Ölümüne sıkıcı bir manzara. *Muffin* satıcısı her bir mektubunu okudukça omuzlarını kaldırıyordu. Bundan daha iç bayıcı bir görüntü olamazdı.

Öteki bahçelerde hiçbir şey olmuyordu. Camlarından içerideki mahremiyetlerine bir parça olsun girebildiği, yakınlardaki diğer evlerde de hiçbir şey yoktu.

Ryan üzüntüyle salona geri dönmüştü ki aklına bir fikir gelince olduğu yerde durakaldı. Aptallık yalnızca sözlerde ya da edimlerde değildi, tavırlarda da bulunabilirdi. Mizah tekrardan doğabilirdi. Evet, işte bu: Şu Gary ayısı budalaca hüznü içinde pekâlâ gülünçtü aslında. Tabii bunu bir diziye çevirmek koşuluyla... Eğer internet kullanıcılarının her sabah Gary'nin mektuplarının başında omuz kaldırışını beklemelerini sağlayabilirse bu pekâlâ matrak bir hale gelebilirdi.

Ryan yatak odasına geri dönüp kamerasını adamcağıza doğru yöneltti. Zum. Parabolik mikrofon doksan iki metre mesafeden yırtılan zarfın hışırtısını kaydedebiliyordu. Teknoloji harikası. Yakın planda Gary mektubu çıkarırken kaşlarını çattı. Mektubu okuduktan sonraysa kaçınılmaz olarak omuzlarını kaldırdı. Ryan kahkaha attı. Tabii ya! Gary bir karakterdi! Tam bir karakter! Onu filme çekmekse kendisine düşüyordu...

Kuşkusuz halka açık bir yerde bir topluluğu filme almak çok daha az riskli oluyordu. Ama olsun, Minneapolis'te bir internet kullanıcısının San Francisco'da yaşayan bir sersemi tanıma olasılığı sıfıra yakındı ne de olsa. Hem zaten Ryan önlemini de almıştı. Sitesini yeri belirlenemeyecek bir sunucu üzerine yerleştirmişti. Onu bulabilmeleri için birkaç tane sunucu ekranını tanımlayıp aşmaları gerekecekti. Böyle bir ahmak için de kimse o kadar zahmete girişmezdi.

On beş dakika sonra Ryan *enter* tuşuna bastı ve Gary'nin görüntüsü sitede belirirken o da klavyesinde şunları yazdı: "Boş adamların yaşamı – Bölüm 1". Ryan emindi ki çok uzun bir dizinin başlangıcı alacaktı bu.

9

“Yürüsen nasıl olur peki?”

Margie’nin önerisi Jonathan’ı gafil avlamıştı.

“Yürümek mi?”

“Evet, burada her yer patikalarla dolu. Artık kimselerin kullandığı yok ama aslında çok güzellerdir.”

Gerçekten de çok güzeldiler ve son sekiz gündür Triumph’un içinde geçmekte olduğu yerleri yepyeni bir bakışla yeniden keşfetmek Jonathan’ı şaşırtmıştı. İnsan süratli gidince heyecandan kazandığını duygudan yitiriyordu.

Doğa görkemli, zengin ve hoş kokuluydu. Yamaçların bazıları yoğun yeşillikteki çalılarla kaplıydı, aralarındaysa kimi zaman vahşi orkidelere rastlanabiliyordu. Bazılarıysa serin gölgelere sahip ulu çamlarla doluydu. Okyanusa doğru yaklaşıldıkça, kırmızı gövdeleri yıllar içinde oyulmuş sekoyalara rastlanıyordu.

Yürürken çeşit çeşit kuşların ötüşlerini duyuyordu ve hatta bir öğleden sonra gökyüzünde heybetle gezinmekte olan bir akbabaya bile rastladı.

Yokuşlar birbirini izliyor, kolay inişlerin ardından sarp ve soluk kesici çıkışlar sürekli arka arkaya geliyordu. Ancak her bir bayır aşıldığında ortaya farklı bir manzara çıkıyor, kimi zamansa bir yakanın açıklığından deniz görünüyordu. Görünen manzara sürekli yenileniyor, Jonathan'ın içinde uyanan hayranlıksa hep aynı kalıyordu. Gerçi bu yine aynı görüntüydü ama basit bir araba gezintisi yerine zorlu bir tırmanış çabasından sonra belirdiğinde daha bir gösterişli görünüyordu. Başarılmış bir işin verdiği gurur muydu bu? Yoksa doğa asıl güzelliğini kendisi için bedel ödeyenlere mi saklıyordu?

Bu bolluğun ötesinde Jonathan küçük bir şok da yaşadı: Bu uzun yürüyüşlerinden biri sırasında cep telefonunun artık çekmediğini fark etti! Başlangıçta bir bağın kopmasından, bir bağlantının kesintiye uğramasından gelen bu hafif rahatsızlık duygusu canını sıkıp onu kaygılandırdığından aştığı her yeni zirvede telefonunu çıkarıp çaresizce gökyüzüne doğru uzatıyor, âdeta evrenin vereceği mesajları alabilmeye uğraşıyordu. Ama boşunaydı.

Önceleri bir yalıtılmışlık, dünyadan kopmuşluk duygusuna kapılmış olsa da sonradan aslında kendini hiç bu kadar dünyayla bağlantılı hissetmemiş olduğunu fark etti. Onun için yeryüzünden en kötü haberleri seçip gönderen medyayla değil, gece gündüz varlıklarını kendisine hatırlatan tanıdıklarının günün her saati gönderdikleri ve her biri ona başkalarının gözünde hâlâ var olmaya devam ettiğini kanıtlayan e-postalarla değil. Hayır, hissettiği bu bağlantı duygusu tamamen başka türden bir şey, onun için gerçek bir yenilikti: Kendini kendisiyle, bedeniyle, duygularıyla, iç dünyasıyla ve aynı zamanda da yeryüzüyle, bitki ve hayvan yaşamıyla şaşılacak derecede bağlantılı hissediyordu.

Bu yürüyüşlerin her saati, içindeki bu alevi, daha önce hiç tanımadığı ya da varlığını bile unutacağı kadar uzun zamandır uykuda olan bu zenginliği yeniden canlandırıyordu.

Yaşadığı bu coşku günden güne artıyordu. Bir süredir içini ele geçirmiş olan bunalım ve kasvet tamamen yok olup gitmişti.

Yürüyüş, gitgide onun için yepyeni olan bir minnettarlık hissiyle dolduruyordu içini. Dünyanın güzelliğine, ona bu zamana kadar varlığından bile hiç kuşkulanmadığı bir neşe ve huzur sunmakta olan yaşama karşı minnettarlık. Her zaman yaşamındaki bütün sorunlara karşı sövüp saymak alışkanlığındayken, şimdi içinden sürekli teşekkür etmek geliyor, şükranlarını kime göndermekte olduğunu bile bilmiyordu. Tıpkı kimilerinin denize bir şişe fırlattıkları gibi öylece evrene gönderilmiş bir teşekkür. Yaşadığı için, soluk aldığı için, gördüğü, duyduğu, hissettiği için teşekkür. Çingenelerin ölüm kehaneti artık önemli değildi. Şimdi, şu anda hayattaydı ya, önemli olan tek şey de buydu.

Margie halanın bu konuda bir fikri vardı, bunu bir akşam bahçede oldukları vakit onunla da paylaştı. Hint hurmasından yapılmış, yumuşak minderli, güzel koltuklarda oturuyorlardı. Halası ona sık sık yaptığı gibi yine dumanı tüten bir bitki çayı hazırlamış, içine bir kaşık balla bir damlacık da votka koymuştu.

"Toplumun elimizden aldığı şeyi doğa bize geri veriyor."

"Neymiş o?"

"Tamamlanmışlığımız."

"Şey... Bunu biraz açabilecek misin acaba?"

"Bizler tamamlanmış varlıklarız ve doğa bize bunu derinden hissettiriyor, oysa toplum içimizde bir eksiklik yaratıyor. Bizi mutlu olmamız için bir şeylerin *eksik* olduğuna, bir şeylere gerek duyduğumuza inandırıyor, bizde bu hissi uyandırıyor. Elimizde olanla, olduğumuz gibi tatmin olmamızı bize yasaklıyor. Bizi sürekli tamamlanmamış olduğumuza inandırıp duruyor."

Bu sözler onun içinde özel bir yankı uyandırdı. Halasının sözünü ettiği bu tamamlanmışlık hissi gerçekten de doğanın içindeyken duyduğu şeye benziyordu. Her çeşit zevki tatmakla geçirdiği o ilk haftanın ağzında bırakmış olduğu içi boş ve aldatıcı tattan çok uzakta bir ruh haliydi bu. Bunu Margie'ye de anlattı.

"O da bambaşka bir şey işte," diye bağırdı halası dudaklarında hınzırca bir gülümsemeyle. "O hafta kendini günaha bırakmışsın!"

"Masanın üzerinde bir şişe votka dururken beni bununla suçlaman pek inandırıcı olmuyor. Üç koca eskitmiş sen..."

Kadın kahkahayı bastı.

"Sevgili yeğenim, günahın kötü bir şey olduğunu söylemedim ki ben!"

"Ne demek istediğini takip edemiyorum o zaman..."

"Aramice bilseydin anlardın..."

"Aptalca ama lisede Fransızca ve İspanyolca dersleri almayı tercih etmiştim."

Kadın gülümsedi ve birer fincan daha çay koydu.

"Din adamlarımız uzun zamandır içimizde suçluluk duygusu uyandırmaya çalışıyorlar, sanki günah her zaman korkunç bir ahlaki suç işlemekmiş gibi... Oysa bunun tek nedeni basit bir çeviri hatası..."

"Çeviri hatası mı?"

"Evet, bize 'günah' diye çevirdikleri, İsa'nın kullandığı sözcük *khtahayn* idi. Aslında bunun anlamı daha çok 'hata' gibi bir şeydir, yani yaptığımız şeyin hedefi bulmaması gibi. Aynı şekilde İsa kötülükten söz ederken de *bisha* sözcüğünü kullanmıştı, bu da 'yetersiz' anlamına gelir. Kısacası, günah işlemek aslında kötülük yapmak değil, daha çok yanılmak ve hedeften uzaklaşmaktır."

"Hedef mi? Hangi hedef bu ama?"

"Ah... Bütün mesele orada işte," dedi Margie fincanları doldururken. "Hıristiyanlar, Yahudiler ve Müslümanlar herhalde bu soruya 'Tanrı'yı bulmak' yanıtını vereceklerdir. Budistler 'Uyanışı bulmak', Hindular 'Kurtuluşa ulaşmak' diyeceklerdir, kimileriyse 'Mutluluğu bulmak' diye yanıtlayacaklardır... Oysa özünde hepsi aynı kapıya çıkıyor. Tıpkı Hindistan'daki Veda yazıtlarında dendiği gibi: 'Gerçek bir tanedir; sadece bilgelerin ona verdiği isimler çoktur.'"

"Mutluluğu bulmak," diye yineledi Jonathan düşünceli bir şekilde.

Bir yudum çay içti. Sıcaklığı iyi, kokusu hoştu. Çevrelerini saran ışık yavaşça azalıyordu. Uzakta okyanusun yüzeyi gökyüzünde pembe ve turuncu tonlarına boyanmakta olan günün son ışıklarını yansıtmaktaydı. Dikkat çekici bir sakinliğe bürünmüş olan bahçe huzur yayıyordu. Kuşlar bile bu anın güzelliğinin tadını sessizce çıkarıyor gibiydiler.

"Yani demek istediğin, aylaklık ederek geçirdiğim o hafta beni hedefe ulaşmak için doğru yöne sürüklemedi, öyle mi?"

"Evet. Bunu kendin de hissetmişsin zaten. Herkes de hissedebilir ayrıca: Kolayca elde edilebilen zevklere karşı bir çekim duyarız ama bu zevkler ister tensel, ister iştahla ilgili olsun, hatta bazen televizyonun karşısında bir kanaldan diğerine zıplayarak bir akşam geçirmek bile olabilir, bir kere giderildiler mi hemen arkasından biraz düş kırıklığı gelir. Hatta bu zevk bizi gerçekten doyurmadığı için içimizde tuhaf bir hüsran bile duyarız. Her insan bunu hissetmiştir. Spinoza daha on yedinci yüzyılda bunu çok güzel anlatmıştı."

"Eğer Spinoza da anlatmışsa..."

"Üstelik bunda da hiçbir kötülük yoktur, sadece sana aradığın şeyi veremez, o kadar. Hepimizin az ya da çok bilinçli olarak aradığımız şeyi de veremez."

Jonathan bir süre düşüncelerine daldı.

"Peki... Bunu nasıl açıklıyorsun?" diye sordu sonunda.

Margie derin bir soluk aldı.

"Zevklere daldığın o hafta boyunca kendinin dışında sana bir anlamda mutluluk getirecek olan bir şeyler aradın, öyle değil mi? Lokantalarda, gece kulüplerinde, mağazalarda, kim bilir daha nerelerde..."

"Evet."

"Eh işte, görüyorsun ya, mutluluğu asla dışarıda bulamazsın. Bütün yaşamını bir yığın şeyin ardından koşarak geçirebilirsin ama yanlış yerde ararsan hiçbir şey bulamazsın. Nefertiti'nin mezarını Amerika'da aramak gibi bir şey bu."

"Hımm..."

"Üstelik dışarıdan gelen zevkleri elde ettiğin sürece beynini de gitgide dışarı doğru yönelmeye, orada tatmin kaynakları aramaya daha çok koşullandırırsın. Her koşulda beynimiz aslında bizi, bizim için en iyi olduğuna inandığı şeyi yapmaya sürükler. Sorun ise kararlarını bizim yaşadıklarımız aracılığıyla alıyor oluşudur. Eğer sen beynine daha çok dış kökenli tatmin kaynakları sunarsan o da seni giderek kendinden dışarıya doğru itecektir."

Jonathan başını salladı.

"Çağlardan beri dinlerin, mensuplarını zevk arayışından uzaklaştırmaya çalışmaları da bu yüzdendir kuşkusuz."

"Evet, her ne kadar bu kimi zaman içimizde suçluluk duygusu uyandırmakla sonuçlanıyor olsa bile. Böylece bu da bizi mutluluğa götürmüyor... Bize bağışlanan zevklerin tadını çıkarmakta fayda var! Eğer kışkırtmaya boyun eğeceksek hiç olmazsa zevkine de varalım!"

Jonathan dalgınca gülümsedi.

"Anlıyorsun ya, asıl sorun söz konusu bu zevklerin bana çekici gelmesinde. Eğer kendime karşı gerçekten dürüst olacaksam, aslında bunun için çalışıp çabaladığımı da itiraf etmeliyim. Beni baştan çıkaran şeylerin bedelini ödeyebilmek için. Arzularımın bir kısmını doyurabilmek için."

"Evet, tahmin edebiliyorum. Çoğumuz için böyledir bu. Bu bizi tamamen tatmin etmeye yetmediği için de bir zevkimizi doyurur doyurmaz yeni bir şeyi arzulamaya başlarız, daha önce hiç aklımızda olmayan bir şeyi. Sonuç olarak bu, birbirini izleyen arzuların doyurulmasının peşinde hiç bitmeyen bir koşudan başka bir şey değildir."

"Olabilir."

Margie biraz çay içti.

"Budistler bu durumu çok iyi anlamışlar. Arzularımızın acılarımızın kaynaklarından biri olduğunu düşünüyorlar. Bu yüzden de insanın arzularından kurtulmasını öneriyorlar."

"Arzularından kurtulmak..."

"Tamamen."

"Eh işte, kuramı anlayabiliyorum ama uygulamaya gelince bu fikri benimseyebileceğimden emin değilim."

"Neden?"

"Sanki beni arzularım hayatta tutuyormuş gibi bir hisse kapılıyorum."

"Seni hayatta mı tutuyorlar?"

"Tabii ya. Eğer hiç arzum kalmazsa yaşamda ilerlememi ne sağlayacak, hiç bilmiyorum. Arzular güdümleyici değil midir?

Bir şeyleri arzuladığım için kendimde onlar uğruna çarpışma enerjisini bulabiliyorum. Eğer senin dediğin gibi arzularımdan kurtulmayı başarabilirsem, o zaman geriye kalan kocaman bir boşluk olacaktır. Görüyorsun ya, kendimi böyle hayal edebiliyorum, zen durumunda, artık hiçbir arzum kalmadığı için hiçbir şey de yapmıyorum... Bu da bana biraz üzücü görünüyor, öyle değil mi? Biraz moral bozucu."

Margie gülümsedi.

"Ah, tatlım, böyle söylüyorsun çünkü toplumumuz seni yalnızca arzularının tatmininden doğan geçici zevkleri hissetmeye yöneltmiş, insanın içinden gelen o gerçek sevinci yaşamana fırsat vermemiş."

"Olabilir..."

"Annenle baban seni sevindirmek istediklerinde senin için ne yaparlardı?"

"Şey... Ne bileyim? Bir hediye alırlardı herhalde..."

"Ne hediyesi?"

"Nasıl yani?"

"O hediyeyi nasıl seçerlerdi?"

"Bilmiyorum ki... Herhalde canımın nasıl bir oyuncak istediğini öğrenmeye çalışırlardı."

Margie anlayışlı bir tavırla başını salladı.

"Evet. Hangi oyuncağı istediğini... Peki ya doğum gününde senin için ne yaparlardı?"

"Bir hediye alırlardı elbette."

"Noel'de?"

"Evet, hediyeler."

Margie öne doğru eğilip çayları tazeledi.

"Görüyorsun ya, sorun şu ki ailen içtenlikle seni sevindirmek istiyordu ve sanırım sen de bunu hissedebiliyor olmalıydın. Kuşkusuz senin mutluluğunu istiyorlardı."

"Elbette."

"Bunu yaparken aslında sana insanın arzularını tatmin etmek için dışarıdan bir şeyler alarak mutlu olacağını öğretmekte olduklarının farkına varmıyorlardı."

"Anlıyorum..."

"Oysa bu tamamen yanlıştır. Tatmin için dışarıya ne kadar yönelirsen, o kadar çok eksiklik duyarsın. Arzularının peşinden ne kadar çok koşarsan o kadar az tatmin yaşarsın."

Jonathan yavaşça başını salladı.

"Anlıyorsun ya, kültürel bir hal aldı bu," diye devam etti Margie. "Artık içimizde. Buna koşullandırıldık. Buradan da senin iki dakika önce anlattığın şeye varıyoruz: Arzularının tatmini yaşamda ilerlemeni sağlıyor, öyle dememiş miydin? Bunun farkında mısın? Ne kadar koşullandırılmış olduğumuzu görebiliyor musun? Sonra da peşinden koşturduğumuz bütün o şeylere aslında hiç de ihtiyacımız olmadığını fark etmeden çalışarak kendimizi helak ediyoruz..."

Jonathan uzaklara doğru dalıp gitti. Okyanusun yüzeyinden bir yelkenli yavaş yavaş kayıp gidiyordu.

"Pekâlâ, bütün bunlar iyi, hoş da arzularıma karşı savaşmak için ne yapabilirim ben? Çünkü içimde var olmaları benim elimde değil..."

"Arzularına karşı kesinlikle savaşmamalısın!"

"Şimdi seni hiç anlayamadım işte."

"Eğer arzularına karşı savaşırsan, bir parçan bir şeyi istiyorken başka bir parçan da bu isteğe karşı savaşıyor demek olacaktır."

"Aynen öyle."

"Bir çeşit iç savaş olur bu, senin ile... sen arasında."

"Öyle de denebilir."

"Bu durumda sonuç alamama riski vardır! Hem zaten bu yüzden çoğunlukla rejim yaparken başarısız oluruz. Anlıyorsun, değil mi? İnsan kendiyle savaş halindeyse kesin olan bir şey vardır: Biri kaybedecek!"

Jonathan hayretle halasının yüzüne baktı.

"O halde çözüm nedir?"

Margie başını iki yana salladı.

"Aslında ben içimizde olan şeylerden *kaçınabileceğimizi* hiç sanmıyorum, ister arzularımız olsun, ister başka şey. Eğer içinde düzenli olarak pasta ya da cips yemek için şiddetli bir istek duyuyorsan onu ortadan kaldırmak için elinden geleni yap. Sana kolay gelsin."

"Bilmez miyim?"

"İçimizde var olandan *kaçınamayız*. Ama üstüne *ekleyebiliriz*."

"Ekleyebilir miyiz?"

"Evet ya, arzularımızdan daha güçlü olan şeyler yaratırız. Arzularımızı aşarak bizi besleyecek, aydınlatacak ve sonunda bize onları unutturacak şeyler. Yalnızca unutturacak. O takdirde arzular kendiliklerinden buharlaşıp uçacaklardır. Eriyip gideceklerdir."

"Peki nedir bu şeyler?"

"Gerçekte kim olduğumuzu ve ne için yaratılmış olduğumuzu ifade etmemize yarayacak şeyler. Bize kendi içimizin derinliklerinden gelen bir tatmin, bir sevinç getiren şeyler."

Jonathan birkaç saniye hiçbir şey söylemeden kadının yüzüne baktı.

"Peki... Ben bunları nasıl bulabilirim?"

Margie ona doğru eğilerek sır verircesine fısıldadı.

"İçinde ara."

Fısıldanan bu sözcükler içinin ta derinliklerinde yankılanırken Jonathan gözlerini kadından hiç ayırmadı. Derin bir soluk aldı. Sanki zaman durmuştu ve bu sessiz bahçede bütün bitkiler soluklarını tutmuş gibiydi.

"Bunun için de," dedi kadın, "kendinden başka hiçbir şeye zaman ve mekân vermemelisin. Bırak bir şeyler su yüzüne çıksın... Yüreğinin, bedeninin sana gönderdiği mesajların şifrelerini çözmeyi öğren..."

Margie'nin sözleri akşamın yumuşaklığı içinde, parıldayan yıldızların altında sanki havada süzülüyor gibiydi. Kadın gülümsüyor, ışıltılı güzel bakışları deneyimlerle dolup taşan, zengin bir yaşamın yıllar içinde çizgilendirdiği yüzünün zarif kırışıkları arasında parıldıyordu.

"Senin dediğin türden mesajlar aldığımdan emin değilim, ayrıca onları bastırıyor olduğum izlenimine de hiç kapılmadım..."

"Farkına varmasak da çağımızda hepimiz onları az ya da çok bastırıyoruz."

Jonathan pek de ikna olmamıştı.

"Yorulduğun oluyor mu hiç?" diye sordu Margie.

"Herkes kadar."

"Yorulduğumuz zamanlarda bedenimiz bizden biraz dinlenme ister, beynimizse uyku. Peki ya biz onlara ne veririz? Bir fincan kahve!"

Jonathan yavaşça başını sallarken bir yandan da çalışmaya devam edebilmek adına ağzına attığı onca şeyi düşündü...

"Zaman zaman bir hüzne kapıldığın olur mu peki?" diye sordu Margie.

Jonathan içini çekti.

"Olmaz mı? Bazen olur tabii ki."

"Peki böyle zamanlarda ne yaparsın?"

"Ne mi yaparım? Şey... Bilmem ki... Neden?"

"Bunun başına geldiği en son zamanı hatırla."

"En son... Tamam, şey olmuştu..."

"Orası beni ilgilendirmez. Sen bana yalnızca bu iç sıkıntısını hissettiğinde ne yaptığını anlat."

"Çok basit: Dört parça çikolata yedim! Şey, hayır... Sekiz parçaydı."

"Sonra kendini daha iyi hissettin mi?"

"Pek sayılmaz ama hiç olmazsa o an için bu bana biraz zevk verdi. Bu da bir şeydir."

"Peki daha sonra ne yaptın?"

"Televizyonu açtım sanırım."

"Gördün mü? Yine aynı şema işte. İçimizdeki sorunların çözümünü dışarıda arıyoruz: Çikolata, dışarıdan gelen bir zevk ve televizyon, yine dışarıdan içeri doğru bir bilgi ve duygu akımı."

"Peki, bu ciddi bir şey midir Doktor Hanım?"

Margie kıkırdadı.

"Buralarda yaşamış olan Paul Watzlawick'in dediği gibi, durum ümitsiz ama ciddi değil!"

"İçimi rahatlattın..."

"Neyse, en azından hap yutmaktan iyidir ama sonuçta yine hepsi aynı şema! Hem zaten eminim ki hasta olduğun zamanlarda da ilk yaptığın şey..."

Jonathan sesinde sahte bir yıkılmışlıkla yanıt verdi.

"İlaç almak oluyor."

Margie güldü ve çayları doldurdu.

"İnan bana, sorunlarımızın çoğunun çözümü içimizde bulunuyor."

"Anlıyorum."

"Çağımızın büyük yanılsamalarından biri bu. Kendi içimizi gitgide daha az dinler olduk. Hatta kimi zaman yaşamımızda ne yapmayı istediğimizi bile tam olarak bilemeyebiliyoruz. Dahası gündelik yaşantı içinde bize ait olmayan, toplumun bize dayattığı kurallara uyabilmek adına yolumuzu şaşırdığımız da oluyor."

"Kurallar mı?"

"Evet, adına ister kurallar, ister yasalar de. Davranış kuralları, düşünce kuralları ve en çok da zevk kuralları. Bana öyle geliyor ki yüreğimizin tercih ettiğini değil de bizi sevmeye zorladıkları şeyleri seviyoruz. Giysilerimizi, telefonlarımızı, içeceklerimizi, izleyeceğimiz filmleri seçen gerçekten biz miyiz?"

"Evet ama günümüzde bu biraz da kaçınılmaz bir durum. Herkes artık birbirine bağlı, dolayısıyla da herkes birbirinden etkileniyor. Bunda bir kötülük yok ki."

"Hayır, kötülük yok tabii. Ama bu karşılıklı bağlılık içinde başkalarınınkini değil de kendi yaşamımızı yaşayabilmemiz için kendimizle olan bağımızı da koparmamamız gerekiyor."

Jonathan, Big Sur'un doğası içinde tek başına yaptığı uzun yürüyüşleri ve daha önce hiç tatmamış olduğu o gerçekten kendi kendisi olma duygusunu hatırladı.

"Kendi hayatımızı yaşayabilmemiz için," diye sürdürdü Margie, "kendi içimizin derinliklerine kulak vermemiz şart. Ruhumuzun bize fısıldadığı mesajları duyabilmemiz. Ancak ruhumuz, çok narin, çok cılız bir sesle mırıldanan bir melek gibi, onu duyabilmek için kulak kesilmemiz gerekir. Hiç kesilmeyen bu gürültü patırtı içinde onu nasıl duyabileceksin? Zihnin kendi dışındaki binlerce şeyle sürekli meşgulken dikkatini ona nasıl verebileceksin?"

"Binlerce olmasa da..."

"Sürekli maruz kaldığımız bütün o bilgileri, bütün o uyarıcıları bir düşün."

"Dur tahmin edeyim: Televizyonu suçlayacaksın, interneti, sosyal ağları, video oyunlarını, cep telefonlarına yağan mesajları, e-postaları..."

"Ben hiçbir şeyi suçlamıyorum, bütün bunlar çok yararlı şeyler, tabii eğer tuzağa düşmeyecek kadar uyanık kamayı başarabilirsek. Çünkü bunlara bağımlı hale gelmemizin nedeni nedir, biliyor musun?"

"Hayır."

"Çünkü onlar içimizde duygular uyandırıyor. Bizler de duyguları hissettiğimizde yaşadığımızın farkına varıyoruz. Bu yüzden de hep daha fazlasını, daha fazlasını istiyoruz. Bütün bu sosyal ağlara bağlı kalmamızın nedeni de bu işte. Bir mesaj ilgimizi çektiği anda bir duygu hissediyoruz. Bir haber bizi endişelendirdi mi? Bir duygu. Biri beni mi düşünüyor? Bir duygu. Bir ülkeyi kasırga mı vurmuş? Bir duygu. Bütün bunlarda da hiçbir kötülük yok elbette ama dışarıdan gelen şeylere çok fazla daldıkça kendi kendimizle bağımızı koparıyoruz. Duygularımız dışarıdan gelen uyarıcılarla harekete geçirildikçe onları kendi düşünce, eylem ve hislerimizin içine yedirmekte gitgide zorlanır hale geliyoruz. Sanki lunaparktaki bir sürat treninin vagonunda yaşıyormuş gibi, bütün bir gün boyunca kimin sürdüğünü, ne yöne gitmekte olduğunu hiç bilmediğimiz bir trenin içinde bir aşağı bir yukarı savrulup duruyoruz."

Jonathan düşünceyle yavaş yavaş başını salladı.

"Biliyor musun?" diye devam etti Margie. "Bitki örtüsünün her yeri işgal ettiği bir toprakta bir tohum yeşermekte zorlanır. Işığın gelip bizi bulabilmesi için biraz boş alan gerekir."

Jonathan bakışını çevresinde gezdirdi. Ay, okyanusun üzerinde yükseliyor, bahçeyi etkileyici bir ışık gölge tablosuna benzetiyordu. Siyah beyaz bir kartpostal gibi.

Margie devam etti.

"Eğer ruhumuzu dinlemeye, içimizin derinliklerinden gelen sesi duymaya zaman ayırmazsak kendimizi hiçbir zaman gerçekten tanıyamayabiliriz. Kendimizi tanımayınca da..."

Bir an durup sakince zencefilli bir kurabiye kemirdi.

"Ne olur?"

"Kendimizi tanımayınca yanılsamalarımızın yaşamımızı yönetmesine izin vermiş oluruz."

Jonathan başını kaldırıp onun yüzüne baktı.

"Yanılsamalarımız mı?"

"Evet, hepimizin yaşamla ilgili yanılsamaları vardır, bizi bir o yana bir bu yana iterler. İçten içe bilincimiz onların gerçek olmadığını, yanlış yolda olduğumuzu biliyordur. Ama eğer biz yüreğimizin sesini dinlemezsek bu yanılsamaların dümeni ele geçirmelerine izin veririz ve gerçek özgürlükten yoksun kalırız. Yanılsamalarımızın kölesi haline geliriz."

"Bu benim için pek de açık olmadı."

Margie birkaç yudum çay içti.

"Sözlerimi örneklendirmem gerekecek... Kocalarımı ele alalım örneğin..."

"Neyse ki birkaç tane birden oldu..."

"İnsan sevmişse sayının önemi yoktur! İlk kocam gücü seven, karizmatik bir adamdı. Yanılsamasıysa, insanların güvenilmeye layık olmadıklarına inanması ve her şeyi bizzat yönetmeyi ve denetlemeyi gerekli görmesiydi. Her koşul altında içinde bulunduğu durumu kontrol altında bulundurma takıntısı vardı, özellikle de çevresindeki insanları! Ancak yaşam bizim kuruntularımızdaki kaygıları gerçeğe dönüştürmeyi iyi bilir. Korkaklar işkenceye uğrarlar, yükselememekten çekinen insanlar başarısız olurlar, reddedilmekten korkanlar er geç reddedilirler. Güven eksikliğinden dolayı her şeyi kontrol etmeye kalkışanlar da sonunda hiçbir şeyi kontrol edemez hale gelirler. Karını kontrol altında tutarsın, seni aldatır. Çocuklarını kontrol altında tutarsın, başkaldırırlar. Halkını kontrol altında tutarsın, devrim yaparlar."

"Sen de onu bu yüzden mi terk ettin?"

"Mısır'daki keşif gezilerimden vazgeçmemi istiyordu. Sanki bir mumyaya âşık olacakmışım gibi..."

Çayına bir kurabiye batırdı ve sonra da onun tadını çıkardı.

"Peki ya ikinci kocan?"

"O çok farklıydı. Onun yanılsaması da kendini herkesten daha zeki sanmasıydı. Bu da başkalarına biraz tepeden bakmasına yol açıyordu. Başkalarını hep anlattıkları saçmalıkları yargılıyormuş gibi mesafe alarak dinlerdi. Duygusal tepkileri aşağılamasından hiç söz etmiyorum bile... Kimi zaman karşısındakine sözlerinin akılcılıktan ne kadar uzak olduğunu buz gibi birkaç sözcükle dile getiriverirdi. Onun yüzünden ne kadar çok dost yitirdiğimizi söylememe gerek yok herhalde..."

"Peki ama zekâsının bir yanılsama olduğuna nasıl hükmediyorsun?"

"Yanılsama olan kendi zekâsının üstünlüğüne inanışıydı. Zihinsele yapışıp kalmış olman herkesten zeki olduğunu göstermez ki."

"Zihinsele mi yapışmış?"

"Evet, şimdi sana biyoloji dersi verecek değilim ama basite indirgeyecek olursak, insanın üç beyni vardır..."

"Angela benim bir tane beynim olduğundan bile kuşkuluydu, meğer üç tane birden varmış ha?"

"Daha doğru bir ifadeyle beynimizin üç katmanı vardır ve bunlardan her biri hepimizde farklı düzeyde gelişmiştir: Dört yüz milyon yıl önce, yani ilk insandan çok daha eski zamanlarda yaşamış olan sürüngen atalarımızdan miras aldığımız arkaik beynimiz vardır. Hayatta kalma güdüsü, saldırganlık, alanını koruma gibi ilkel reflekslerimizi bize beynin bu katmanı verir. Kimi insanlarda beynin bu katmanı diğerlerine göre daha fazla gelişmiştir ve onlar harekete geçmek ve tepki vermek konularında daha yeteneklidirler. Bu kişiler çoğunlukla güçle, parayla, seksle falan ilgilidirler..."

"Politikacılar yani!"

Margie kahkahayla güldü.

"Peki ya diğer katmanlar?" diye sordu Jonathan.

"Limbik beyin sayesinde hem kendi duygularımızı, hem de başkalarınınkileri hissederiz ve bu katman bize daha çok ilişkilerle ilgili niteliklerimizi geliştirme olanağı sağlar. Bu beyin türü, yetişkinlerin savunması olmaksızın kendi başlarına hayatta kalamayacak olan yavrularını korumak zorunda kalan memelilerin ortaya çıkışıyla birlikte belirmiştir. Son olarak da neokorteks vardır, buna zihinsel beyin de diyebiliriz: Mantıksal düşünce, kavramlaştırma yetisi vs."

"Anlıyorum..."

"Yaşamda ideal olanı, hem eylemde hem duyguda hem de soyut düşüncede yeterince rahat edebilmek için bu üç beyin arasında bir denge bulabilmektir."

"Demek ikinci kocanın neokorteksi biraz fazla gelişmişti..."

"Öyle de diyebiliriz. Ama zekâ yalnızca zihinsellikle sınırlı değildir. Beynin üç katmanının dengeli biçimde kullanılmasına dayanır. Görüldüğü kadarıyla o da duygusal düzeyde kimi güçlükler çekiyordu. Kendini az tanıyor, başkalarınıysa iyi anlayamıyordu. Yüreğini, isteklerini hiç dinlemeyen, kendi duygularını anlayamayan biriydi. Benimkilere hiç girmiyorum bile..."

"Boşandıktan sonra da haberleşmeyi sürdürdünüz mü?"

"Sonunda Alzheimer'a yakalandığını öğrendim. Kafasını çok dolu gören biri için büyük bir dert..."

"Zavallıcık."

"Hastalığı olduğunu çok çabuk unuttu..."

Margie bir yudum çay içti.

"Üçüncü kocam daha da farklıydı. O da mutluluğu mevkiinde arıyordu. Herhalde yanılsamaların en büyüğü de budur.... Başlarda kişiliğine hayrandım. Sonra günün birinde önemini artırmak, gösterişini çoğaltmak için yapmayacağı şey olmadığını fark ettim. Unvanlardan şık kıyafetlere kadar, arabasının markasından, evimizin idaresinden konuşmalarına serpiştirdiği özlü sözlere kadar... İlişkileri bile değerini artırabileceği şekilde özenle seçilmişti. Hiçbir şeyi kalpten yapmıyordu, her şeyi ona içindeki beğenilme gereksinimi dikte ettiriyordu. Sanırım sonunda kendi kendine hayran kalıyor ama bir türlü de mutlu olamıyordu. Çünkü hep daha fazlası gerekiyor, gözünü diktiği imaja ulaşabilmesi için hiçbir şey yeterli olmuyordu. Kuşkusuz kendini rahatlatmaya, ustaca gizlemekte olduğu bir özgüven eksikliğini önlemeye çalışıyordu... Ben meslek değiştirerek biyolog olmaya karar verdiğimde fikrimi değiştirmek için elinden geleni yaptı. Bir arkeologla evli olmak seçkin bir şeydi, biyologlarsa daha sıradandı."

Jonathan gülmesine engel olamadı.

"Sonunda bir araba altında can verdi," dedi Margie son derece soğukkanlı bir sesle.

"Ne korkunç!"

"Hiç de değil! Tam tersine!"

"Böyle bir şeyi nasıl söylersin?"

"Bir şatoda verilen şık bir akşam davetinden çıkışta bir Rolls-Royce tarafından çiğnendi. Tam düşlerindeki gibi bir ölüm! Bir de banliyönün birinde bir motosiklet altında kaldığını düşünsene..."

"Margie..."

"Vasiyeti harfi harfine yerine getirildi: Bütün yerel kodamanların katıldığı görkemli bir cenaze töreni, Mozart'ın *Requiem*'ini seslendiren bir koro ile orkestra ve Ronald Reagan'ınkinden bile daha anıtsal bir mezar taşı. Herkesi hayran bıraktı. Ama çok da fazla değil. Anlıyorsun ya Tutankamon'un yanında onunki hiçbir şey değildi sonuçta..."

10

Adam derin bir soluk aldı ve iki üç defa arka arkaya, bir golf topuna bir de önündeki parkura bakıp durdu. Omuzlarını hafifçe oynattı, önce biraz yukarıya doğru kaldırıp sonra da geriye doğru yuvarladı. Michael gülmemek için kendini tuttu. John Dale topa vurmaya her hazırlandığında hep bu gergin tiki yapıyordu. Bundan biraz daha gülünç olsa insanı öldürürdü.

Tok bir gürültüyle top yukarı doğru havalandı ve geniş bir eğri çizdikten sonra yere düşüp hızlıca zeminde durdu.

"Hiç fena değil," dedi Michael dalkavukça bir gülümsemeyle. "Güzel vuruş."

İki adam yürümeye koyuldular. Sabah sisi dağılmış, ışıl ışıl bir güneş Golden Gate Parkı golf sahasını parlak bir ışıkla aydınlatmıştı. Taze kesilmiş otlar çok hoş kokuyordu. Uzaklarda okyanus biraz kıpırtılı görünüyordu. Açıklardaki dalgaların üzerinde köpükler oluşuyordu.

"Ortaklarınızla ne durumdasınız?"

"Yol alıyoruz," diye yanıtladı Michael. "Kendime güveniyorum."

"Üç aydır aynı şeyi söylüyorsunuz ama fazla bir değişiklik olduğu yok..."

"Uzun sürebileceği konusunda sizi uyarmıştım. Bu şirket onlar için bebekleri gibi neredeyse. İnsan kendi meyvesinden öyle kolay kolay kopamıyor."

"Benim onlara önerdiğim teklifle bebekleriyle canları ne isterse yapabilirler ama."

"İşler pek öyle yürümüyor ama..."

John Dale durdu ve Michael'a baktı.

"Bu konuyu onlarla bir kere de kendim mi konuşsam?"

"Sakın ha! Ben onlara nasıl yaklaşacağımı biliyorum. Beş yıldır bunun alıştırmasını yapıyorum..."

"O halde neden bu kadar uzun sürüyor? Benim teklifim karşısında kolaylıkla yola gelebilirler gibi hissediyorum ben."

"İşin içinde duygular olunca para her şeye yetmiyor. Hisselerini dışarıdan birine hayatta satmazlar. Mutlaka benden geçmesi gerekir. Onların üzerinde çalışıyorum ama bu iş zaman alıyor. Hiçbir şey bedelsiz elde edilmiyor."

John Dale kuşkuyla dudak büktü.

"Bana güvenin," diye ekledi Michael. "Doğru yoldayız."

Yeşilliklere doğru yürümeyi sürdürdüler. Uzakta, okyanusun üzerindeki çalkantıya karşın rüzgârdan yararlanmayı isteyen bir dolu yelkenli açılmıştı. Dalgaların onları nasıl salladığı tahmin edilebiliyordu.

Michael derin bir soluk aldı. John'u daha uzun süre bu şekilde oyalamaya devam edemeyeceğini biliyordu. Her yönden kazanmayı isterken her şeyi birden yitirme riskine girmişti. Ama olsun... Yine de yalnızca kendi hisselerinin satışından elde edeceği artı değerle yetinerek hiçbir şey yapmamış, pazarlığa bile katılmamış olan ortaklarının da kendiyle aynı parayı kazanmalarına göz yumacak değildi. Hem zaten böylesi daha iyi olmuştu. John hisse başına iki bin dolar ödemeye hazır olduğu halde onlar dört, beş yüzden satacak kadar küçük kazanç peşindeydiler.

*
* *

"...Bu devasa mandırada yüzlerce inek yana yana dizilmiş duruyor, Dan. Oldukları yerde dönecek kadar bile yerleri yok. Uyumak için uzanabiliyorlar mı o da belli değil. Asıl çarpıcı olansa, sizin de görebileceğiniz üzere hapis olmanın sonuçlarını üzerlerinde taşıyor olmaları. İnanılması güç ama hiç kullanmadıkları için toynakları uzamış. Kendi çevrelerinde ters dönmüş, dev birer tırnağa benzemişler. Bu şekilde dile getirildiğinde bile yeterince korkutucu geliyor ama Dan, onları karşımda görünce bu mandıradaki yaşamları sona erdiğinde buradan mezbahaya gitmenin ve sonunda da kendilerini bizim tabaklarımızda bulmanın onlar için bir rahatlama olacağını düşünmeden edemiyorum."

"Teşekkürler Tiffany. Özel muhabirimiz Denver, Colorado yakınlarındaki bir çiftlikten bildirdi. Yine çevre konusuyla devam ediyoruz. Jeremy Stenson, Katar'ın başkenti Doha'dan bildiriyor. Jeremy, yüz doksan ülkenin temsilcisi orada küresel ısınmaya karşı mücadele için bir araya geldiler. Sonuçta ortak bir karara varılabildi mi?"

"İyi günler, Dan. Toplantı sözcüsü az önce basın açıklaması yaptı. Her ülkenin delegeleri uzmanların hazırladıkları raporları burada, Doha'da incelediler. Bilim insanlarının neredeyse tamamı şu sonuçlarda birleşiyorlar: En iyi olasılıkla yüzyılın sonuna dek dört derecelik bir ısınma bekleniyor. Sevgili Dan, her ne kadar dört derece bize, sıcaktan hoşlanan yurttaşlara

çok fazla değilmiş gibi görünse de Fransız heyetinin üyelerinin hatırlattıkları üzere geçmişte gezegenin sıcaklığının günümüzdekinden dört derece daha düşük olduğu bir çağ yaşanmıştı. O çağa Buzul Çağı adını vermiş olduğumuzu bilmek herhalde yeterli olacaktır Dan... Evet, yanlış duymadınız, dört derece sıcaklık gezegen ölçeğinde çok büyük bir fark yaratıyor. Uzmanların tahminlerine göre bu dört derecelik sıcaklık artışı yüzyılın sonuna dek Avrupa'daki Alp Dağları'nda buzulların erimesine neden olacak ve bu da Fransa'nın büyük Rhône vadisinde tek bir damla bile su kalmamasına yol açacak, özellikle de Provence bölgesini çöle dönüştürecek. Bu olasılık zihinlerde derin bir iz bırakmış olsa da ne yazık ki Dan, toplantı sonunda ortak bir karara ulaşılamadı. Devlet başkanları yalnızca bundan iki yıl sonra Paris'te yeniden bir araya gelerek olası önlemleri tartışmaya karar verdi ve..."

Jonathan radyoyu kapattı ve evin üst katındaki odasında, açık pencerenin önünde duran Hint hurmasından koltuğunda doğruldu. Okyanusa doğru bakıp derin bir nefes aldı. *İçinde ara,* demişti Margie. İçini çekti. Dünya tersine dönmekteyken mutluluğu insanın kendi içinin derinliklerinde bulabilmesi kolay değildi. Kendini yolunda gitmeyen her şeyden soyutlamak zor oluyordu.

Bu kötü haberleri zihninden uzaklaştırmayı denedi. Toplum neden böyle hep kötüye doğru gidiyordu? İçinde öfkeyle karışık bir çaresizlik hissetti. Haberi sonuna kadar dinleseydi keşke. Belki de gazeteci internet üzerinden imzalanabilecek bir dilekçeden ya da bir bildirge tasarısından söz ederdi. Bunu internetten araştırmalıydı.

İçinde ara. Birkaç saniyeliğine gözlerini yumdu ve zihnini boşaltmaya çalıştı. Gözlerini yeniden açtığında sabahın mavi gökyüzünde solgun rengiyle ayı gördü. Ay... Angela... Chloé'nin doğumundan önce bahçede birlikte geçirdikleri o uzun yaz akşamları... Yıldızların altında saatlerce tartışırlar, dünyayı kurtarırlardı. Angela... Bunu itiraf etmekte zorlanıyor olsa da onu özlüyordu. İçinde hem ona hem de hiç hak etmediği suçlamalar üzerine kurulmuş bu adaletsiz ayrılığa karşı biriktirmiş olduğu bütün hınca rağmen. Tuttukları çocuk bakıcısı nemfoman çıktıysa bunda onun ne günahı vardı? Ama Angela bunu anlamaya hiç yanaşmamıştı. Her zamanki gibi uzlaşmaz, kendinden ödün vermez davranmıştı. Geçmişte ona çok fazla çalıştığı, ailesine yeteri kadar zaman ayırmadığı için sitemde bulunduğu zamanlarda olduğu gibi. "Senin için hiç yokmuş gibiyim," demeye bile dili varmıştı. Oysa aslında her şeyi onun için yapmakta olduğunun farkında bile değildi. O ve Chloé için.

Ayağa kalktı ve ceketinin cebinde cüzdanını aradı. O fotoğrafa yıllardır baktığı yoktu. Ama yine de hâlâ orada, bir yerlerde saklı durduğunu biliyordu. Sonunda onu buldu, sigorta kâğıtlarının arasına sıkışmış olması da çok ironik olmuştu. Fotoğrafı parmaklarının arasına aldığında yüreğinin sıkıştığını hissetti. O yıllarda Angela'nın fotoğraflarını yalnızca siyah beyaz çekiyordu. Böylesi daha sahici, daha dokunaklı oluyordu. Bu fotoğrafta üzerinde beyaz dantelli bir sutyen vardı ve giyinirken fotoğrafının çekilmesine itiraz etmekte olduğu için yüzünde tatlı bir öfkeyle çarpılmış bir gülümsemenin süslediği çok sevimli bir ifade görülüyordu. İçi gülen gözlerinin üzerindeki çatılmış kaşlarıyla tam anlamıyla karşı konulmaz görünümdeydi.

Birden kapı vuruldu ve Margie hala elinde küçük bir tepsiyle içeri girdi. Jonathan hızlıca fotoğrafı ceketinin koluna sakladı.

"Ayağınıza kahve servisi!"

"Margie, çok tatlısın."

Tepsinin üzerinde şık bir porselen kahve demliği iki tane fincan ve küçük bir viski şişesi duruyordu. Görünüşe bakılırsa halası kendini de kahveye davet ediyordu. Tepsiyi bırakmak üzere pencerenin önünde duran küçük masaya doğru yanaştı ancak beceriksiz bir hareketle az kalsın yeğenini devirecekti. Jonathan dengesini bulabilmek için aceleyle kolunu kaldırdı ve fotoğraf ceketin kolundan kayarak yere düştü. Hemen yere eğilip onu almış başka bir konu açmaya hazırlanıyordu ki yaşlı kadın usulca söze girdi.

"Demek henüz sayfayı kapatamadın, öyle mi?"

Jonathan yanıtlamadı.

Margie fincanlara kahve doldurup bir tanesini yeğenine doğru uzattı.

"Al bakalım, tatlım."

Jonathan dumanı tütmekte olan fincanı eline aldı. Kahvenin huzur verici kokusu yayılıyordu.

"Hissettiklerini ona açsan nasıl olur?" dedi samimi bir sesle.

Jonathan hafifçe gerildi ve sessizliği bozmadan önce birkaç saniye sustu.

"Boşa çaba olur. Çok fazla tartıştık. Beni haksız yere suçladığını ona kanıtlayabilmek için elimden geleni yaptım ama nafile."

"Ona açıklama yap demiyorum, yalnızca hissettiklerini söyle o kadar."

"Aynı şey değil mi?"

Kadın içini çekti.

"Vah zavallı Jonathan, birlikte yaşadığınız onca yıla karşın kadınları hiç tanıyamamışsın..."

Jonathan hayretle yüzüne bakakaldı.

"Bir kadın senin bir durumu izah etmek için yapacağın akılcı açıklamaların hiçbiriyle ilgilenmez. Açıklama, hep açıklama... Sanki her ne pahasına olursa olsun haklı olmak gerekiyormuş gibi. Ah! Erkekler hiçbir şeyi anlayamıyorlar... Onun tek istediği senin onu sevdiğini hissetmek, sevdiğin kişinin yalnızca kendisi olduğunu hissetmek..."

"Ama bu hiç mantıklı değil ki ben..."

"İlişkide mantığın yeri yoktur! Burada söz konusu olan şey duygular, matematik değil!"

Jonathan uzun bir süre sessiz kaldı. Hayır, Angela'yla yeniden konuşmayı, bu konuyu ona bir kere daha açmayı düşünemiyordu bile. Onu dinlemeyecek, lafını ağzına tıkayacaktı. Kendini küçük düşürmeye hiç niyeti yoktu. Söz konusu bile olamazdı. Çabuk, konu değiştirelim.

"Radyoda korkunç bir haber duydum. Büyükbaş hayvan yetiştiriciliğiyle ilgili. Tam bir rezalet."

"Ah..."

Oturdu ve koltuğunda kendini geriye doğru attı.

"İnsanın sürekli mücadele vermek zorunda olduğu bencil ve vahşi bir dünyada yaşarken kendi içinde huzuru bulması hiç kolay olmuyor."

Kadın pencerenin kenarına ilişti, önce yeğeninin yüzüne, sonra da dışarı, uzaklara doğru baktı.

"Doğru söylüyorsun," dedi sonunda. "Bu türden haberler beni de üzüyor."

Sabahın sisli ışığı kadının yüzünü tıpkı elbisesinin pastel renkleri gibi yumuşak bir solgunlukla sarmalamaktaydı. Yüzünün güzel kırışıklıkları pencerenin hafifçe çatlamış boyalarına yanıt verir gibi duruyordu.

"Ama yine de," diye devam etti, "elimizde olmayan şeyler karşısında hiddetlenmek bunalıma girmek için birebir değil midir?"

Bu söz Jonathan'a sanki rahatsız edici bir gerçeği aynada görmüşçesine dokundu.

Halasının yüzüne sessizce baktı. Böyle durumlar karşısında kendini fena halde güçsüz hissettiği doğruydu ve bu duygu onu içten içe kemiriyordu.

"Toplumdaki çarpıklıklara karşı birilerinin ayağa kalkması gerekiyor. Elimiz kolumuz bağlı oturup olan bitene üzülerek sanki hiçbir şey yokmuş gibi küçük yaşamlarımızı sürdüremeyiz."

Margie anlayış dolu gözlerle ona baktı.

"1930'lu yıllarda bir Protestan ilahiyatçı buna çok uygun bir duayı yaygınlaştırdı. Kimilerinin söylediğine göre bu dua Marcus Aurelius'tan esinlenmiş. Kimileriyse kaynağının Assisili Francesco olduğunu söylerler ama çok da önemli değil bu."

"Ne diyor bu dua?"

"Bana değiştirebileceğim şeyleri değiştirmek için cesaret, değiştiremeyeceklerimi sakinlikle kabullenmek için sabır ve ikisini birbirinden ayırabilmek için de bilgelik verin."

Jonathan gözlerini dikip bir süre onun yüzüne baktı.

"İyi de ben hiçbir şey yapmadan duramam ki. Hayatta işlerin ileri doğru gittiğini görmemiz gerekir, geriye doğru değil."

"Anlıyorum tabii ki ama ne yapmayı istiyorsun? Ayrıca ne yapıyorsun?"

Jonathan ona doğru gözlerini devirdi.

"Bütün bunlara karşı savaşıyorum. Elimden geldiğince haksızlıkları ortaya çıkarıyorum. Mücadele ediyorum..."

Bir an sustuktan sonra başını yine koltuğunda geriye doğru attı ve devam etti.

"Kimi zaman da içten içe bütün bunlar neye yarıyor diye merak ediyorum..."

"Muhtemelen hiçbir şeye."

"Moral verdiğin için teşekkürler."

Margie derin bir iç çekti.

"Mücadele ettikçe çoğu zaman karşımızdaki şeyi daha da güçlendiririz."

Jonathan kaşlarını çattı.

"Karşı örnekler bulabilirsin ama," dedi kadın, "bu hemen hemen her alanda böyledir."

"Neden öyle olduğunu pek anlayamadım."

Margie kahveleri tazeledi. Dumanı hâlâ tütüyordu, kokusu hâlâ yerindeydi.

"Bunun çok derin bir nedeni var ama senin bunu deney yoluyla öğrenmeni tercih ederim..."

"Deney mi?"

"Bizim vakıfta bunun için hazırlık yapmam gerekecek."

"On yıl önce emekli oldun sanıyordum ben."

Yaşlı kadın yanıt olarak hafifçe gülümsedi.

"Bu arada da," dedi, "istersen sana birkaç örnek gösterebilirim. Diyelim ki ilişkiler düzeyinde. Farz et ki birisi sana çok yanlış, hatta akıl almaz görünen bir fikir öne sürüyor."

"Tamam."

"Eğer ona karşı çıkar da fikrine saldırırsan ne olur? Karşındaki bozulur ve budala durumuna düşmemek için sana karşı iddiasını savunmak zorunda kalır. Savundukça konumu daha da belirginleşir ve bir daha bundan geri adım atamaz. Böylece sen fikrine karşı mücadele ederken aynı fikri güçlendirmiş olursun..."

"Bu açıdan bakınca..."

"On sekizinci yüzyılda, Fransa'da Eski Rejim monarşisi Aydınlanma filozoflarına karşı sansür yoluyla mücadele etti ancak bu 1789 yılında devrimle sonuçlanacak olan hareketi güçlendirmekten başka bir işe yaramadı."

Jonathan başını salladı.

"Rusya'da, yirminci yüzyılın şafağında," diye devam etti Margie, "Çarlık polisi sosyalist olsun, liberal olsun her türlü muhalifin peşine düşüyordu. Bu da ülkedeki bıkkınlığı besleyerek 1917'de komünistlerin işine yaramış oldu."

"Bilmiyordum."

"Daha da inandırıcı bir örneğim var," dedi ayağa kalkarken, "ama bir yere kıpırdama, bunun için rakamları getirmem gerekecek."

"Zahmet etme, gerek yok..."

"Var, var."

Odadan çıktı ve birkaç dakika sonra elinde bir kâğıtla geri geldi.

"Hatırlarsın, 2002 yılında Amerikan hükümeti, adına 'terörizme karşı savaş' dediği şeyi başlattı. O yıl Birleşik Devletler Dışişleri Bakanlığı dünya genelinde 198 terör eylemi yapıldığını ve sonucunda 725 kişinin öldüğünü bildiriyordu. On yıl boyunca aralıksız ve çok büyük ölçekte süren, sınırsız kaynağın kullanıldığı mücadeleden sonra Amerikan hükümeti 2012 yılı için aynı rakamları açıkladı: 6771 terör eyleminde öldürülen 11 binden fazla insan."

"İç açıcı..."

"Sağlık konusunda da bu böyledir. Belki bir gün o konuyu da konuşuruz. Bugün sana bir de biyoloji dersi verecek değilim!"

"Bütün bunlar iyi hoş da her şeyi de kabul edecek değiliz herhalde. Herkesi mutsuz eden bu bireyci ve tüketime dayalı sistem neredeyse bütün gezegene yayılmayı başardı, hatta çok farklı kültürlere sahip olan dünyanın en ücra köşelerine bile. Tam bir hegemonya. Bu beni çileden çıkarıyor."

"Bu sistem tam da bir hegemonyaya dönüşmüş olduğu için kendiliğinden çökecek zaten. Bu konuda da tarih bize yüzyıllardır ders veriyor. Napolyon Avrupa'nın yarısını fethetmeyi başarmıştı, öyle değil mi? Ama o iktidardan ayrıldığında Fransa toprakları başa geçtiği zamankinden daha küçülmüştü. İster Roma İmparatorluğu'na bak, ister Kutsal Roma Cermen İmparatorluğu'na, Osmanlı'ya, sömürge imparatorluklarına, Sovyetler Birliği'ne... Kendini dayatma eğilimindeki bütün devletler sonunda parçalanmıştır."

Her ne kadar Margie'nin sözleri içini rahatlatabilecek nitelikte olsa da Jonathan tam anlamıyla ikna olmamıştı. Odanın penceresinden dışarı baktı. Sis yavaş yavaş dağılmaya başlamıştı. Hâlâ sıcak olan fincanı avuçlarının arasına alıp bir yudum içti. Tadı sert ve rahatlatıcıydı. Sıcaklık vücuduna yayıldıkça öfkesini dağıtıyordu. Margie'nin yumuşak sesi onu düşüncelerinden sıyırdı.

"İnan bana, mücadele etmek boşuna, tıpkı Lao Tse'nin iki bin beş yüz yıl önce söylediği gibi: 'Karanlıklara lanet okumaktansa kendi küçük mumunu yakmak yeğdir.'"

"Kendi küçük mumunu yakmak," diye yineledi Jonathan şüpheli bir sesle, bakışı pencereden dışarı dalıp giderken.

Ay kaybolmuş, dağılan sisin ortaya çıkardığı gökyüzünün parlaklığı içinde silinip gitmişti.

Margie son derecede sakin, neredeyse masum bir sesle devam etti.

"Başkalarında nefret ettiğimiz şey bazen kendimizde kabul edemediğimizdir."

Jonathan suratını astı. Bütün iyi niyetli yaklaşımına karşın Margie sözünü hiç de sakınmıyordu. O da kendini sorgulamaktan kaçınıyor değildi ama doğrusu toplumun felaketlerinden nasıl sorumlu olabileceğini de hiç göremiyordu. Tamam, belki işini yaparken yüzde yüz dürüst davranmıyor olabilirdi ama kim davranıyordu sanki? Hiç kimse mükemmel değildi ki. Doğrusu kendisinde çok büyük şeylerle suçlanmak için hiçbir neden bulamıyordu. Eğer herkesin namussuzluğu onunki kadar olsaydı yeryüzü cennete dönerdi.

Margie ona doğru eğilip parıldayan, neredeyse içi gülen gözlerle, sır verircesine fısıldadı.

"Başkalarındaki şeytanı arayacağına kendi içindeki Tanrı'yı ara."

Jonathan biraz bozulmuş gibi gözünü dikip birkaç saniye onun yüzüne baktı.

"İçimdeki Tanrı mı? Hepimizin içinde, derinlerde günah var sanıyordum ben..."

"İşte bu yapılabilecek yorumlamaların belki de en kötüsüdür. Bu bakışın zihinlerde yol açmış olduğu onca yıkımı düşünüyorum da... Bugün bile bunun sonuçlarına katlanıyoruz..."

"Ama Adem ile Havva başkaldırmışlardı," dedi Jonathan, halasına alaycı bir gülümsemeyle bakarak.

Margie onun gülümsemesine karşılık verdi.

"Benim bu konuda ne hissettiğimi bilmek ister misin? Eğer Tanrı varsa, Havva'nın o elmayı dişlemesini de o istemiş olmalı!"

"İncil elmayı ona yasakladığını anlatıyor..."

"Evet, onu buna kışkırtmak için! Karşı koyarak Havva, dünyadaki ilk özgürlük edimini gerçekleştirmiş oldu. İlk günah değildi bu, ilk özgürlüktü aslında!"

"Galiba orada biraz fazla ileri gidiyorsun..."

Margie sanki gücenmiş gibi bir tavır takındı.

"Nasıl olur da inançlı biri, bir an için bile olsa, Tanrı'nın kendi iradesini harfi harfine takip edecek mükemmellikte bir varlık yaratmaktan aciz olabileceğini düşünebilir? Eğer o, Havva'nın kendisine boyun eğmesini isteseydi, Havva boyun eğerdi. Hayır, inan sen bana: Tanrı insanın özgür olmasını istedi!"

Bunun üzerine viski şişesini eline aldı ve kahve fincanının içine birkaç damla boşalttı. Jonathan ona bakıyordu. Gerçekten de yaman bir kadındı halası. Her durum karşısında bu kadar iyimser olabilmesini kıskanıyordu.

"Demek şu halde benim içimde de Tanrı var... Peki ben onu nasıl... bulacağım?"

Kadın ona en güzel gülümsemesini sundu.

"Tahmin et."

"Söyle haydi..."

"Bu sorunun yanıtını verdim zaten."

"Ah... Bana yine, 'İçinde ara' diyeceksin, öyle mi?

"Çabuk öğreniyorsun."

"Bu bana nasıl yapacağımı söylemiyor ama. Hem ayrıca, içimdeki Tanrı da ne demek oluyor ki?"

Margie ona iyi niyet dolu, ışıl ışıl gözlerle baktı.

"İçindeki Tanrı'yı bulmak, üstün bir farkındalık düzeyine erişmektir."

"Vay canına... İtiraf et ki bu da pek somut olmadı."

"Bir gün bu sana apaçık görünecek."

"Hımm..."

"Hem o gün sandığından daha yakında da olabilir."

"Peki, sözünü ettiğin bu farkındalık düzeyine erişmek bana ne sağlayacak?"

"Hatırlarsan, dün günahtan söz ederken bazı şeylerin kısa süreli bir tatmin sağladıktan sonra içimizde büyük bir boşluk bıraktıklarını ve sonuç olarak bizi aşağı doğru çektiklerini söylüyorduk."

"Evet."

"Burada da durum bunun tam tersi gibi: Yalnızca zevkleri aramayı aştığımız zaman, arzumuzun kişisel bir yarar sağlamak üzere bize dikte ettirdikleri yerine farkındalığımızın bize fısıldadığı sözleri ve edimleri duyduğumuz zaman bizden daha büyük bir şeyin bizi taşımakta olduğunu hissederiz. Aynı şey hayattaki misyonumuzu bulduğumuzda, işimizin dışında bir şey bile olsa ne yaparken kendimizi gerçekleştirdiğimizi fark ettiğimizde de olur. İşte o zaman bunun, arzularımızın geçici tatmininin bize sağlayabileceği her şeyi fersah fersah aştığını keşfederiz."

"Misyonumuz ha... Mistik olmaya mı başlıyorsun?"

Halası gülümsedi.

"Ben her birimizin bir kaderi olduğuna ve bunun yanından geçip gitmemizin çok yazık olacağına inanıyorum."

Jonathan gülmeye başladı.

"Yani dünya üzerinde yedi milyar büyük yaratıcı bulunduğuna inanıyorsun..."

"Bunun ille de çok büyük bir misyon olması gerektiğini söylemedim. Çok daha mütevazı bir şey de olabilir ama zaten kimi zaman en sıradan görünen şeyler aslında her şeyden daha önemli olabilirler. Nedense tarihin akışını büyük liderlerin yönlendirmiş olduğunu düşünürüz hep. Oysa bu aslında hiç de doğru değildir. Edimleri, sözleri, ruh hali ve duygularıyla her insan kendi çevresini etkiler, sonra da bu etki suyun yüzeyindeki dalgalar gibi yayılır. Zorunlu olarak. Anlıyorsun ya, hiçbir şey etkisiz değildir. Sonuç olarak hepimiz dünyayı etkileriz. Misyonumuzu bulduğumuzdaysa oynayacak bir rolümüz olur, insanlığa, yaşayanlara, evrene yararlı olacak bir rol."

"Oynayacak bir rol..."

"Bu yüzden de her birimizin kendimize özgü yetenekleri vardır, her ne kadar çoğu insanın içinde bu yetenekler ortaya çıkarılmayı ve geliştirilmeyi bekleyerek gizli kalıyor olsa bile. Zaten yeteneklerimizi keşfetmek de misyonumuzu anlamamızın yollarından biridir."

Jonathan dudak büktü.

"Benimkiler çok iyi gizlenmiş olmalılar o halde."

Kahvesini tazeledi.

"Çoğu insan yaptıkları iş onları mutlu etmese bile her zaman yaptıkları işi yapmaya devam edip dururlar. İçlerinin derinliklerindeki istekleri dinlemeyi kendilerine yasaklarlar çünkü bunların kendilerini hiçbir yere götürmeyeceğine inanmışlardır. Oysa gerçek bunun tam tersidir. Misyonumuzun yolunda ilerleyebilmek için izlememiz gereken rota toplumun içimizde uyandırdığı yüzeysel arzular değil, derindeki isteklerimizdir."

"Rota mı?"

"Evet. Bu istekler aracılığıyla aslında ruhumuz bize işaret göndermekte, bizi yolumuza doğru çekmektedir. Kaderin üstü örtülü bir çağrısı..."

Birkaç yudum içip devam etti.

"Yönümüzü şaşırtan yanılsamalarımız yok olurken yolumuz bize görünür ve farkındalığımız uyanır. Hayatta asıl kafa karıştırıcı olan şey nedir, biliyor musun? Başımıza gelen olumlu ya da olumsuz her şey, bütün felaketlerimiz ve bütün sevinçlerimiz, hepsi gizliden gizliye tek bir amaca hizmet eder: Farkındalığımızı uyandırmaya. Çünkü ancak o zaman gerçekten kendimiz olabiliriz."

Jonathan derin bir nefes aldı. Aralık duran pencereden içeri süzülen açık hava, bahçedeki ağaçların, çalıların ve çiçeklerin kokularını toplayarak ona getiriyordu.

"Sözünü ettiğin bu derin isteklerimi keşfetmem bana zor görünüyor... Son konuşmamızdan beri epeyce zamanımı arzularımı neyin aşabileceğini düşünmekle geçirdim. Beynimi iyice zorladıysam da sonuç elde edemedim."

Margie ona iyi niyetle gülümsedi.

"Kafanı değil, kalbini dinle."

Jonathan güldü.

"Kalbini dinle... Hiçbir anlamı olmayan bu halk deyişini bir biyoloğun ağzından duymak tuhaf oluyor doğrusu."

"Biliyorum, aydınlar halk deyişlerini hep küçümserler. Oysa yanılıyorlar! Halk çoğu zaman, kendilerini herkesin üzerinde gören seçkinlerden daha bilgedir."

"Olabilir ama bu noktada kalbini dinlemenin pek de bir anlam ifade etmediğini sen de itiraf etmelisin."

"Yanlışın var: Asıl karar veren kalptir. Toplumumuzda her şeyin kafamızda olup bitmekte olduğunu öyle bir kabullenmişiz ki bedenimizin geri kalanıyla bağımızı koparmışız. Beyinden başka bir şeye değer vermiyoruz, o da içinde bir sürü nöron bulunduğu içinmiş. Çok saçma! Aslında kalbimizde de bir o kadar nöron bulunuyor ama onlardan kimsenin söz ettiği yok. Ayrıca bağırsaklarımızda da öyle..."

"Şaka mı yapıyorsun?"

"Kalbinde yaklaşık kırk bin nöron bulunuyor, bağırsaklarındaysa beş yüz milyon kadar. Ayrıca bu iki organın her birinin bağımsız ve çok iyi gelişmiş birer sinir sistemleri var."

"Şu işe bak!"

"Gerçek kararlar her zaman kalpten ya da bağırsaklardan gelir. Kafadan değil. Eski Mısırlılar da bunu gayet iyi anlamışlardı."

"Ah... Biyoloğun arkasındaki arkeolog da hiçbir yere gitmemiş..."

"Firavunları mumyalarken Mısırlılar bedenindeki bütün iç organları çıkarırlardı. Ama en önemli olanları saklar, onları mumyayla birlikte gömmek üzere, gösterişli vazoların içlerinde özenle yerleştirirlerdi. Bunu kalp ile bağırsaklar için yaparlardı."

Bir an için durduktan sonra da ekledi.

"Beyniyse çöpe atarlardı."

11

Ryan kameranın odağını Gary'nin silueti üzerine ayarladı. Güneşten sararmış beyaz plastik koltuğuna kurulmuş, zarflarını açarken kaşlarını çatıyordu. Çocuklar yakınlarda bir balonun peşinden koşturuyorlardı. Ryan sabırla bekledi. Omuz kaldırma hareketi gecikmişti. Gary birden oturduğu yerde hafifçe geri çekildi, sonra da gözlerini eline dikerek biraz kıstı. Ryan zum yaptı. Gary'nin parmağının ucunda birkaç damla kan belirmişti.

Budala, mektuplarını açarken parmağını kesmişti.

"Kesin şu şamatayı," diye haykırdı çocuklara doğru.

Ryan hemen geniş plana geçti. Tüh, çocukların balonu çiçeklerin arasına atışlarını kaçırmıştı.

"Aptal mısınız nesiniz?" diye bağırdı Gary öfkeden kıpkırmızı. "Size çiçeklere dikkat edin diye kaç defa söyledim. Kuş beyinliler sizi!"

Şaşırmış oldukları her hallerinden belli olan çocuklar bir süre hareketsiz kaldılar, sonra da balonlarını alarak eve girdiler.

Gary başını iki yana salladı ve zarfın içinden çıkardığı mektubu açarken kesik parmağının ucunu emmeye koyuldu.

Ryan yeniden zum yaptı.

Gary kaşlarını çatmış, mektubu okudukça kocaman kafasını soldan sağa oynatıp duruyordu. Ryan kamerasının başında gülümsemeden duramadı.

Ve sonunda o çok beklenen omuz kaldırma hareketi de geldi.

Ryan küçük ve acımasız bir kahkaha attı. Blogunun bugünü de kurtulmuştu.

*

* *

Öğleden sonra güneşi altında deniz kokularıyla birlikte serinlik dalgaları da taşımakta olan hafif rüzgârın etkisiyle yelkenlilerin halatları direklerin tahtalarına neşe içinde çarpıp duruyordu.

İçindeki Tanrı'yı ara.

Söylemesi kolaydı... Jonathan iki saatten beri Monterey limanındaki kafenin terasında oturmuş içini yoklayıp duruyordu ama hiçbir şey gelmiyordu.

Kimi zaman zihni uzaklaşıp yoldan geçenlerin üzerine, onlardan duyduğu sohbet kırıntılarına takılıyordu. Bunlar da kendisi gibi insanlardı mutlaka ama tek bir büyük farkla: Onlar dertsiz, tasasız görünüyorlardı, kendiyse artık hiç öyle değildi. *Yıl sonuna çıkamayacaksın.* İkinci Çingene kadının acımasız sözleri hâlâ zihninde çınlıyordu.

İçinde yeniden belirmekte olan kasveti kovabilme umuduyla açıklara doğru baktı. Yeniden o bunalımın pençesine düşmeyi, içinden çıkabilmek için insanüstü bir çaba harcaması gereken, tıpkı bir kavanozun içine hapsolmuş bir böcek gibi yukarı doğru tırmanmaya çalıştıkça kaygan çeperlerden her seferinde yeniden dibe doğru indiği o hareketsizlik halinin içine geri dönmeyi hiç istemiyordu.

İçinde ara.

İnsan içinde kasvetle karşılaşmaktan korkarken oraya bakmakta zorlanıyordu doğrusu.

Kafenin içinde, duvara sabitlenmiş televizyonda helikopterden çekilmiş, etkileyici orman manzaraları görülüyordu. Jonathan muhabirin sesini güçlükle duyabiliyordu.

"Amazon ormanı," diyordu, *"günde bin altı yüz hektarlık ürkütücü bir hızla yok olmakta ki bu da bin beş yüz adet futbol sahasına eş değer bir alanı oluşturuyor."*

Görüntüye San Francisco'daki Doğal Tarih Müzesi'nin girişinin önünde duran yaşlı bir yerli adam geldi ve gazeteci şu anda bu binada Amazonlarla ilgili çok etkileyici bir serginin sürmekte olduğunu bildirdi. Yaşlı yerlinin uzun saçları arkasında bağlanmıştı, yüzündeyse içinde hüzün de seçilmekte olan belli bir huzur okunuyordu. Bir çeşit sakin boyun eğiş gibi.

Jonathan uzun uzun iç çekti. Dünya bu kadar kötüye giderken nasıl mutlu olunabilirdi ki? Yeryüzünde kötülük bu kadar ilerlemekteyken insan kendinde işin içinden çıkabilme gücünü nasıl bulacaktı? Mücadele etmek boşuna, diyordu Margie hala.

İhtiyar yerlinin sesi de sakin ve berraktı. Sözlerindeki ciddiyete karşın sesinde hiçbir düşmanlık ya da nefret sezilmiyordu.

"Son ağacı da kestiğinizde," diyordu, *"son balığı da avladığınızda, işte o zaman paranın yenemeyeceğinin farkına varacaksınız."*

12

"Parmağınızı uzatın lütfen."

"Efendim?"

"İşaret parmağınız lütfen."

Jonathan elini beyaz bluzlu genç kadına doğru uzattı. Kadın işaret parmağına nazikçe esnek, geniş bir yüzük geçirdi, alüminyum kaplı bir eldivenin parmağını andıran bir şeydi bu ve ince, uzun bir elektrik kablosuyla birkaç metre ötedeki bir masanın üzerinde duran bilgisayara bağlanıyordu. Kadının arkasındaki duvardaysa dev bir ekran vardı.

"İşte bağlandınız," dedi genç kadın.

Sesi yumuşak ve sevecendi ama yine de içinde belli bir mesafe, profesyonelce bir resmiyet de sezilebiliyordu.

Masanın arka tarafına geçerek klavyede yazmaya koyuldu.

Jonathan, yanı başında yarım daire şeklinde dizilmiş olan iskemlelerde oturan diğer üç kişiye bir göz attı. Otuz otuz beş yaşlarında, koyu renk saçları kare şeklinde kesilmiş bir kadın kimseyle göz göze gelmemeye özellikle özen gösteriyor gibiydi. Altmışlı yaşlardaki başka bir kadınsa, çok güler yüzlü ve parlak tenliydi, hacimli ve boya kokan sarı saçları vardı ve yeni gelen herkesi sıcak biçimde selamlamıştı. Sonuncusuysa öğrenciye benzeyen, tıraş olmamış, saçlarıysa darmadağınık genç bir adamdı ve bakışları sıklıkla görevli genç kadının dekoltesine takılıyordu. Doğrusu kadının beyaz bluzunun çapraz duran yakasından çok hoş bir göğüs çatalının göründüğünü de itiraf etmek gerekirdi.

Epeyce geniş olan odanın duvarları beyaz, döşenme biçimiyse kişilikli olmaktan yoksundu ama yine de oldukça sıcak, tatlı bir ışıkla aydınlanıyordu. Margie halanın vakfı Monterey'in iç bölgelerinde bulunuyordu. Çok fazla insanın yaşamadığı bir alanda, ağaçların arasında kurulmuş, çok ciddi bir binaydı bu.

"Ekranda görmekte olduğunuz bu eğri, gerçek zamanlı dalgalanmalarıyla birlikte derinizin iletkenliğini gösteriyor."

Söz konusu eğri tamamen yatay değildi, yavaş ve zayıf ama düzensiz biçimde titreşmekteydi. Kalp elektrosunda görülen cinsten kusursuz bir sinüs dalgasıyla hiç ilgisi yoktu.

"İletkenlik derinizin nemliliğine, yani terleme durumunuza göre değişkenlik gösterir. Ter bezlerinizi kontrol eden de tıpkı damarlarınızdaki kan basıncını ya da kalp ritminizi olduğu gibi yine hep sinir sisteminizdir."

"Tamam."

"İçsel durumunuz, duygularınız, stres düzeyiniz bu fizyolojik unsurlar üzerinde etki yaratarak onları bir andan diğerine değiştirebilmektedir."

"Anlıyorum."

Uzman kadın diğer katılımcıların işaret parmaklarını da bilgisayara bağladı.

Dev ekranda şimdi, her biri birbirinden bağımsız hareket eden, farklı renklerde dört değişik eğri belirmişti. Jonathan'ınki maviydi. Esmer genç kadınınki parlak sarı renkteydi ve dördü içinde en yassı olanıydı. Genç adama ait olan yeşil eğri çok hafifçe salınmaktaydı. Altmışlı yaşlardaki kadının kırmızı eğrisiyse daha büyük dalgalanmalar gösteriyor, diğer eğrileri düzenli olarak kesiyordu.

“Görebileceğiniz gibi,” dedi genç kadın, “her birimiz farklıyız, hepimizin değişik birer fizyolojisi var ve her birimiz aynı duruma farklı tepkiler veriyoruz.”

Birkaç adım geri çekildi.

“Şimdi sizden değişik şeyler düşünmenizi isteyeceğim. İlk olarak, kendinizi en son büyük bir stres altında hissettiğiniz zamanı hatırlayın...”

Kırmızı eğri neredeyse hemen o anda havalandı.

Jonathan gözlerini yumdu. Çingene kadının görüntüsü belirdi. Gözünü açıp ekrana baktı. Ona ait olan mavi eğri, ok gibi yükselmişti. Genç adamınki yerinden çok fazla oynamamıştı, sarı eğriyse hâlâ yamyassı duruyordu.

Uzman, katılımcılara yaklaştı ve esmer kadına seslendi.

“Hatırladığınız hiçbir stres anı yok mu?”

Kadın buna gizemli bir gülümsemeyle karşılık verdi ve sarı eğri olduğu gibi yamyassı kaldı.

Uzman kadın bu sefer de genç adama doğru bir adım attı.

“Öğrencilik hayatı son zamanlarda üzerinizde fazla bir heyecana yol açmıyor mu?” diye sordu dudaklarında keyifli bir gülümsemeyle.

Tam o anda kalemini yere düşürdü ve almak üzere eğildiğinde göğüsleri biraz daha fazla ortaya çıktı.

Yeşil eğri birdenbire havalara yükselirken genç adamın ten rengi de kırmızıya döndü. Makine oldukça duyarlıydı. Jonathan gülümsemesini bastırdı. Kalemin düşmesi kasıtlı olabilir miydi acaba?

Esmer kadın saatine baktı. Jonathan kobaylara bu türden bir deney için ne kadar ödeme yapıldığını merak etti.

"Şimdi de bir gevşeme alıştırması yapacağız," dedi uzman kadın. "Rahatça yerleşin."

Katılımcılar oturuşlarını değiştirdiler.

"Sizden sakince, derin derin soluk alıp vermenizi istiyorum... Gitgide yavaşlayarak... Evet... İşte böyle... Verdiğiniz her solukta bedeninizi birazcık daha gevşetiyorsunuz... Gitgide daha fazla..."

Jonathan gözünü ekrana dikti. Bütün eğriler yavaş yavaş bükülüyordu; en çok kırmızı, en az da sarı. Kendi eğrisiyle öğrenci çocuğunki birbiriyle kesişti ve sonra farklı yönlere doğru ayrıldılar.

Uzman kadının sesi bu şekilde onları farklı durumlara doğru yönlendirdi, gevşek ya da gergin, olumlu ya da stresli, her seferinde eğrilerden her biri diğerleriyle hiç ilgilenmeden kendi yaşamını sürüyor gibiydi.

Sonra genç kadın onlardan birbirlerinin gözlerinin içine bakmalarını istedi ve onlar da söyleneni yaparak sırayla birbirlerine baktılar. Esmer kadın bile oyuna katılmıştı ve Jonathan onun başlangıçta olduğundan biraz daha ilgili olduğunu seziyordu.

"Birbirinize iyi niyetle bakın," dedi uzman kadın yumuşak ve olumlu sesiyle, "sizi bir araya getirmekte olan şeyi hissetmeye çalışın..."

Deney hepsinde birer gülümsemeye yol açmıştı, başlangıçta biraz utangaçça olan gülümsemeleri gitgide daha doğal bir hal kazandı. Birine *gerçekten* bakmak, çok alışıldık bir şey değildi. Jonathan çoğu zaman insanların gözlerinin içine bakmaz, baksa bile çok hızlıca bakar ve sonuç olarak hiçbir şey görmez, ya başka bir şey düşünürken ya da konuşmasına odaklanmışken ortamı bakışlarıyla taramakla yetinirdi yalnızca. Şimdiyse bu insanların gözlerinin içine yalnızca onları görebilmek niyetiyle bakıyordu ve sanki bu yolla onların özel yaşamlarının bir bölümünü keşfediyor, hayatlarına bir göz atıyor, kim olduklarını anlıyor gibiydi. Evet, işte bu, onların kim olduklarını görmek gibi rahatsız edici bir duyguya kapılıyordu. Her gün çalışırken ya da alışveriş yaparken karşılaştığımız ve hiç ilgilenmeden baktığımız onlarcası gibi birer yabancı değildiler artık.

Ekrandaki eğriler şimdi birbirlerine şaşırtıcı derecede yaklaşmış, sanki üst üste biniyorlardı. İnanılır gibi değildi. Bu nasıl mümkün olabiliyordu?

İnsanlar arasındaki basit bir görsel temas nasıl olup da fizyolojilerini birbirine yaklaştırabiliyordu? Jonathan kendine gelemiyordu. Şu anda mavi eğrisi, içindeki hayreti ortaya çıkaracak şekilde hareketlenmiş, fır dönüyordu. Gülümsedi ve oyuna geri dönmeye karar vererek dikkatini yeniden çevresinde oturan insanların üzerinde yoğunlaştırıp bu birleşme anını onlarla paylaşmayı sürdürdü.

Sanki bir oluyorlardı.

Uzunca bir süre sonra bakışını yeniden ekrana doğru yöneltti. Sonunda eğriler tamamen birleşmiş, tek bir eğri olmuşlardı.

13

"Austin Fisher, Flushing Meadows turnuvasının ikinci ayağını da hiç zorlanmadan kazandınız. Bugün, bir sonraki karşılaşma öncesinde nasıl bir ruh hali içindesiniz?"

Austin gülümsedi. Gazeteciler her zaman onun içinde neler olup bitmekte olduğunu öğrenmek isterlerdi.

"Daha başlardayız, henüz hiçbir şey kazanılmadı, dikkatimizi dağıtmamamız gerekiyor."

"Buradaki zeminin sizin için çok elverişli olmadığını biliyoruz. Yine de eğer bu turnuvayı kazanırsanız Grand Slam zaferleri sayısı bakımından rekor kitaplarına gireceksiniz. Bu üzerinizde baskı yaratıyor mu?"

"Soğukkanlılığımı korumaya çalışıyorum. Bir turnuva ancak her bir maçı kazanarak kazanılabilir."

Gazeteci kadın bu yanıttan düş kırıklığına uğramış gibiydi. Belli ki onu bir divana yatırıp ağzından en mahrem itirafları alabilmeyi istiyordu.

"Peki, bu göz kamaştırıcı başarınız ile... çok fazla sevilmeyen, diyelim, bir oyuncu olarak imajınız arasındaki bu farkı nasıl açıklıyorsunuz?"

Sevilmeyen. Kadın yanıtlarındaki ölçülülüğün bedelini ona ödetmeye niyetliydi. Austin gülümsemesini hiç bozmamaya özen gösterdi.

"Bu tür şeylerle ilgilenmiyorum. Tenis oynuyorum ve bu da yeterince zamanımı alıyor zaten..."

"Kimileri sizi biraz soğuk buluyor, başkalarına karşı kayıtsız olduğunuzu düşünüyor. Sizce hayranlarınızla olan ilişkinizde bir gelişme eğrisi görülüyor mu?"

Austin gülümsemesini korumak için biraz daha çabaladı.

Kayıtsız... Benim nelere göğüs gerdiğimi, bu saçmalıkları dinlerken bile neler çektiğimi bir bilsen. Acı çektiğini göstermiyor olman hiçbir şey hissetmediğin anlamına gelmez.

"Dedikodulara kulak asmıyorum. Yalnızca çalışıyorum, çok çalışıyorum ve hedefime odaklanıyorum."

Sol tarafında, biraz ileride oturmakta olan koçu Warren'a doğru bir göz attı. Warren gözlerini kapatıp açarak onay verdiğini gösterdi.

Austin, peşinde Warren ve iki üç fotoğrafçıyla birlikte soyunma odalarına doğru yürüdü.

Bu türden iğnelemelerle her karşılaştığında, halkın onu sevmediği yüzüne her vurulduğunda içinde belli belirsiz ama çok farklı bir duygu uyanıyordu. Çocukluğundan tanıdığı bir duyguydu bu, babasının yüzünde bir tutam küçümseme okuduğu zamanlardan kalma bir duygu. Sanki sürekli reddetmeye çabaladığı o geçmişe onu bağlı tutan görünmez ipler vardı ve bu türden sözleri duydukça o geçmiş kendiliğinden canlanıveriyordu. Geçmişi, davet edilmeksizin şimdiki zamanının içinde beliriveriyordu.

Fotoğrafçılara poz vermeyi reddetti. Soyunma odasının kapıları onun arkasından kapandı.

Arkasından da içinden taşmakta olan bir enerji, öfke, zorlayıcı bir zincirlerinden boşalma ve yenme gereksinimi hissetti.

"Ne zaman başlıyoruz?" diye sordu.

"Dört dakika var," diye yanıtladı Warren.

"Mükemmel," dedi Austin.

Sonuna kadar çarpışacak ve bu turnuvayı kazanacaktı. Rekorun sahibi olduğunda ona farklı bir gözle bakacaklardı artık. Mutlaka.

*

* *

Big Sur.

Yemyeşil tepeler. Çalılıklarda rüzgârın uğultusu. Kırmızı gövdeli ve kapkara iğneli yüksek sekoyalar. Reçinelerin kokusu. Okyanusun küçük, kaçamak manzaraları...

Jonathan bir saatten fazla zamandır yürüyordu. Vakıftan çıktığında doğanın çağrısını hissetmişti. Hiçbir şey yokmuş gibi eve dönebilecek halde değildi. Yürümesi, tek başına kalması, zihnini toplaması gerekiyordu.

Yürürken zaman daha yavaş geçiyordu. İçinde yaşadığımız bu acelecilik ve hızlı tepki verme kültürü bizi hiçbir anın içinde mevcut olmamaya zorluyordu. Yürürken ise doğanın, evrenin, kozmosun zamanına dalabiliyorduk. Yaşamın zamanına. Kendimizle bağ kurabildiğimiz zamana.

Bu güzel ikindi vakti hava yumuşacıktı ve Jonathan kendini hafiflemiş gibi iyi hissediyordu. Daha önceki yürüyüşlerinde de tatmış olduğu o minnet duygusuna yeniden kavuşmuştu. Yaşama karşı, dünyanın güzelliğine, rüzgârın kokusuna, güneş usulca alçalıp da reveransını tamamlarken çok güzelleşen bu ışığa karşı bir minnet.

Eski kaygıları şimdi ona çok uzak görünüyordu, tıpkı doyurulmamış eski arzuları, içindeki yokluk hisleri ve hüsranlar gibi. Şu anda önemli olan tek şey yaşama heyecanıydı. Daha ne kadar yaşayacağını bilmiyordu belki ama şu an hayattaydı ve bunun için de sonsuz bir minnet duyuyordu.

Gökyüzünde bir akbaba belirdi ve Jonathan onun sessizce uçuşunu, tepelerin ardında gözden kayboluncaya dek bakışlarıyla uzun uzun izledi.

Bütün insanlar birbirlerine bağlıdır.

Bu keşif zihninin içinde dönüp duruyordu. Uzman genç kadının da söylediği gibi, hepimiz birbirimizden farklıydık ama yine de bizi birbirimize bağlayan bir şey vardı. Görünmeyen ama orada olan, kendini ancak biz onu aradığımızda, talep ettiğimizde, harekete geçirdiğimizde gösteren bir bağ...

Jonathan deney bitince genç kadınla konuşmak için biraz daha kalmıştı. Ondan öğrendiğine göre, kadınlar bizi birbirimize bağlayan bu bağın fizyolojik belirtisini farklı bir biçimde daha yaşayabiliyorlarmış. Hep bir arada yaşayan bir grup kadının aylık âdet dönemleri birkaç ay sonra birbirleriyle uyumlu hale geliyormuş, her biri tam olarak aynı zamanda regl oluyormuş.

Akbaba bir yakanın üzerinde yeniden belirdi ve okyanusa doğru süzüldü.

Bütün insanlar birbirlerine bağlıdır.

Şimdiye kadar Jonathan kendini dünyada neredeyse tek başına görüyor, kendi köşesinde dertleriyle başa çıkmak için tek başına çırpınıyordu. Çırpınmak... Çırpınmak ve mücadele etmek.

Az önce yaşadığı deneyim ona çok büyük önem taşıyan bir şeyi fark ettirmişti. Bu her şeyi yeniden gözden geçirmesine neden oluyordu, Michael'la olan rekabetini, gereksiz hizmetleri kakalamaya çalıştığı müşterileriyle olan kuşkulu ilişkilerini, Angela'yla çatışmalarını... Yaşamının şimdiye kadarki bütün düzeni bir hatanın, yanlış bir dünya görüşünün üzerine kurulmuştu. Şimdi farkına vardığı bu gerçek içinin en derinliklerinde yankılanıyordu:

Madem hepimiz birbirimize bağlıyız, o halde birbirimizle mücadele ederken aslında kendi kendimizle mücadele ediyoruz.

14

Michael apartmandan içeri girdi ve zili çaldıktan sonra kameranın karşısına geçip bütün dişlerini göstererek gülümsedi.

Elektrikli kilit tiz bir ses çıkararak açıldı. Michael kapıyı itti, holü geçti ve asansöre bindi.

En üst kat.

Zili çaldığında hiçbir ses çıkmayınca o da birkaç kere, kısa darbelerle kapıyı tıklattı.

Kapı aralandı ve birkaç saniye sonra da Samantha'nın yüzü belirdi.

"Nasıl gidiyor?" diye sordu Michael kocaman bir gülümsemeyle.

Genç kadın ifadesiz bakışlarla onu süzdü, çevresine doğru bir göz attı, sonra da arkasını dönerek gözden kayboldu.

Michael kapıyı itip antreye girdi. Samantha'nın peşinden, beyaz bir ışıkla aydınlanmış kocaman salona doğru yürüdü. Boydan boya camlı duvarlardan San Francisco'nun binaları sis içinde havada uçuyormuş gibi duruyor, bu sis onları her an yutmaya hazır görünüyordu.

Genç kadın kanepenin koluna oturup bacak bacak üstüne attı. Kısa bir etek üzerine beyaz bir gömlek giymişti. *Bütün düğmeleri ilikli. Çok yazık.*

"Hizmetlerine ihtiyacım var," dedi Michael.

Kadın hiçbir şey söylemeden onun yüzüne baktı.

"Müşteri adaylarımdan biriyle şehirde bir akşam yemeği. Anlaşırsanız daha fazlası da..."

Kadın yüzünde hâlâ en ufak bir ifade olmaksızın onun gözlerinin içine bakıyordu.

"Kim bu?"

"Her zaman her şeyi bilmeyi istersin. Ne değiştirecek sanki?"

"Kim olduğunu bilmek istiyorum."

Michael camlı duvar boyunca birkaç adım yürüdü.

"Bir küçük zanaatkârlar topluluğunun başkanı. Benim için büyük bir balık."

"Evli mi?"

Michael başını iki yana salladı.

"Öyleyse bile kendi de unutmuş," dedi gülerek.

Kadına arkadan yaklaşarak memelerini avuçlarının içine aldı.

Kadın kuru bir hareketle onu itti.

"Bunda bir kötülük yok," diye itiraz etti Michael.

"Ismarlama çalışmıyorum."

"Arada sırada birkaç küçük kıyağa hakkım var... İyi müşterinim ne de olsa..."

"Çok doğru. Tarifeyi iyi biliyorsun."

"Ortaklarıma da her zaman söylerim: Müşteriler saygıyı hak ederler."

"Tedarikçiler de öyle."

"Ben müşterilerime karşı hep cömertimdir. Onlara özen gösteririm..."

"Herkesin ticari politikası kendine."

Michael kahkahayla güldü.

"Program tam olarak ne olacak?" diye sordu kadın kuşkucu bir sesle.

"Dediğim gibi, bir akşam yemeği, sonrası sana kalmış."

"Pis bir iş yok yani?"

"Yok tabii..."

"Beni okullu kızlar gibi giydirip de çocuk bakıcısı rolü yaptırmalar, sonra da adamın karısına yakalatıp hatuna sinir krizleri geçirtmeler falan..."

Michael gülümseyerek elini kadının omuzuna koydu.

"Yok, söz. Haydi şimdi bana o güzel memelerini göster..."

15

"Çimenlerin gerçekten şahane!"

"Öyle mi diyorsun?"

Margie ve Jonathan malikânenin bahçesinden geçerek yavaşça okyanusa doğru iniyorlardı. Güneş gökyüzünde iyice yükselmiş olduğu halde hava hâlâ yumuşaktı. Taze kesilmiş otlarla hanımelleri mis gibi kokuyorlardı.

"Benimkini yoncalar ele geçirdi. Her yolu denedim ama hiçbir işe yaramadı. Ben de artık elimle koparıyorum onları ama yine de geri geliyorlar. Bana önerebileceğin bir çözüm var mı?"

Margie gülmeye başladı.

"Beni pek eğlendiriyorsun."

Jonathan durdu.

"Hiçbir şey yapmadan yayılmalarına izin verecek de değilim herhalde."

Margie gülümseyerek yürümeye devam etti.

"Neden?"

Jonathan ona yetişti.

"Neden mi? Ama... Çok açık değil mi?"

"Değil."

Margie önyargılarla oynamaktan o kadar zevk alıyordu ki kafanızdaki fikirleri sorgulamaya açtığınızı görerek eğlenmek uğruna aptal rolü oynamaya dünden hazırdı.

“Çünkü yoncalar çimenlikte güzel durmuyor, hiç estetik olmuyor. Herkes bilir bunu.”

“Herkes mi? Peki ama sen nereden biliyorsun?”

“Nereden mi biliyorum? Güzel olmadığını mı nereden biliyorum? Ama... Biliyorum işte, o kadar. Tartışılacak bir şey değil ki benim zevkim böyle.”

Margie muzipçe gülümsedi.

“Bundan emin misin?”

Jonathan öylece kalakaldı. Buna nasıl yanıt verilebilirdi ki?

Margie yüzündeki gülümsemeyi hiç bozmadan yürüyor, bakışlarınıysa muhteşem bahçesinde gezdiriyordu.

“Bu bana bir öykü anımsattı,” dedi, “Santa Cruz’daki arkadaşlarımdan Robert’in bana anlattığı gerçek bir öykü. Günün birinde karısına Şükran Günü hindisini fırına vermeden önce arkasını neden kestiğini sormuş. Kadın hep hindinin arka tarafından en uç parçasını kesip çıkarıyormuş ve o da bunu çok tuhaf buluyormuş. ‘Bu yemek böyle yapılır,’ diye yanıt vermiş kadın. ‘Tamam ama niçin?’ Robert meraklanmış, daha fazlasını öğrenmek istemiş. ‘Herkes böyle yapar. Annemin de hindiyi böyle pişirdiğini gördüm hep.’ Kocası üsteleyince kadın annesini aramış. Telefonda kadına sormuş. ‘Anne, Şükran Günü hindisini pişirirken kıçını neden çıkarıyorsun?’ Annesi hiç duraksamadan yanıtlamış: ‘Tarifi böyle.’ Bu sefer kızı üstelemiş ama doyurucu bir yanıt alamamış. Annesi kendini savunuyormuş. ‘Böyle pişirilir işte, benim annem de bana böyle öğretmişti.’ Bunun üzerine kızı bu sefer de anneannesini arayarak aynı soruyu bir kere de ona sormaya karar vermiş: Şu lanet olasıca hindiyi pişirmeden önce ne diye arka tarafını kesip çıkarmak gerekiyor? 'Her zaman böyle yapmışımdır,' diye yanıtlamış anneanne. 'Neden?' 'Neden olacak? Fırınım çok küçük olduğu için hindi başka türlü sığmıyordu!'"

Jonathan kahkahayı koyuverdi.

"Eskiden," dedi Margie, "güzel çimenliklerde her zaman yonca da bulunurdu. Bütün dünyada böyleydi bu. Hatta ekilecek çimen tohumları aldığın zaman içlerinde mutlaka yoncalar da olurdu. Yoncasız bir çimenlik düşünülmezdi bile! Kurak dönemlerde çimenlerin yeşil kalmasını da o sağlardı. Ayrıca yonca havadaki azotu emdiği için bunu toprağa verir ve böylece çimenliğe doğal olarak gübre sağlardı. Daha ne olsun? 1950'li yıllarda çokuluslu kimya şirketleri çimenlerin ortasında biten zararlı otları ortadan kaldırmak için özel ilaçlar geliştirdiler. Ne var ki bu ilaçlar herkesin çok sevdiği yoncayı da öldürüyordu. Bu yüzden de o saçma sapan ürünlerini bir türlü satamıyorlardı. Bunun üzerine onlar da sorunu kökünden çözmeye karar verdiler ve yoncanın zararlı bir ot olduğunu yaymak üzere bir reklam kampanyası başlatmak için milyonlarca dolarlık yatırım yaptılar..."

"Dalga mı geçiyorsun?"

"Reklamlar aracılığıyla sonunda bu mesajı yerine ulaştırdılar. İnsanlar yoncaya başka bir gözle bakmaya, ondan kurtulmayı istemeye başladılar. Böylece çokuluslu şirketler bir taşla iki kuş vurdular: Hem o saçma sapan zararlı ot ilaçlarını satmaya başladılar hem de çimenlerde azot eksikliği başlayınca insanlar onlardan gübre de satın almak zorunda kaldılar..."

Jonathan üzüntüyle başını iki yana salladı.

Margie gözlerinde hınzır bir pırıltıyla gülümsedi.

"Güzeldir yonca," dedi. "Baharda küçük beyaz çiçekler bile açar."

Sır verirmiş gibi sesini alçalttı.

"Yaşam böyledir işte: Kimi zaman sorun olarak gördüğümüz şeyin aslında bir çözüm olduğu aklımızdan bile geçmez!"

Harika kokulu gül tarhlarıyla filbahar çalılıklarının arasından aşağı inmeyi sürdürdüler. Aşağı tarafta asırlık çamların çarpık gövdeleri okyanusun parlak maviliğinin üzerinde belirginleşiyordu. Ortalıkta hiç esinti yoktu ve sanki bitkiler de bundan yararlanarak kokularını serbest bırakmış, bu kokuların rüzgâr tarafından kaçırılıp götürülmeyeceğini bilmenin rahatlığı içindeymiş gibiydi.

"Hem dün de dediğimiz gibi," diye ekledi Margie, "mücadele etmek boşunadır. Hepimiz birbirimize bağlıyız."

"Şey... Araya girmeme izin verirsen, biz insanlardan söz ediyorduk, bitkilerden değil!"

"Bitkiler de canlı varlıklardır."

"Evet, ama... Yani yine de bir yerlerde bir sınır olmalı. Beni çimenliğimdeki yoncalarla da bağlı olduğuma inandırmaya kalkmayacaksın herhalde!"

Margie sakince gülümsedi.

"Sen bilirsin... 1980'li yılların sonunda Güney Afrika'daki kudu antiloplarının başına geleni duydun mu hiç?"

"Doğrusu duymadım," dedi Jonathan gülerek.

"Transvaal savanında olmuş bu. Neredeyse otuz yıl önce orada bulunmuştum..."

Margie bir süre sustuktan sonra yavaş yavaş konuşmaya devam etti. Sanki sözcükler ağzından, belleği anılarını hatırladıkça çıkıyor gibiydi.

"O geniş ovalarda şafağın kırmızı güneşini ve vahşi kokuları taşıyan rüzgârın sıcak esintisini hâlâ hatırlarım. Bu ovalarda uzun, kıvrık boynuzlu büyük bir antilop türü olan kuduların yaşadığı çok sayıda rezerv vardır. Bu hayvanlar akasya yapraklarını yerdi. Ağaçlar da onlara izin verirdi..."

Jonathan güldü.

"Fazla seçenekleri de yoktu herhalde!"

Margie ona gizemli bir gülümsemeyle baktı.

"Günün birinde antiloplar rezervlerinde birbiri ardına ölmeye başladı, nedeniniyse kimse bilmiyordu. Vahşi hayvanların saldırısı yoktu, hiç yara izi yoktu. Ölümlerin nedenini çözmek biyolog ekiplerimizin iki yılını aldı. Sonunda elde ettiğimiz bulgu benim dünya görüşümde çok şeyi değiştirmiştir..."

Jonathan kaşlarını çattı.

"O zamana dek akasyalar onlara izin veriyormuş çünkü antilopların birkaç yaprak yedikten sonra çekip gideceklerini biliyorlarmış. Ancak o yaz antiloplar rezervlerde çok fazla çoğalmış. Her zamankinden çok daha fazla yaprak yemeye başlamışlar. Buna tepki olarak ağaçlar da yapraklarındaki tanin oranını artırarak onları acılaştırmış ve antilopları kaçırmak istemişler."

Jonathan halasına kuşkuyla baktı.

Margie hiç tepki vermeden devam etti.

"Ancak çok aç olan antiloplar yine de yaprakları yemeyi sürdürmüş ve sonunda ağaçlar kendilerini tehdit altında hissetmiş."

Yaşlı kadın bir an sustuktan sonra anlatmayı sürdürdü.

"Bunun üzerine de özsularının içine zehir yaymışlar. O zamana kadar zararsız olan yaprakları birdenbire öldürücü hale gelmiş..."

Jonathan'ın benzi soldu.

"İşin en olağanüstü tarafı bu bile değil," dedi Margie. "Akasyalar haberi aralarında ağaçtan ağaca iletmiş. Yapraklarının yenmesine her zaman olduğu gibi izin vermeyi sürdürürlerse kendilerini nasıl bir tehlikenin beklediği konusunda türdeşlerini uyarmışlar. Evet, yanlış duymadın: Ağaçlar aralarında iletişim kurarak birbirlerine bu zehri üretmeleri gerektiğini bildirmiş."

Jonathan yanıt vermeden önce birkaç saniye sessiz kaldı.

"Bunun kanıtı var mı? Belki de aynı sorunla karşılaştıklarında her bir akasya kendi başına aynı tepkiyi göstermiş olabilir."

Margie gözlerini kısarak başını yavaşça iki yana salladı.

"Bölgedeki bütün akasyaların yaprakları zehirli hale gelmiş... Buna rezervlerin dışında bulunan, yani antiloplarla hiç temasları olmayanlar da dâhil. Bu ağaçların bu tepkiyi vermeleri için hiçbir neden yokmuş... Tabii eğer bir bilgi almadılarsa."

Jonathan sırtından aşağı doğru bir ürperti hissetti. Ağaçların kendi aralarında konuşuyor olmaları fikri bilim kurgunun alanına giriyordu. Bunun altında bir gerçeklik olması olasılığı rahatsız ediciydi.

"Bunu nasıl yaptıkları biliniyor mu?"

"Birkaç ipucu var ama henüz kesin bir sonuca ulaşılmış değil. Reçineleri aracılığıyla, toprak yoluyla kimi kimyasal bilgileri iletmekte oldukları biliniyor ama bununla kalmadığı da kanıtlandı."

"Anlatsana."

"Bir bitki çevresindeki topraklarda yaşayan komşularını tanıyabiliyor. Aynı aileden bitkiler söz konusu olduğunda kendi köklerinin gelişimini yavaşlatarak onların gelişmesi için alan bırakıyorlar. Buna karşılık, komşuları yabancı olduğundaysa köklerini olanca hızlarıyla geliştirerek bütün alanı kaplamaya çabalıyorlar. Bu yüzden de şöyle bir deney yapıldı: Biber tohumlarının ekili olduğu bir toprağa boş, kapalı ve içini göstermeyen bir kutu kondu ve köklerin gelişimi ölçüldü. Daha sonra aynı deney, bu defa kutunun içine bir rezene bitkisi konarak yinelendi.

Çünkü rezene, biberler için düşman bir bitkidir, toprakta ve havada onların gelişimi için zararlı olan kimyasal sinyaller yayar. Yani toprağın üstüne yerleştirilen o kapalı ve içini göstermeyen kutunun içerisine rezene yerleştirildi. Bu bitkilerin aralarında kimyasal alışverişte bulunmalarına hiç olanak yoktu. Buna karşın biberlerin köklerinin gelişimini fazlasıyla hızlandırmış oldukları görüldü ki bu da tipik olarak kendi toprağında bir yabancının varlığını fark eden bitkinin davranış biçimidir. Demek ki biberler rezenenin orada bulunduğunu öğrendi ama nasıl? Muamma."

"Çılgınca."

Jonathan bakışlarını güzel kokulu hanımelilerin, gül ağaçlarının, filbaharların, çalılıkların, görkemli ve hareketsiz ulu çamların üzerinde gezdirdi. Artık onları aynı gözle göremiyordu.

"Bu sana çılgınca geliyor çünkü bu tip şeylerden söz edildiğini şimdiye kadar hiç duymadın, oysa çevremizde her gün olup biten şeyler hiç kimseyi şaşırtmıyor..."

Jonathan kaşlarını çattı.

"Neler mesela?"

"Örneğin kuşların nasıl olup da sürü halinde uçabildiğini hiç merak ettin mi?"

"Bunda şaşırtıcı olan ne var ki?"

"Birbirlerine hiç dokunmaksızın, bir anda hep birlikte yön değiştirebildiklerini biliyor muydun? Üstelik birbirlerine o kadar da yakın uçtukları halde..."

"Sürünün en başında bulunanı taklit ediyorlardır diye düşünüyorum. Son derecede dikkatli bir şekilde, bütün yoğunluklarıyla birbirlerini çok yakından izliyor olmalılar..."

Margie gülümseyerek başını iki yana salladı.

"Ama bu, söz konusu durumu açıklamaya yetmiyor. Bilim adamları baştaki kuş yön değiştirdikten sonra bütün kuşların yön değiştirdiği zamanı ölçtüler. Sinirlerin gözden beyne, beyinden de kanatlara gidip gelmesine yetecek kadar zaman bulunmuyor."

Jonathan şaşkınlık içinde, sessizce kadının yüzüne baktı.

"Sürü halinde yüzen balıklar için de aynı gizem geçerlidir," diye ekledi Margie. "Araştırmacılar çok şaşırtıcı bulgular elde ettiler: Deney sırasında gözleri matlaştırılmış camla kapatılmış balıklar sürü içindeki yerlerini aynen koruyarak, kusursuz biçimde eşgüdümlü olarak yüzmeye devam edebiliyor."

"Hareket ettikçe suyun içinde dalgalar, akımlar yaratıyor olmalılar, hepsi de bunu hissediyordur..."

"Biz de böyle sanıyorduk. Ancak araştırmacılar incelenen balıkların işitme sinirlerini kestiler ve yüzüşlerinin diğerleriyle hâlâ kusursuz bir uyum içinde olduğu görüldü."

"Gerçekten de şaşırtıcıymış..."

"Posta güvercinlerinin hiç tanımadıkları bir yerden bırakıldıklarında daha önce hiç izlemedikleri bir yolu aşarak, yüzlerce kilometre ötedeki yuvalarını nasıl bulabildiği de açıklanabilen bir şey değil."

"Göçmen kuşlar da öyle..."

"Aynen. Yolculuklarının onlara henüz yavruyken anne ve babaları tarafından öğretildiği düşünülürdü. Bunun üzerine araştırmacılar onları doğdukları an ayırdılar. Yavrular uçabilecek yaşa geldiklerinde de onları serbest bıraktılar. Kuşlar kendilerini gökyüzüne bırakıp gezegenin yarısını kendi kendilerine dolaştıktan sonra anne ve babalarının birkaç hafta önce ayrıldığı aynı noktaya geri gelmiş..."

Jonathan birkaç saniye sessizce düşüncelere daldı. Uzakta, kırmızı yelkenli bir grup teknenin birlikte yol aldığı görülüyordu. Herhalde bir yelkencilik okulu olacaktı. Rüzgârın cılızlığından dolayı neredeyse hiç hareket etmiyorlar, oldukları yerde akıntıyla birlikte hafifçe salınıyorlardı.

"Nereye varmaya çalışıyorsun?" diye sordu sonunda.

"Cambridge Üniversitesi'nden, Rupert Sheldrake adında büyük bir biyolog yalnız insanları değil, bütün canlı varlıkları birbirine bağlamakta olan bir şeyin bulunduğuna dair bir varsayım geliştirdi. Adına da morfik alan dedi."

Jonathan dudak büktü.

"Manyetik alandan söz edildiğini duymuştum, yer çekimi alanını da... Ama morfik alanı hiç duymadım."

"Bir çeşit görünmez matris bu. Birbirleriyle ilişki içinde olan bütün canlı varlıkları kapsayan ve aralarında sürekli bir temas çeşidi korumalarına izin veren bir mekân. Zamanın da mesafenin de yok edemediği bir tür bağ."

"Mesafenin de mi?"

"Evet."

"Bu biraz saçma görünüyor. Başkalarının algılayabileceği bazı dalgalar ya da bunun gibi bir şeyler yayabildiğimizi ve bunlar sayesinde temasta kalabileceğimizi hayal edebiliyorum ama gezegenin öbür ucuna gidecek olsam bunu yapmaya nasıl devam edebileceğimi aklım almıyor."

Margie başını iki yana salladı.

"Bunlar dalgalar değil işte. Eğer bir elektrik alanı ya da belki manyetik alan olsaydı mesafeyle yok olurdu gerçekten de. İşin belki de en çok kafa karıştıran kısmı da bu zaten: Başka türlü bir bağ olmalı, başka bir düzeyde, zamandan ve uzamdan bağımsız başka bir boyutta birbirimize bağlı olmalıyız. Sanki bu boyuta zaman zaman bağlanarak onun içerdiği ve bizi birbirimize bağlayan bilgilere anlık bir erişim sağlıyormuşuz gibi."

"Bu o kadar büyük bir şey ki insan düşündükçe aklını kaçırabilir..."

"Bu konuda da henüz ortada bilimsel bir kesinlik yok, yalnızca kanıtlanmaya yeni yeni başlayan güçlü varsayımlar ve Sheldrake gibi bilim adamlarının yürüttükleri hayret verici deneyler var ortada. Az önce sözünü ettiğimiz bütün o olayları bu şekilde açıklamak mümkün olabilir. Ve daha pek çoklarını da..."

"Ne gibi?"

"Hiç, uzun süredir haber almadığın, belki senden çok uzakta, bambaşka bir ülkede yaşayan birini birdenbire düşündüğün ve hemen arkasından o kişinin seni aradığı oldu mu? Ya da telefon çaldığı anda bunun o kişi olduğunu tahmin ettiğin?"

Jonathan bir ürperti hissetti. Bu durum birkaç kere başına gelmişti. O ise bunu hep rastlantıya yorardı.

"Morfik alanın varlığı ayrıca insanların gözleri bağlı ve arkaları dönükken başka birinin bakışını üzerlerinde nasıl hissedebildiklerini de açıklayabilir."

"Gerçekten mi?"

"Bizim vakıfta dokuz yüzden fazla kişi üzerinde deney yaptık. Sonuçlar kuşkuya yer bırakmıyordu: Bu yetiye sahip olan insanlar, üzerlerindeki bakışları yüzde yetmiş üçlük bir başarı oranıyla belirleyebiliyorlardı."

"Vay canına..."

"Sahiplerinin eve gelişini önceden hissederek, varışlarından dakikalar önce onları karşılamak üzere kapıya çıkan evcil hayvanlar da var. Sheldrake bu konu üzerinde çok fazla araştırma yaptı. Kedi ve köpeklerde görülen bu davranış biçiminin sahiplerinin alışıldık geliş gidiş saatleriyle de (eve geliş saatlerini keyfî olarak değiştirmeyi deneyerek) araba ya da otobüs seslerinin tanınmasıyla da (ulaşım araçlarını da değiştirterek) gelişmiş koku alma duyularıyla da (sahiplerine zırhlı araçların içinde yolculuk ettirerek) ilgili olmadığını ortaya koydu."

Jonathan yavaşça başını salladı. Daha önce arkadaşlarından buna benzer öyküler dinlemişti ama onları hiç de ciddiye almamıştı.

"Bu ayrıca, 2004 yılında Güney Asya'da pek çok kıyı bölgesini vurmuş olan o meşhur tsunami gelmeden önce çok sayıda hayvanın kaçmaya başlamış olmasını da açıklayabilir çünkü beş duyularıyla algılayabilecekleri hiçbir belirti de yoktu. Özellikle Sri Lanka'daki fillerde böyle olmuş. Yıkıcı dalgaların gelişinden bir saat kadar önce yüksek yerlere ve iç bölgelere çekilmişler. Tayland'da turistlerin fil sırtında gezdirildikleri bir kamptaki filler daha sabahtan tuhaf biçimde çığlıklar atmaya başlamış, sonradan da hiç söz dinlememişler. Daha sonraysa zincirlerini kırmışlar ve tepelere tırmanmaya başlamışlar. Onların peşinden giden birkaç kişi de bu sayede canlarını kurtarmış. Daha başka hayvanlarda da benzer davranışlar görülmüş. Örneğin Sri Lanka'daki Yala Ulusal Parkı'nda dalgaların yerle bir ettiği kıyıdan üç kilometre kadar içeride kalan yerlerde insan cesetleri arasında tek bir hayvan ölüsüne bile rastlanmamış."

"Peki ama sözünü ettiğin bu alana hepimiz bağlıysak, insanların bu tuzağa düşmüş olmalarını nasıl açıklıyorsun?"

Margie içini çekti.

"İnsanların yaşamına teknolojinin girmesi, her ne kadar kimi katkıları olağanüstü yararlı olsa bile kimi yetilerimizi de bizim elimizden aldı. Yapacağımız işleri bize hatırlatan elektronik ajandalara bel bağladığımızdan beridir belleğimizin eskisi gibi çalışmadığını hepimiz fark etmişizdir."

"Orası çok açık..."

"Ya da yol bulma işini GPS teknolojisine devrettiğimizden bu yana yön duygumuzu da yavaş yavaş yitiriyoruz."

"Olabilir ama yine de ben bunu yolumu bulabilmek için ortalıkta dört dönmeye tercih ederim."

"2004'teki tsunamiden söz ediyorduk. O sırada bizim ilkel dediğimiz bazı kabileler de tehlikenin gelişini hissetmişler ve daha gelişmiş saydığımız insanlar hiçbir şeyin gelişini göremeden ölürlerken onlar tsunaminin gelişinden çok daha önce yükseklere çekilmişlerdi."

"Bunu bilmiyordum."

"Yedi bine yakın cana mal olan depremin merkez üssünün çok yakınında yer alan Andaman ve Nicobar adalarının yerli halklarında bu görülmüştü. Sentinele, Onge, Büyük Andaman ve Shompen kabilelerinin hepsi bu felaketten mucizevi bir şekilde kurtuldular. Jirkatang Adası'nda eski Jarawa kabilesinin iki yüz elli üyesi dalgaların gelişinden uzun süre önce iç bölgelere çekilmişler ve on gün boyunca Hindistan cevizi yiyerek yaşamışlar. Surin Adası'nın güneyindeyse Moken kabilesinin iki yüz üyesinden özürlü bir çocuk hariç hepsi kader anından önce zamanında kendilerini korumaya almayı başarmışlar. Kendilerine böyle bir facianın geleceğini nereden bildikleri sorulduğundaysa sanki yanıt çok açıkmış gibi şaşırıp kalmışlar. 'Yalnızca doğayı dinledik biz,' diye yanıt vermişler."

Jonathan gülümsedi.

"Victor Hugo da, *doğa bizimle konuşur ama biz onu dinlemeyi bilmeyiz,* demişti."

Margie başını salladı.

"Ayrıca bu ilkel halklar daha başka şaşırtıcı şeyler de yapabiliyorlar. Bizim hiç tanımadığımız gizemli bir bilgi kaynağıyla iletişim halinde oldukları çok açık."

"Ne kastediyorsun?"

"Amazon yerlileri bir hastayı iyileştirecek olan ağacı ya da bitkiyi bulabiliyorlar. Oysa Amazonlarda bir hektarlık alanda bütün Avrupa kıtasında olduğundan çok daha fazla ağaç çeşidi bulunur. Üstelik bunlar yalnızca ağaçlar. Çevrelerinde yetişen bütün bitki türlerinin sayısı seksen binden fazladır. Kendilerine hastayı hangi bitkinin iyileştireceğini nasıl bildikleri sorulduğundaysa bunu kendilerine bitkilerin söylediği yanıtını veriyorlar."

Jonathan gülümsemesini bastırdı.

"Şamanları transa geçiyorlar ve bu farklı bilinç durumundayken de bitkilerin ruhlarıyla iletişim kurabildiklerini öne sürüyorlar. Sanki bu trans hali sayesinde daha kolay bağlantı kuruyorlar. Şeyle yani..."

"Morfik alanla..."

"Aynen öyle. Al sana hayret verici bir örnek daha: Bu kabileler kuşaklar boyu çeşitli kürar formülleri geliştirirler. Çünkü bu zehir, av sırasında kurbanlarının bütün organlarını bir anda felce uğratarak işlerini kolaylaştırır. Bu konu üzerine eğilen Batılı araştırmacılar bu formüllerden bazılarının son derecede karmaşık olduğunu, farklı bitkilerden elde edilmiş değişik unsurların bir arada kullanıldığını, her birinin de karışım için vazgeçilmez olan farklı birer rol oynadığını ortaya çıkardılar. Eğer unsurlardan biri eksik kalsa ya da dozları değişse zehir etkisini göstermezmiş. Bu formülü nasıl bulabilmişler? Ne kitapları var ne laboratuvarları ne de araç gereçleri. Okuma yazma bilmeyen halklar bunlar."

"Deneme yanılma yoluyla ilerlemiş olabilirler."

"Olamaz. Eğer söz konusu olan birkaç düzine ya da en fazla birkaç yüz bileşen arasından iki ya da üç tanesinin doğru kombinasyonunu bulmak olsaydı belki bu yöntem işe yarayabilirdi, ama seksen bin unsur arasından yedi sekiz tanesinin bileşiminin bulunabilmesi için milyonlarca olasılık denemek gerekir. Hiç kimse milyonlarca deneme yapmayı beceremez."

Jonathan bakışlarını bahçenin içindeki yüzlerce ağaç, çalı, bitki ve otun üzerinde gezdirdi. Bizi onlara bağlayan bir şey bulunduğunu hayal etmek tuhaf oluyordu.

"Biliyor musun?" dedi halasına. "Şu anda ayaklarının altında yüzlerce çim filizini vahşice ezmektesin."

Margie kahkahayla güldü.

"Gerçekten de böyle bir bağın var olabileceği olasılığı bizi çevremizi saran yaşamla olan ilişkimizi gözden geçirmeye zorluyor," dedi bahçesindeki bitki örtüsünü hayranlıkla gözden geçirirken. Kesin olan bir şey var ki hepimiz birlikte yaşamak için yaratılmışız. Hem zaten pek çok araştırma da bize bu konuda çok fazla şey söylüyor."

"Örneğin?"

"Araştırmacılar ormanda basit bir yürüme ediminin bağışıklık sistemimizi güçlendirmekte olduğunu kanıtladılar."

Jonathan, Big Sur'un vahşi doğası içinde yaptığı yürüyüşleri düşündü. O anlarda kendini öyle iyi hissediyordu ki...

"Başka araştırmalarsa," diye devam etti kadın, "ofislerde bitkilerin bulunmasının baş ağrılarını yüzde otuz, yorgunluğu yüzde yirmi ve boğaz ağrılarını da yine yüzde yirmi oranında azalttığını kanıtladı. Çevremizde hayvanların bulunmasıyla ilgili olarak da benzer sonuçlar veren araştırmalar var. Örneğin kalp krizi geçirmiş bir insan eğer evinde bir köpekle birlikte yaşıyorsa bir yıl sonra hâlâ hayatta olması olasılığının yüzde yirmi üç daha fazla olduğunu biliyoruz."

"Bende vicdan azabı uyandıracaksın: Chloé yıllardır hayvan beslemek istiyor. Angela kabul etmişti ama ben hep karşı çıktım."

Margie gülümsedi.

"İnsan ilişkilerle yaşan sosyal bir varlıktır. Başka insanlarla, hayvanlarla, bitkilerle... Bizi bu ilişkiler yaşatır. Kutsal İmparatorluktan II. Frederic'in on üçüncü yüzyılda yaptığı deney de bunu doğrular zaten."

"Bunu hiç duymamışım."

"Altı yedi dil konuşabilen bu adam hangi dilin 'Tanrı'nın dili' olduğunu, bize hiçbir dil öğretilmiş olmasa doğal olarak hangi dili konuşacağımızı merak etmiş. Bunun üzerine bir deney yapmaya kalkışmış ki çok şükür günümüzde kimse bunu yinelemeye kalkışamaz."

"Ne yapmış ki?"

"Yeni doğmuş bebekleri toplumdan yalıtarak özel olarak görevlendirilmiş sütannelerine vermiş. Bu kadınlara bebekleri yedirmeleri, içirmeleri, altlarını değiştirmeleri, kısacası bütün fizyolojik gereksinimlerini karşılamaları emri verilmiş. Ancak onları sevip okşamaları, onlarla oyun oynamaları ve özellikle de onlarla konuşmaları yasakmış."

"Peki bu çocuklar hangi dili geliştirmişler?"

"Kimse öğrenememiş."

"Neden?"

"Hepsi ölmüş. Bütün fizyolojik gereksinimleri karşılanıyormuş oysa. Tek yoksun oldukları şey ilişkilermiş."

Jonathan iğrenmişçesine başını iki yana salladı.

"Korkunç bir şey."

"İlişkiler yaşamımızın özüdür, Jonathan."

Margie'nin bu son sözleri sanki havada asılı kaldı. Artık güneş iyice parlıyordu ve Jonathan halasının çok geçmeden eve döneceğini biliyordu. Okyanusun üzerinde hafif bir rüzgâr belirdi ve küçük yelkenliler hep birlikte yollarına devam ettiler.

İlişkiler yaşamımızın özüdür. Jonathan'ın şimdiye kadarki yaşamının en başta gelen ilişkileri müşterileriyle olmuştu. Ama kendilerinden bir şey beklediğimiz insanlar söz konusu olduğunda bunun adına yine de bir ilişki denebilir miydi? Sırf bir imza alabilmek uğruna onlara gerçeğin tamamını söylemiyorsak? Öf, hiç de öyle sayılmaz...

"Kimileri hiç kimseye gerek duymadan yaşayabileceklerini düşünürler. Mutluluklarının kendilerinden başka kimseye bağlı olmadığına inanırlar. Çok büyük bir yanılsamadır bu."

Margie, Jonathan'a doğru eğilerek yine o meşhur, muzip gülümsemesini takındı.

"Bedeninin içinde beş yüz çeşit mikro organizma yaşıyor."

"Bir de kendimi yalnız hissediyordum."

"Bağırsaklarında yüz trilyon bakteri bulunuyor."

"Kes şunu, çok iğrenç!"

"İçinde yaşamakta olan bakterilerin sayısı vücudundaki hücrelerin sayısından yüz kat daha fazla."

"Sus artık, yoksa antibiyotik kürüne başlamak isteyeceğim."

Margie gülümsedi.

"Kimi zaman düşmanımız sandıklarımıza aslında ihtiyacımız vardır."

"Bana yine ne demeye çalışıyorsun?"

"Bu bakteriler seni çok ciddi biçimde hasta edebilecek olan virüslü organizmalara karşı korurlar. Onları antibiyotiklerle öldürmen seni hastalıklara karşı korumasız bırakacaktır. Hem sonra..."

"Ne?"

"Bir şey daha var," dedi biraz gizemli bir tavırla.

Jonathan kaşlarını çattı.

"Bağırsaklarında yaşayan bakteriler vücudundaki serotonin düzeyini de ayarlarlar. Onlar olmazsa eksikliğini çekersin."

"Serotonin de ne ki?"

Margie gerilimi sürdürmek için bir süre onun yüzüne baktı.

"Sana kendini mutlu hissettiren hormon."

16

Austin Fisher gözlerini kırpıştırdı ve anılarını zihninden uzaklaştırabilmek için başını yavaşça iki yana salladı. Şimdiki ana odaklanmak istiyordu. Geçmiş artık yoktu. Onu yeniden diriltmesi hiçbir işe yaramazdı. Eline bir tenis topu aldı ve onu parmaklarının arasında ezerek bunun verdiği fiziksel hisse yoğunlaşmaya çalıştı. Hissetmek şimdiki zamanda olmak demekti, yalnızca şu anda bulunmak. Yine de birkaç saniye sonra Danimarkalı tenisçinin görüntüsü gözünün önüne geldi ve onun o genizden gelen sesini, CNN'e verdiği röportaj sırasında kullandığı çirkin tonlamaları duydu.

Austin Fisher yalnızca bir makinedir, bir kazanma makinesi.

Haset. Bu başarısız sporcuyu bu türden iğrençlikler saçmalamaya iten hasetten başka bir şey olamazdı.

Kendini topla, sen bir profesyonelsin.

Kariyeri boyunca yorumcuların hakkında hoş olmayan sözler söylediğini sıklıkla duymuştu. Bu da oyunun bir parçasıydı ve bunların kendisini etkilemesine çok fazla göz yummamayı da öğrenmişti. Gerçi bundan rahatsızlık duyduğu, hatta öfkelendiği de sık sık olurdu ama bu seferki farklıydı. Daha öncekilerin hiçbiri ona bu kadar etki etmemişti. O halde neden şimdi? Neden? Neden tam da onu rekor kitaplarına sokmak üzere olan turnuva sırasında?

Duygulardan yoksun bir kazanma makinesi, gücünü de buradan alıyor.

İnsan bu kadar haksız sözleri nasıl sarf edebilirdi? Altına girdiği onca çabayı, alıştırma yapmaya adadığı onca yılı, hiçbir eğlence, hiçbir boş zaman olmadan yalnızca zorlu çalışmayla geçen o kadar zamanı nasıl yadsıyabilirlerdi? Bütün emeklerini ellerinin tersiyle nasıl itebilirlerdi?

O sırada Warren ışıl ışıl aydınlık odaya girdi. Turnuva süresi boyunca kiralamış oldukları villanın salonunun yüzme havuzuna bakan boydan boya camları vardı. Warren'ın yüzündeki gülümseme sporcusunun suratını gördüğü anda silindi.

"Bir sorun mu var?"

"Bir şey yok, bir şey yok. Her şey yolunda," diye yanıtladı Austin tamamen hâkim olabildiği sesiyle.

Warren bir an Austin'e baktıktan sonra tenisçinin tam karşısındaki koltuğun koluna ilişti.

"Şu... Danimarkalıyı düşünüyordun, değil mi?"

Austin bir süre hareketsiz kaldıktan sonra dudak bükerek başını salladı. Bu zayıflığını Warren'a itiraf etmesinde yarar vardı. Koçundan bir şeyler saklamaya başlaması iyiye işaret olmazdı.

"Görüntüsünü ve söylediklerini zihnimden uzaklaştırmaya çok uğraştım ama peşimi bırakmıyorlar."

Warren gözlerini kıstı.

"Peki bu sana ne yapıyor?"

Austin içinde olup bitenleri gözlemek için bir süre durdu.

"Haksızlığa uğradığımı hissediyorum. Bu beni üzüyor ve dikkatimi dağıtıyor. Kısacası beni rahatsız ediyor."

"Genellikle böyle şeyler seni daha çok öfkelendirirdi," dedi Warren endişeyle.

"Çoğu zaman bu türden şeyleri söyleyen gazeteciler olur ve ben de buna öfkelenirim. Ama bu seferki tıpkı benim gibi bir sporcu. Bu beni neden üzüyor hiç bilmiyorum. Beni yaralıyor."

Warren bir süre sessiz kaldı, sonra ayağa kalktı.

"On dakika sonra gülüp geçeceksin. Geçmişte, iş dünyasında buna benzer sorunlar üzerinde çok çalıştım. Konu farklıydı belki ama şema aynıydı. Orada insanlar daha çok patronları hakkında haksız suçlamaları ya da çalışma arkadaşlarıyla ilgili acımasız yorumları dillerine dolarlardı."

Sehpanın üzerinde duran sürahiyi eline aldı.

"Bir bardak su ister misin?"

Austin başıyla onayladı. Warren her ikisi için de birer bardak su doldurarak birini sporcusuna uzattı.

"Görüntüsüyle sözlerinin peşini bırakmadıklarını söyledin? Nasıl? Bana biraz daha ayrıntı versene."

"Ne nasıl? Şey... Nasıl söylemeli? Suratını görüyorum, tıpkı televizyonda çıktığı haliyle..."

"Onu hangi mesafeden görüyorsun?"

"Nasıl yani? Görüntü kafamın içinde, ortada bir mesafe yok ki..."

"Evet de zihnindeki bu görüntüyü sana göründüğü haliyle mekânın içine yerleştirmen gerekse nerede olduğunu söylerdin?"

Austin zihnini topladı. Bir anının görüntüsünün nerede konumlandığını söyleyebilmek kolay olmuyordu...

"Sanırım... Üç metre kadar önümde diyebilirim."

"Bu görüntü hangi boyutta?"

Austin görüntüyü yeniden zihninde canlandırmaya çalışarak bir an düşündü.

"Kenarları birer metrelik bir kare gibi sanki."

"Renkli mi, yoksa siyah beyaz mı? Belirgin mi yoksa bulanık mı?"

"Renkli ve belirgin. Fildişi teni hemen belli oluyor."

"Donmuş bir görüntü mü yoksa hareketli mi?"

"Aslında bir film. Röportajının filmi zihnimde oynayıp duruyor."

"Tamam. Peki ya sesi? Duyduğun sesi bana tarif etsene."

"Genizden gelen bir ses ama yüksek. Verdiği hükümleri arka arkaya duyup duruyorum."

"Tamam. Şimdi bu görüntüyü biraz uzaklaştır, diyelim ki dört beş metre kadar."

"Niye?"

"Bu anıyı zihninde canlandırma biçimini değişikliğe uğratarak konuyla ilgili hissettiklerini de değiştireceğiz. Görüntüyü dört beş metre geriye çek."

Austin sporcunun zihninde hareket etmekte olan görüntüsüne baktı ve onu biraz daha uzakta hayal etti. Başını salladı.

"Çok güzel," dedi Warren. "Şimdi de boyunu yavaş yavaş kısalt. Onu yarı yarıya küçült."

"Tamam."

"Şimdi renklerini azalt, onu bulanıklaştır. Siyah beyazmış gibi solgun olsun."

Austin bu değişiklikleri yaparken gülümsedi.

"Çok güzel," dedi Warren. "Bu, hislerini nasıl değiştiriyor?"

"Beni daha az ilgilendiriyor artık."

"Mükemmel. O halde şimdi de sesiyle oynayalım. Konuşmaya devam ettir ama uykulu bir sesle, gitgide sesi yavaşlasın, kalınlaşsın, ağırlaşsın, tutkal gibi yapış yapış bir ses olsun. Aynı sözleri söylemeye de devam etsin."

Austin birkaç saniye zihnini yoğunlaştırdıktan sonra gülmeye başladı.

"Şimdi de," dedi Warren, "arka plana biraz fon müziği ekleyelim, sözlerine eşlik etsin. Söylediklerini hâlâ duyabiliyor musun?"

"Evet."

"Şimdi bunlara... Küçük bir sirk müziği ekle! Hani bazen duyarız ya, eğlenceli, gülünç, saçma, aptalca bir sirk müziği. Herifin erimiş kauçuk gibi sesinin üzerinden bu müziği duyuyorsun."

Austin bu hayalî küçük filmi zihninde canlandırdıkça gülüyordu. Danimarkalı tenisçi kafayı bulmuş bir köy delisine benzemişti.

Auuustin Fiiiisher biiiiir maaakiiiiiinediiiiir.

Fon müziğiyle birlikte sözleri tam anlamıyla zırvalaşmıştı.

"Şimdi baştan başla," dedi Warren, "bu yeni filmi zihninde bir kere daha oynat. Önce baştan sona, sonra da tersten."

"Tersten mi?"

"Evet ya, eski bir sinemada projeksiyoncu makarayı ters sarıyormuş gibi. Sahne geriye doğru oynasın."

Austin dikkatini topladı. Bu kolay bir şey değildi.

"Baştan sona oynat, sirk müziğiyle falan..."

Austin gevşedi. Danimarkalı tenisçinin görüntüsü artık üzerinde hiçbir olumsuz etki bırakmıyordu. Adamın sözlerini tatlı tatlı gülerek dinliyordu.

"Şu andan itibaren," dedi Warren, "bu sporcunun hatırası aklına her geldiğinde onu bu süslemelerle birlikte hatırlayacaksın."

Austin gülümsedi. İçinden bu tekniği, babasının çocukluğuna damgasını vurmuş olan ve hiçliğin içinden çıkarak bugün bile kulaklarında çınlayan o eski suçlamalarına da uygulayabileceğini geçirdi.

Ama şimdi değil. Şimdi olmazdı kesinlikle. Daha sonra. Turnuvayı kazandıktan sonra.

17

Çın!

Kadehler billur gibi bir çınlamayla birbirlerine çarptı. Kafenin terası pırıl pırıl güneş ışığı altındaydı.

"Sağlığınıza," dedi Jonathan kocaman bir gülümsemeyle.

"Senin sağlığına," diye mırıldandı Michael ve Angela.

Michael'ın yüzü, Jonathan San Francisco'ya dönüşünün şimdilik iş başına döneceği anlamına gelmediğini bildirdiğinden beri asılmıştı.

"İyi görünüyorsun," dedi Angela biraz kıskanmış gibi. "Çalışmak sağlıktır, diyen hangi budalaydı hiç bilmiyorum."

İki gündür Jonathan küçük bir bulutun üzerinde geziyor gibiydi. Margie ile yaptığı sohbetler onu canlandırmış, yaşama sevincini tazelemişti. Dünyayı artık başka bir gözle görüyordu ve yaşam ona sanki gizemli, benzersiz ve olağanüstü bir serüvene katılıyormuş izlenimi vermeye başlamıştı. Bunun ne kadar süreceğini bilmiyordu elbette ama artık her bir anın büyüsünün tadını çıkarmayı biliyordu. Ne zaman bir başkasıyla göz göze gelecek ya da bakışları bir çiçeğe, bir bitkiye ya da bir kuşa ilişecek olsa içinden gülümsemek geliyordu.

"Gerçekten de daha iyi gibisin," dedi Michael sitemkâr bir sesle.

"Evet, iyiyim."

Michael bir yudum içti.

"Sen bıraktığından beri şirketin büyümesi ciddi biçimde yavaşladı," dedi.

Jonathan gülümseyerek ortaklarına baktı. Bakışı bir birine, bir diğerini gidiyordu. Yüz hatları, ifadeleri, gözleri, en küçük hareketleri bile onlar hakkında, yaşamları, korkuları ve umutları hakkında bir şeyler ele veriyordu. Bu yüz hatlarına bakarak Jonathan bu yetişkinlerin bir zamanlar nasıl birer çocuk olduklarını çıkarabiliyordu. Yaşamış, büyümüş, olgunlaşmış o çocuklar yine de hâlâ onların bir parçasını oluşturmaya devam ediyorlardı. Bu bakış açısı ortaklarını onun gözünde dokunaklı kılıyordu.

Jonathan geçmişte onlara bu şekilde, *gerçekten* bakmak için çok ender fırsat bulmuş olduğunu fark etti. Gözlerimiz insanlar üzerinden geçip giderken onlara hiç dikkat etmiyor, ayrıntılarıyla hiç ilgilenmiyordu.

"Sizi görmek beni çok sevindirdi," dedi neşeli bir yüzle.

Diğerleri ona ifadesiz gözlerle baktılar. Sessizliği ilk bozan Michael oldu.

"İşinin başına ne zaman dönmeyi düşünüyorsun?"

Ancak Jonathan küçük bulutunun üzerinden inmiyordu.

"Yaşam çok..."

Michael ve Angela gözlerinin ucuyla Jonathan'a bakıyor, lafın devamını bekliyorlardı.

"...güzel. Yaşam güzel."

Angela bir turpu dişledi.

"Bunun gibi başka derin gözlemlerin de var mı?"

"Yaşam çok güzel ama farkına varmıyoruz. Yediğin şu turpa bir bak. Ne harika değil mi? Hayır ama, gerçekten bir bak... Yenip yutulmadan önce güzelliğinin takdir edilmesini hak ediyor. Bize kendini sunduğu için teşekkür edilmeyi..."

Her ikisi de onu tuhaf, tarifi olanaksız bir tavırla süzdüler.

Jonathan derin bir soluk alarak, hissetmekte olduğu şeyi dile getirememenin çaresizliğini belirten bir hareketle omuzlarını kaldırdı.

"Ben yaşamı tamamen... muhteşem buluyorum ve kim ne derse desin, içinde bulunduğumuz krize karşın şahane bir zamanda yaşıyoruz."

"Tatilde olduğun için sana öyle geliyor," dedi Angela.

"Hayır, ama bakın, biraz geri çekilip de baktığımız zaman, şimdi olduğu gibi böyle istediğimiz yerde oturabiliyor olmamız, yemek istediklerimizi özgürce seçebiliyor olmamız inanılmaz bir şey, öyle değil mi?"

"Ne oldu sana?"

"Ama hayır... Eğer insanlık tarihi ölçeğinde bakacak olursak, barış içindeki bir ülkede yaşamak, özgürce seyahat edebilmek, bir parmak şaklatmayla karar vererek canımızın istediğini yiyebilmek olağanüstü bir şey! Bu bize sıradan görünüyor ama aslında inanılmaz bir lüks!"

Michael ve Angela çiğnemeyi bırakmışlardı. Her ikisi de kaygılı gözlerle Jonathan'a bakıyorlardı.

"Bu sabah duş alırken düşündüm de," diye devam etti Jonathan, "suyun akması için musluğu çevirmem yeterli oluyor. Bunun ne demek olduğunun farkında mısınız? Çılgınca! Musluğu çeviriyorum ve su akıyor. Soğuk su mu istiyorum? Soğuk akıyor. Sıcak mı istiyorum? Hemen ısınıveriyor. Şimdi biraz anlayabiliyor musunuz? Sonra, eğer hava kararacak olursa bir düğmeye basıyorum ve anında ışık yanıyor!"

"Önce ellerini kurulasan daha iyi olur," dedi Michael.

"Ama biraz olsun farkına varabiliyor musunuz? Küçük bir parmak hareketiyle ışığı getirebiliyoruz! Her seferinde buna şükretmeliyiz! Üşüdüm mü, hemen başka bir düğmeye basıyorum ve evim ısınıveriyor. Düşündüğünüz zaman tam bir deli saçması değil mi?"

Ortakları gözlerini ondan ayıramıyorlardı. Michael kaşlarını çatmış, Angela'ysa gözlerini kocaman açmıştı.

"Ne içtin sen?" diye sordu Michael.

"Ben de bilmek istiyorum," dedi Angela kıskanmış gibi.

Jonathan gülümsedi, birkaç yudum su içti ve sessizce birkaç lokma çiğnedi.

"Şuraya bakın," dedi birden.

Michael ve Angela peynir sosuyla birlikte aperatif olarak sunulan çiğ sebze tabağının üzerine eğildi. Jonathan iki parmağının arasında bir brokoli tutuyordu.

"Yaklaşın, daha yakından bakın."

"Neye?" dedi Angela. "Kurt falan mı var?"

"Şu mucizeye bir bakın. Brokolilerin her birinin başı tamamen aynı yapıya sahip olan daha küçük başlardan oluşuyor. Bunların her birine yakından bakarsanız onların da yine aynı biçimde, minicik başlara ayrıldığını görürsünüz. Brokolinin fraktal bir boyutu var. Her bir parçasında bütünü bulabiliyoruz. Tıpkı bunun gibi, her birimiz de bütün insanlığın suretiyiz ve bütün evren de bir avuç toprağın içinde bulunuyor."

"Harikulade," dedi Angela donuk bir sesle.

"Yemek yediğimizde aslında yaşam yaşamla beslenmiş oluyor. Sonuç olarak yaşam yaşamı kendi içinde taşıyor."

Michael kaşlarını çattı. Angela gözlerini kıstı.

"Sonra bakın," diye devam etti Jonathan, "çok inanılmaz bir şey öğrendim. Bağırsaklarımızda yaşayan milyarlarca bakteri varmış ve..."

"Ayaklı birer fosseptik çukuruyuz desene," dedi Michael.

Angela yüzünü buruşturdu.

"Hem ne var biliyor musunuz?" diye sözünü sürdürdü Jonathan. "Mutluluk hormonu serotonini bize sağlayan da onlarmış. Çok çılgınca değil mi? Bu bakteriler sayesinde kendimizi iyi hissediyoruz!"

Angela içini çekti.

"Vermek istediğin mesaj bu mu yani? Aslında başımıza bela olan şeyler mi bizi mutlu ediyor?"

Bir turpu sosa batırırken ekledi.

"Belki de aslında kaynanamdan bizimle yaşamasını istemeliymişim..."

18

“Belli bir aşamayı geçince dönüşü olmayan bir noktaya varacağımızı düşünebiliriz ve işte o zaman küresel ısınma kontrol altına alınamayacak etkilere yol açacak.”

“Ne gibi?”

Bilim adamı gerginlikle boğazını temizledi, görünüşe bakılırsa heyecandan ne diyeceğini unutmuş gibiydi. Ryan gülümsedi. Herif bir yandan herkese akıl vermeye kalkıyordu ama televizyonda konuşmaktan bile acizdi.

“Sıcaklığın artması kutuplarda buzul erimelerine yol açar. Eriyen buzulların içlerinde taşıdıkları metan gazını açığa çıkarmaları riski vardır. Oysa şu anda hapis durumda bulunan bu metan gazı sera etkisine sahiptir...”

“Yani demek istediğiniz makinenin durması riski söz konusu, öyle mi?”

Konuk başıyla onayladı.

“Peki bunun sonu nereye varacak?”

Ryan televizyonu kapattı. Bu saçmalıkları dinlemekten bıkmıştı artık.

Yatak odasının penceresine doğru gitti. Bahçelerde kimseler gözükmüyordu. Sabahın erken saatinde Gary’nin omuz kaldırmasının dördüncü bölümünü filme almıştı, sadık izleyicilerden oluşan ciddi bir kitle bu bölümü heyecanla bekliyordu çünkü.

Salona geri dönüp siyah tüllerden dışarıya bir göz attı. Michael ve Angela bir masanın başında oturuyorlardı.

Parabolik mikrofonunu çalıştırdı ve kamerayı açtı.

"Ayrıldığınızdan beri Jonathan deli gibi değişti. Zen oldu, gevşedi, olumlu bir insana dönüştü..."

"Çok teşekkür ederim, çok naziksin," dedi Angela bozularak.

"Tabii birazcık da keçileri kaçırdı, o ayrı..."

Michael eline bir turp alıp gözlerinin hizasına doğru kaldırdı.

"Ey turp, seni gidi doğa harikası! Kendini bana verdiğin için, seni yememe izin verdiğin, yaşamını benim uğruma feda ettiğin için sana teşekkür ederim. Yaşam yaşamdan beslenir, insan turptan!"

Heyecanlı bir tavırla turpu ısırdı ve gözlerini yumarak törensel bir ifadeyle çiğnemeye başladı. Angela güldü.

"Bütün bunlar çok şirin ama bir ara işinin başına geri dönmeye de karar vermesi gerekecek. Şirket rakamları bu şekilde durgun gitmeye devam edemez."

Michael birden endişelenmiş gibi başıyla onayladı.

"O halde eski hayat arkadaşının mutluluktan ışıklar saçan haline daha fazla katlanmak zorunda kalmamak için hisselerini bana ne zaman satıyorsun?"

"Hiç boşuna bekleme."

"Fikrini değiştireceksin."

"Hisselerimi satarsam elime geçecek olanla yeni bir şey kurmayı düşünemem bile."

Michael'ın aşırı gerginlikten sürekli oynayıp duran yüzü birden hareketsizleşti. Ryan yırtıcının avında bir zayıflık sezdiğini anladı. Hafifçe zum yaptı.

"Yeni bir iş kurmak için destek olarak ikinci bir kaynak istiyorsan bunun için bir çözüm bulunabilir."

Angela gözlerini devirdi.

"Neymiş o?"

"Jonathan'dan aylık nafaka istemek yerine bir kerede büyük miktarlı tek bir sermaye isteyebilirsin."

Angela omuzlarını kaldırdı.

"Bir daha da hiçbir şey alamayacağım yani? Çılgınlık olur bu. Chloé daha yedi yaşında..."

"Tam tersine, böylesi daha akıllıca olur: Jonathan bu aralar o kadar tuhaflaştı ki hazır akıyorken doldurmanda fayda var. Alınmış olan alınmıştır."

Angela bu noktayı düşünür gibi göründü. Kaşlarını çatıp sessizce yemeye devam etti.

"Öyle bile olsa," dedi bir süre sonra, "zaten kabul etmeyecektir. Birikmiş parası yok. Bunu yapması mümkün değil."

Ryan, Michael'ın yüzüne zum yaptı. Adamın zafer kazanmışçasına gülümsememek için kendini zor tuttuğu belli oluyordu.

"Bir yolunu bulacaktır," dedi gizemli bir tavırla. "İnsan nakit bulmayı istediğinde her zaman bir çözüm yolu vardır."

Ryan dudak büktü ve bakışlarıyla terası taradı. Başka bir masada hararetle konuşmakta olan iki genç kız fark etti ve aletlerini onlara doğru çevirdi.

"Çok komik," dedi pullu gözlük takmış, saçları omuzuna kadar uzun olan esmer genç kadın. "Muhasebedeki kızıl saçlı çocuktan haberin var mı? Tekmeyi bastılar. Yazık oldu, süper tatlı bir oğlandı."

"Kim o?"

"Hatırlarsan canım, hani şu müşterilerin muhasebesiyle ilgilenen. Bazen kantinde görürdük ya, hep cam kenarına otururdu."

"Ah, şimdi hatırladım."

"Acayip tatlı bir şeydi."

"Yok canım, salağın tekiydi."

"Hayır, emin ol ki çok şekerdi."

"Hayır ya, geçenlerde parasını ödemediği bir müşteriyle ilgili olarak onu görmeye gittim. Müşteri numarası olmadan dosyasını çıkaramayacağını söyledi. Masama geri dönmek zorunda kaldım. O türden bir herifti işte."

"Sahi mi?"

"Evet ya, hem başka bir seferinde de yine ona işim düşmüştü. Odasına girdiğimde internetteydi. Ben yalnızca bir bilgi almaya uğramıştım o ise beni konuşması bitinceye kadar başında bekletti. İnsan bir saniye ara verip de ne için beklediğimi sorar, değil mi? Nerede? Salağın teki o herif..."

Esmer olan bir saniye için dudak büktü.

"Ah, evet," dedi sonunda. "Haklıymışsın, çok salakmış."

Ryan bir kahkaha patlatarak kaydı durdurdu.

Bakalım... 20 üzerinden 12. Yayımlıyoruz.

Bu sahne ona okuduğu bir psikoloji deneyini hatırlatmıştı. Hepsi durumdan haberdar olan bir grup oyuncuyu bir odaya toplamışlar. Sonra da içeri bir gönüllü yollamışlar, hani şu ay sonunu getirebilmek için bu türden deneylere kobay olmayı kabul ederek birkaç kuruş kazanmak isteyenlerden. Gönüllüye oyuncuların da kendisi gibi birer kobay olduğunu söylemişler ve deneyi yapacak araştırmacıların geç kaldığını, onları beklerlerken aralarında sohbet edebileceklerini bildirmişler. Herif deneyin çoktan başlamış olduğundan habersizmiş.

Bir süre sonra oyunculardan biri akla hayale gelmeyecek bir fikir öne sürmüş ve bizimki de doğal olarak buna karşı çıkmış. Bu hem çok büyük bir saçmalıkmış hem de işin aslı bu herifin değerleriyle çelişen bir şeymiş.

Sonra diğer oyuncular da fikirlerini belirtmeye başlamışlar ve hepsi de ilk adamın tarafında yer almış. Her biri aynı fikri desteklemiş ve bunun gerçek olduğunu öne sürmüşler.

Belli bir süre sonra kobayın zihinsel olarak çöktüğü görülmüş. Önce kuşku duyarak başlamış, biraz duraksadığı fark edilmiş, sonra o da diğerlerine hak verir gibi olmuş. Sonundaysa tamamen ikna edilmiş.

19

Chloé sevinçten çıldırmıştı. Bu halini görmek çok keyifliydi. Sonunda Jonathan verdiği sözü tutarak onu Doğal Tarih Müzesi'ne getirmişti.

Yeni tamirden çıkmış olan beyaz Chevrolet'yi park etti ve birlikte müzenin girişine yürüdüler. Kızın küçücük elini avucunun içinde hissetmek ona çok iyi geldi.

Hiç sabah sisi yoktu ve gökyüzü masmaviydi, hâlâ serin olan havada müzeye giden yolu çevreleyen çiçek açmış çalıların hafif kokusu salınıyordu. Küçük kafileler halinde müzeye akmakta olan turistlerden çeşitli dillerde konuşmalar duyuluyordu.

İçerideyse Amazonlarla ilgili sergi büyüleyiciydi. Dev bir sera içinde tropikal ormanın bir kısmı, on beş metreye yakın boylardaki, her bir taraflarından fışkıran salkım saçak sarmaşıklarında çeşit çeşit gür çalılık ve diğer yayılmacı bitkinin birbirine karışmakta olduğu ağaçlarla temsil edilmekteydi. Loş ışıklandırma, aslına yakın olan bir alaca karanlık yaratıyordu. Her yerde son derecede nemli bir atmosfer egemendi, sıcak ve yapış yapış hava tanınmayan egzotik bitkilerin ağır kokularını taşıyordu.

Duvarlardaki tablolarda Amazon Ormanlarındaki inanılmaz bitki türü çeşitliliği açıklanıyor, dünya genelindeki ecza firmalarının çoğunun, geleceğin ilaçlarını geliştirmede kullandıkları bitkileri buradan elde ettikleri, kimi zaman da bunun için büyük bir gizlilikle şamanlara akıl danıştıkları ve onların bilgilerinden esinlendikleri duyuruluyordu.

Pankartlarda tüketiciler yüzünden ormanın üzerinde kol gezmekte olan tehlike ve yok oluşun endişe verici olan hızı hatırlatılıyordu. Jonathan bunu görünce yüreğinde bir sıkışma oluşmasına engel olamadı.

Sergiyi gezdikten sonra büyük evrim salonuna geçtiler ve daha içeri girer girmez Chloé bir çığlık kopardı. Karşısında devasa bir dinozor iskeleti görmüştü. Açık duran ağzının içinde ürkütücü dişlerle dolu ölçüsüz büyüklükte bir çene görülüyordu. Sırf çenesi bile Chloé'nin bütün boyundan büyüktü!

Dev kemik yığının çevresini dolaştılar ama Jonathan'ın aklı hâlâ Amazon Ormanı'nda ve içinde bulunduğu tehlikedeydi.

Uygar insan sahip olduğu alanların biyolojik dengesini çoktan bozmuştu bile. Yüzyıldan kısa zaman içinde haşere ilaçlarıyla yapılan yoğun ekim ve dikimler yüzünden bir zamanlar binlerce böcek ve hayvan türünün yaşamakta olduğu bu diyarlar, yüz binlerce hektarlık bir alan üzerinde göz alabildiğine yalnızca tek bir tahıl türünün yetiştiği, ölü bir mekâna dönüşmüştü. Diğer bütün yaşam biçimlerinden neredeyse tamamen arındırılmış bir alan. Kocaman bir boşluk.

Jonathan öyle hissediyordu ki Amazon Ormanları'nın yok edilişi olmayacak bir iş, durdurulması gereken bir şey, çok büyük bir hataydı.

Chloé gözlerini dev iskeletten ayıramıyordu. Yanlarından, başlarında çok belirgin bir İngiliz aksanıyla konuşmakta olan bir rehber bulunan bir ziyaretçi grubu geçti.

"Soyları tükenmeden önce," diye anlatıyordu rehber kadın, "dinozorlar gezegenimizdeki bütün ekosistemlere egemen olan başat bir tür halini almışlardı. Artık onları avlayan hiçbir başka tür kalmamıştı ve hem karada hem denizde hem de havada hüküm sürmekteydiler. Bütün hayvanlar, bütün bitki ve ağaçlar onların insafına kalmıştı: Diğer bütün canlı varlıkları yok edebilecek kadar güce sahip olmuşlardı ve bu gücü kullanmaktan hiç çekinmiyorlardı..."

Jonathan, Margie'nin söylediklerini hatırlayarak gülümsedi: Dünya tarihinde kendini dayatmaya çalışanların hepsi sonunda parçalanmışlardır, demişti kadın.

"Hükümdarlıklarının son döneminde," diye sürdürdü İngiliz rehber, "dinozorlar giderek büyümüş ve şişmanlamışlardı. Bugün öne sürülen bütün varsayımlara karşın gizemini hâlâ korumakta olan ani yok oluşlarını önceden haber verecek hiçbir iz bulunmuyordu."

"Baba, acıktım!"

"Dinozorlar mı karnını acıktırdı, tatlım?"

"Daha fazla duramayacağım, çok açım!"

Çıkışa doğru yöneldiler ve hemen yakınlarındaki *fastfood* lokantasına girdiler. Jonathan kızı için dev bir sosisli sandviç, kendi için de kocaman bir hamburger aldı ve bunları bahçede gezerken yediler.

"Beğendin mi?"

"Çok lezzetli," dedi Chloé. "Sosu da dünyanın en güzel şeyi!"

Chloé'nin kendisi için fazlaca büyük olan bu sandviçi ısırabilmek uğruna küçücük ağzını zorlukla açışını izlemek çok eğlenceli oluyordu. Yedi yaşına gelmiş olduğu halde bebekliğindeki yüz hatlarından bazılarını hâlâ yitirmemişti; örneğin gülümsediğinde ortaya çıkan gamzeleriyle birlikte o güzel, yuvarlak yanakları. Onun yanında olmak, böyle keyifle karnını doyuruşunu izlemek büyük bir mutluluktu. Jonathan, ona baktıkça ailesi yerine işine adadığı onca yıl için hayıflanıyordu. Angela ona sitem etmekte haklıydı. Bunu kabul etmeye hiçbir zaman yanaşmamış, şirket için yapmış olduğu bütün yatırımların ikisinin mutlulukları için olduğunu öne sürmüştü hep. Onların geleceği için. Bu doğruydu gerçi ama şimdiki zaman da yeniden yaşanmıyordu. Yitirilen saniyeler geri dönmemek üzere geçip gidiyordu. Neyse ki artık bunun farkına varabilmişti. Chloé hâlâ çocuktu ve onunla olan ilişkisinin tadını çıkarmaya kesin olarak kararlıydı, iki haftada bir hafta sonu için bile olsa. Bundan sonra onunlayken cep telefonunu, e-postalarını, mesajlarını ve haber bültenlerini evde bırakacaktı.

"Senin hamburgerin de güzel mi?" diye sordu kız babasına.

"Fena değil, ama..."

Birkaç metre ötedeki bir bankın üzerinde yüzü tanıdık gelen bir adam oturuyordu. Jonathan onu nereden tanıyor olabilirdi ki? Adını koyamıyordu... Göz göze geldiklerinde adam hiç tepki vermedi.

Tabii ya!

"Geçen gün sizi televizyonda gördüm," dedi Jonathan yaklaşarak. "Amazon sergisiyle ilgili bir röportajdı."

Adam gülümseyerek başını salladı. Ormandan söz eden Amazon yerlisiydi bu. İnsanın birkaç gün önce küçük ekranda görmüş olduğu bir yabancıyla gerçek hayatta karşılaşması garip bir duyguydu.

"O gün söyledikleriniz beni çok etkiledi," dedi Jonathan. "Bu ormanın bu şekilde yok oluyor olması çok berbat bir şey, üstelik de para uğruna."

Yerli sessizce başını salladı.

"Başka ülkeler," diye devam etti Jonathan, "bunu durdurmak için Brezilyalılara baskı uygulamalı."

Yerli birkaç saniye boyunca onun yüzüne derin derin baktı.

"Öyle de diyebilirsiniz," dedi sonunda gizemli, neredeyse hoşgörülü bir tavırla.

Jonathan kaşlarını çattı. Diğer adam merhametli gözlerle sakince yüzüne bakmayı sürdürüyordu.

"Tam olarak ne demek istiyorsunuz?"

Yerli yumuşacık bir sesle, atalarının toprağını tehdit etmekte olan bir faciadan bahsetmiyormuşçasına küskünlükten yoksun olarak konuştu.

"Brezilyalılar ormanları soya tarlasına dönüştürmek için yok ediyorlar, sığırları beslemek için."

"Evet, biliyorum."

Adam Jonathan'ın yüzüne uzun uzun, öyle bir iyi niyetle baktı ki sonunda sessizlik rahatsız edici bir hal aldı. Neden sonra yerli yine aynı sakin ve uysal ses tonuyla konuştu:

"O sığırların kimin için yetiştirildiğini biliyor musunuz?"

Jonathan'ın bunu anlaması birkaç saniye sürdü. Anlayınca da donakaldı. Yutkundu. Hamburgeri tutmakta olan eli terlemişti. Kızardığını hissetti.

Ona sonsuzluk gibi gelen birkaç saniye boyunca, bu ağırbaşlı ve çelişkili biçimde merhametli adamın iyilik dolu bakışları karşısında öylece kalakaldı.

20

Dünya bizim bireysel edimlerimizin bir sonucudur.

Kendini değiştirmek daha iyi bir dünyaya doğru giden tek yoldur.

Yaşamanın güzel olduğu bir dünyaya doğru.

Bu fikir Jonathan'ın zihninde dönüp duruyordu. Yatağının içinde huzursuz, bir türlü uykuya dalamıyordu.

Yerlinin karşısında hissetmiş olduğu, suçluluk duygusuyla karışık o utanç şimdi kesin bir gerçeklik olarak gördüğü şeyi fark etmesini sağlamıştı.

Gandhi hiçbir zaman hükümete katılmadan Hindistan'ın tarihini altüst etmeyi, işe kendini değiştirmekle başlayarak başarmıştı. Onu bize her zaman sakin bir özgüven içinde, beyaz pamuklu kumaştan mütevazı entarisini giymiş, her türlü onursal unvanı reddeden biri olarak gösterirlerdi. Oysa gençliğinde İngilizlerin onayını kazanma umuduyla üç parçalı takım elbise giyen, hastalık derecesinde çekingen bir adam olduğu unutuluyordu. Onu bütün ordusu ve kurumlarıyla birlikte koca İngiliz imparatorluğundan daha güçlü hale getiren şey kendi iç evrimi, huzurlu, cömert, adil ve egosundan arınmış bir adama dönüşümüydü aslında.

Mandela da kapatılmış olduğu hapishane hücresinden Güney Afrika'nın tarihini değiştirmeyi gerçek bir iç değişim geçirerek başarabilmişti. Mandela'nın başlarda silahlı mücadele taraftarı olduğu ve bu nedenle hapsedildiği çoğunlukla unutulur. Oysa bu adam hapisteyken hayranlık uyandırıcı bir kişisel evrim geçirmiştir. Yalnızca şiddet karıştı bir barışçı olmakla kalmamış, aynı zamanda kendi düşmanlarını, onu tam yirmi yedi uzun yıl boyunca acımasızca esaret altında tutan işkencecilerini de bağışlayabilecek hale gelmiştir. Ülkesinin bu büyük değişimi göreceli olarak barışçıl biçimde yaşayabilmiş olması da onun affedebilme gücünü kendinde bulabilmesi sayesinde olmuştur.

Jonathan sonunda uykuya daldı ve o gece çok tuhaf bir rüya gördü...

Bulutların arasında uçuyor, sonra daha da yükselip beyaz pamuk denizinin üzerinde, sonsuz mavilikte bir gökyüzünde süzülüyor.

Rusya'nın üzerinden uçuyor ve aşağıda Lenin'i, sokakları doldurmuş olan devrimcileri görüyor. Büyük bir coşkuyla haykırmaktalar:

Eşitlikçi bir ülke istiyoruz.

Bulutlar geçiyor, kapkara. Nihayet geçip gittiklerinde Jonathan her yerde üst üste yığılmış olan milyonlarca ölüyü görüyor. Sonra yine bulutlar, arkasından gece bütün hızıyla akıp geçiyor. Jonathan kendini hafiflemiş hissediyor, gökyüzünde yavaş yavaş kendi çevresinde dönmeye başlıyor. Bulutlar altından geçiyorlar. Üzerindeyse gökyüzü siyah. Sonra ufukta yeniden ışık beliriyor, ürkek, beyaz. Aşağıda St. Petersburg kilisesinin altın kaplamalı çan kuleleri oklarını Jonathan'a doğru uzatmışlar. Çevrede modern binalar var. Sokaklarda otomobiller.

Lenin bir gökdelenin tepesine oturmuş. Omuzlarını kaldırıyor. Konuşuyor ama Jonathan bunun Margie'nin sesi olduğunu çok iyi biliyor.

Bütün bunlar sonunda dünyanın eşitlikçi olmaktan en uzak ülkesine, bugün zincirlerinden boşanmış kapitalizmin sahnesi haline gelmiş olan ülkeye dönüşmek için.

Çok güçlü bir rüzgâr esiyor. Jonathan buna karşı koyamayarak bulutlara çarpa çarpa olanca hızıyla doğuya doğru sürükleniyor. Şimdi artık Çin üzerinde uçuyor ve uzakta, aşağılarda Mao'yu görüyor, dudaklarında yarım bir gülümsemeyle yeni ekonomi politikasını duyururken:

İleriye doğru yapacağımız bu Büyük Sıçrayış tarım üretimimizi fazlasıyla artıracaktır.

Kapkara bulutlar bir araya toplanıyor. Hiçliğin içinden Margie'nin sesi yükseliyor:

Bundan sonraki üç yıl içinde Çin'de otuz milyon insan açlıktan ölecek...

Şimşekler gökyüzünü yarıyor ve karanlıkları paramparça ediyor. Bulutlar dağılıyor.

Jonathan Fransa üzerinde uçuyor, çocukluğunda çok sevdiği Burgonya'yı tanıyor. Vadilerdeki çayırlarda sığırların koşulduğu arabalar dolaşıyor. Bir ormanın arkasında Paris beliriyor. Dar, çamurlu, pis kokulu sokaklarda dört tekerlekli gezinti arabaları, faytonlar, arabacı çocukların çığlıkları. Ufukta güneş, çatılarda altın sarısına çalan bir ışık. Jakobenler kulübünde Robespierre hitap ediyor, samimi, idealist.

Yönetici sınıfın ayrıcalıkları kaldırılacak...

Sonra da giyotin, uçurulan kelleler, akan kanlar, ekşi kokular. Sokaklara dolup taşan yapışkan, kırmızı bir kütle caddelere doğru akıyor. Bütün Paris kırmızıya boyanıyor. Concorde Meydanı'nda Robespierre akan kanı seyrediyor. Önünden bir limuzin kendisini korumaya almış motosikletli polislerle birlikte geçip gidiyor. Kocaman motorların karşısında kan seli ikiye ayrılıyor. Robespierre alkışlıyor. İçeride bir adam samimi bir tavırla, hiç durmadan aynı sözleri yineliyor:

Ben vatandaşların hizmetindeyim.

Önündeki motorlarla birlikte limuzin, Royale Caddesi'ne doğru çıkıyor.

Ben vatandaşların hizmetindeyim.

Kortej sola dönüp Saint-Honoré Mahallesi'ne giriyor.

Ben vatandaşların hizmetindeyim.

Élysée Sarayı'nın sundurmasının altından geçip gidiyor. Adam limuzinden iniyor.

Ben vatandaşların hizmetindeyim.

Bir kırmızı halı onu bekliyor. Siyah ve altın sarısı tunikler giymiş, ucu kırmızı püsküllü külahları olan cumhuriyet muhafızları bir onur kıtası oluşturuyorlar. Adam halıyı boydan boya aşarak saraya giriyor, altından doğramalar ve ipek halılarla dolu salonların içinden geçip merdivene yaklaşıyor.

O kattaki garsonlar hemen esas duruşa geçiyorlar.

Beyaz eldivenli bir şef garson öne doğru eğilerek adama şarap sunuyor.

Bir aşçı reverans yaparak adama üzeri en iyi cinsten yiyeceklerle dolu gümüş bir tepsi gösteriyor.

Adam merdivenleri çıkıyor.

Yukarıda bir avlu dolusu danışman onun karşısında eğiliyorlar.

Bir aktris soyunuyor ve çıplak, nemli vücudunu adamın şiş göbeğine sürttürüyor.

Valeler ona kapıları açarak o geçerken yerlere eğiliyorlar.

Adam bürosunun girişinde duruyor. Sayısız yaldızlı kaplamalar ışıkları yansıtıyor. Adam arkasını dönüp bütün bu hizmetkârları, danışmanları, muhafız ve aşçıları süzerek şöyle diyor:

Vatandaşlar benim hizmetimdeler.

Tam o anda kafası şişmeye başlıyor, şişiyor, şişiyor. İçi havayla dolarak bir tulum gibi şiştikçe şişiyor, şekli bozuluyor, biçimsiz haliyle kocaman büronun yarısını kaplıyor. O sırada şiş dudakları tıpkı çok şişman bir balığın ağzı gibi sürekli açılıp kapanmaya başlıyor ve ağzından dışarıya bir rüzgâr üflüyor, üfledikçe üflüyor.

Bir gazeteci koşturarak geliyor ve başkanın ağzına doğru ucu genişleyen pembe, plastik bir mikrofon uzatıyor, mikrofonun yuvarlak başı sabunlu suyla sırılsıklam ıslatılmış, bundan köpükler çıkmaya başlıyor. Ardı arkası kesilmeyen baloncuklar...

Ancak adam şişmeye devam ediyor, ta ki sürekli bir ıslık sesi çıkararak bir anda gaz kaçırmaya başlayıncaya dek. O zaman delinmiş bir balon gibi havası kaçmaya başlıyor. İçinden gürültüyle çıkmakta olan gaz onu havaya fırlatıp odanın dört bir köşesine doğru savuruyor ve sonunda da açık pencereden dışarı fırlatıyor. Adam Élysée'nin avlusunda döne döne uçup durarak kırmızı halının üzerinden geçerken aynı anda başka bir adam da bu halının üzerinde yürüyerek hiç durmadan yineliyor:

Ben vatandaşların hizmetindeyim.

Aynı anda Seine Nehri'nin karşı kıyısında kafaları şişmiş onlarca milletvekili hep birlikte gaz kaçırmaya başlıyorlar ve millet meclisinin pencerelerinden aynı ıslık sesiyle dışarı fırlıyorlar. Saint-Germain semtinin üzerinden gürültüyle uçarak Lüksemburg Bahçeleri'ne kadar çıkıyorlar. Sonra da Senato'nun pencerelerinden içeri çekilerek içi boşalmış kauçuk birer kukla gibi sönük bir halde gevşekçe kırmızı kadifeden gösterişli koltukların üzerlerine düşüyorlar ve anında yellenme gürültüleri içinde uykuya dalıyorlar.

21

Gary elini sakalında gezdirdi. Karısının ölümünden beridir biriktirmekte olduğu onca derde karşın hâlâ siyah kalmış olması şaşırtıcıydı.

"Sessiz olun biraz çocuklar," diye haykırdı mutfağın küçük penceresinden avluda gürültü etmekte olan veletlere doğru. "Herkesi başıma toplayacaksınız!"

Bu yumurcaklar dayanılır gibi değildiler. Bütün bir yazı bu avluda ve bir mutfak bezi büyüklüğündeki bu bahçe parçacığında geçirmeleri katlanılabilecek şey değildi. Onlara neden bu kadar uzun bir tatil veriyorlardı sanki? Herhalde anne ve babaların canını sıkmak için! Hele bir yazın çalışacak yaşa gelseler o zaman oyalanabileceklerdi. Ama bu da yarın olacak iş değildi elbette...

Hem zaten bakması gereken bu afacanlar olmasa dükkânı da uzun zaman önce kapatmıştı bile. Başka iş yapıyor olurdu şimdi. Daha sakin ve kesinlikle müşterisiz bir iş. Müşteri demek cehennem demekti. Ne istediklerini bilmezler, sevecen olmazlar ve asla tatmin edilemezlerdi. Çok pişmiş, çok küçük, çok şekerli, çok sıcak, yeterince pişmemiş, çok büyük, yeterince sıcak değil, çok yağlı, yeterince şekerli değil, çok pahalı... Ayrıca bir de sürekli acelesi olanlar, yaydıkları stresle hamurların kabarmasına bile engel olanlar vardı. Bir de tam tersine bütün yaşam öykülerini anlatmaya başlayanlar, sanki kapının üzerinde psikolog ya da papaz yazıyormuş gibi.

Dışarıda yaramazların gürültüsü daha da artmıştı. Kendi babası olsa böyle bir şeye asla göz yummazdı. Şimdiye kadar çoktan köteği yemişti bile. Hamur küreğini yakaladı ve pencerenin camına birkaç kere sertçe vurdu. Dışarısı birden sakinleşti.

İnsanlar hiç de yardımsever değildi. Geçen gün rüzgârda uçup gitmek üzere olan storlarını kapatmayı tek başına bir türlü becerememişti. Lanet şeye karşı tek başına mücadele edip durmuştu. Kaldırımdan gelip geçen bir dolu insan vardı. Bir tanesi olsun yardıma koşmuş muydu? Nerede? Herkes kendi derdinde, başkasının sıkıntısı kimsenin umurunda bile değildi.

Kapı açıldı ve içeriye iyi giyimli, "yağlı müşteri" denecek türden genç bir kadın girdi.

"İyi günler, affedersiniz, yirmi dolar bozabilir miydiniz acaba? Parkmetre için..."

Gary kadının yüzüne bakarak başını iki yana salladı.

"Bozuğum yok."

Kapıda banka yazmıyordu herhalde. Baştan işi sıkı tutmak gerekirdi, yoksa işin suyunu çıkarırlar, bütün gün para bozdurmak için girip çıkarlar, sen de günün sonunda kendini kasada yalnızca bütün paralarla buluverirdin.

Gary fırından dumanı tüten, güzel kokulu *muffin* dolu bir tepsi çıkardı.

"On saniye daha kalsa," dedi küfreder gibi, kadın bana bütün tepsiyi yaktıracaktı.

Otuzlu yaşlarda bir adam dükkâna girdi. Gülümsüyordu. Demek şüpheli bir durum vardı. Gary kaşlarını çattı.

"İyi günler," dedi adam arkadaşlarıyla buluşmaya gelmişçesine neşeli bir sesle.

Gary başıyla selam verip bekledi.

"Jack Murphy," dedi öteki ona kartını uzatarak.

Gary ifadesiz gözlerle karta şöyle bir baktı ama onu eline almadı.

Jack Murphy, temsilci, The Chocolate Diamand Factory.

"Benden ne istiyorsunuz?"

Adamın yüzündeki gülümseme dondu, bu da suçlanabileceği bir şeyler olabileceğini gösteriyordu.

"Hiç, hiç," diye kendini savundu gülümsemesini koruyabilmek için şüpheli bir çaba harcayarak. "Yalnızca sizinle konuşmaya geldim."

Gary adamın yüzüne baktı, samimi bir ifade belirmesine yetecek kadar bir süre.

"Konuşacak havada olduğumdan emin değilim."

Öbür adam sanki dengesi biraz sarsılmış gibi kendini gülmeye zorlayarak kesik kesik öksürdü. İnsanların ağızlarındaki baklayı çıkarmaları için biraz sarsılmaları gerekiyordu. Haydi bakalım, tükür ağzındakini.

"Şirketim profesyoneller için çok cazip tarifeleri olan bir dizi damla çikolata üretiyor, düşündüm de isterseniz..."

"Bende yeteri kadar var."

"Ama..."

"Hayır, gerek yok. Bir ihtiyacım yok benim."

"Birlikte size ne kadar tasarruf ettirebileceğimize bakalım istemez misiniz?"

Gary içini çekti. Hayır, istemiyordu. Adamın gözünün içine baktı ve tek kelime daha etmedi. Hiçbir şey söylemeden öylece gözünü dikip baktı. En sevdiği taktikti bu. Sessizlik. Bir itirazda bulunmaya kalkıştığınızda bu heriflerin her şey için önceden ezberlenmiş, hazır yanıtları olurdu. O yüzden de en iyisi sessiz kalmaktı. Onlara tutunabilecekleri hiçbir dal vermemek. Bir çıkıntı olmayınca kayıp düşeceklerdi nasılsa.

Adam bir kere daha öksürdü, sonra da saatine baktı.

"Neyse... Ben artık gideyim."

Evet, git tabii.

"Hoşça kalın," dedi çıkarken.

Gary başını hafifçe oynattı.

Dışarıda yumurcaklar yine şamataya başlamışlardı.

Kapı daha kapanır kapanmaz yeniden açıldı ve bir müşteri içeri girdi. Bir "çok pişmiş"çi. Hemen arkasından bir tane daha. Tanıdık bir yüz. Zaman zaman kahvaltısını etmeye dükkâna gelen genç sigortacıydı bu.

Birkaç ay önce ona sigorta satmaya da çalışmıştı. "Sorunlardan korunmak için" demişti. Sorunlardan korunmakmış. Sanki bu mümkünmüş gibi. Ya beni enayi sanıyor ya da kendisi daha neyin ne olduğunu anlayamamış.

Eğer sorunlar her zaman varsa onlara artık sorun demezsin. Hayat dersin. Asıl her şey yolunda gittiği zaman şüphelenecek bir şeyler var demektir. İşte o zaman kafanın içinde kırmızı bir ampul yanıp sönmeye başlar ve kendi kendine şöyle dersin: Bir sorun var.

22

6-3; 6-2; 5-3.

Servis sarışın İsveçlinin karşısındaki Austin'deydi. Bir oyun daha alırsa maçı kazanıyor ve dördüncü turdaki yerini garantiliyordu.

Topu üst üste üç kere sektirdi, sahanın karşı tarafına doğru baktı ve üç kere daha sektirdi. Topu havaya fırlattı, kolunu geniş bir hareketle kaldırdı ve... O anda omzunda keskin bir acı duydu.

Topa hiç dokunmadan yere düşmesine izin verdi. Endişe içinde sol eliyle omzunu yokladı, ağrının yerini bulabilme umuduyla avuçladıysa da ağrı yok olmuş gibiydi. Omzunu yavaşça dört bir yana doğru oynattı, sonra da hafif hafif ovdu. Hayır, hiçbir şey yoktu. Yalnızca ters bir hareket, hepsi o kadardı.

Yeni bir top aldı. Üç kere sektirdi, sahanın karşı tarafına baktı, üç kere daha sektirdi. Top havalandı, kolunu kaldırdı ve şiddetle vurdu.

Ağrı omzunu yırtıyordu.

Olduğu yerde durarak, hiç kıpırdamadan topun kendisine geri gelmesine izin verdi.

0-15, dedi hakem.

Seyirciler alkışladı.

Çok yazık. Bu oyunu verecek, omzunu koruyacak, sonra da bir sonraki oyuna başlamadan önce doktora görünecekti.

Bir sonraki atışta *underhand* servis kullandı, zamanında Michael Chang'ın bazen başvurduğu taktik.

Rakibi buna o kadar şaşırdı ki topu neredeyse fileye kadar koştuktan sonra, ancak son anda yakalayabildi. Austin bir aşırma yaparak sayıyı kazandı.

15-15, dedi hakem.

Ancak bundan sonraki servisler, hepsi *underhand* olduğundan artık İsveçliyi şaşırtmadı. Oyunu onun kazanması için beş dakika yetti de arttı bile.

Austin oturmak üzere iskemlesine doğru giderken duyduğu alkışlar ona kendi evindeyken bile seyirci avantajına sahip olmadığını hatırlattı. Yorumcular onu duyarsız biri olarak göstere göstere sonunda seyircileri kendisinden soğutmuşlardı.

Doktor koşarak yanına geldi ve onu muayene etti. Teşhis çabuk kondu: Omuz kasında akut tendinit. Adam çantasından hemen bir soğutucu sprey çıkardı ve ürünü ağrıyan omuzun üzerine püskürttü. Austin beyaz kristallerle kaplanan derisinin üzerinde buz gibi gazın yayılışını hissetti.

"Kolunu ger," dedi doktor. "Ne hissediyorsun?"

"Offf."

Üç dakikalık dinlenme süresi dolmak üzereydi. Oyuna dönmek gerekiyordu. Ama nasıl yapacaktı? Austin yaşamakta olduğu şeyi fark edemiyor, kabullenemiyordu. Böyle aptalca bir nedenle düşlerinin paramparça olmasına seyirci kalamazdı. Yaşamının turnuvası, kırılacak rekor, tarihe geçmek... Bütün bunlara karşılık bir tendinit... Bu gerçek olamazdı, rüya görüyor olmalıydı.

Herhalde geceydi, şu anda rüya görüyordu. Bana rüyada olduğumu söyleyin...

"*Zaman doldu.*"

Gücünü toplayacak ve her zaman olduğu gibi yine sonuna kadar savaşacaktı. Pes edemezdi. Asılacaktı. Nasıl yapılacağını pekâlâ da biliyordu.

Sahanın sonuna kadar yürüdü. İsveçli servise hazırlanıyordu. Sporcunun tavırlarında hiçbir seyircinin fark edemeyeceği kadar minicik bir değişiklik vardı ama Austin bunu biraz gözlerinde birazcık da duruşunda görebiliyordu. Çok ince ama çok önemli bir fark: İsveçli kazanacağına inanmaya başlamıştı. Bu hissedilebiliyor, görülebiliyordu. Austin ise bunun ne anlama geldiğini biliyordu. Üst üste on bir aydır çıktığı bütün maçları kazanmış olan bir sporcuyla karşı karşıya bulunmanın fikri bile rakiplerinin birçoğunu korkutmuş, en azından zayıflatmıştı. Austin sahada bir tenisçiyle karşı karşıya geldiği anda onun gözlerinde kazanacağına aslında hiç inanmadığını görebiliyordu, oysa kendisi zaferinden bir an olsun kuşku duymuyordu.

Karşısındaki ufaklık rakibine iki top gönderdi. Yıllardır ilk defa bu ilişki tersine dönebilirdi. Austin ağrının geri gelerek onu engelleyeceğinden çekiniyordu. Bu çekince ve zihnine akıtmakta olduğu hafif kuşku bile başlı başına bir sorundu. Austin deneyimleriyle gayet iyi biliyordu ki bir sporcunun özgüveni karşısındakinin kuşkusuyla buluştuğu zaman sonuç önceden o kadar belli olurdu ki maçın oynanmasına bile gerek kalmazdı.

O anda haykırmaya çalışan bir seyircinin sesi boğuk bir ciyaklama içinde yitip gidince gülüşmeler oldu ve Austin bir an için tribünlere doğru döndü. Her zaman dikkati o kadar oyununa yoğunlaşmış olurdu ki bunu daha önce hiç yapmamıştı. Hiç beklenmedik bir şekilde kendisiyle en son röportajı yapmış olan, onu soğuk ve başkalarına karşı kayıtsız olarak nitelendirmiş gazeteci kadınla göz göze geldi. Kadının gözünde gördüğü bakış onu derinden yaraladı: Gülümsüyordu. Onu bu şekilde acı içinde görmek kadını gülümsetiyordu. Kendisini hiçbir şey hissetmemekle suçlamış olan kadın şu anda onun... Hissetmekte olduğu acı karşısında eğleniyordu.

Bu tavır Austin'i sarstı, isyan ettirdi. İçinde bir öfkenin yükseldiğini hissetti. Ağır, kuvvetli, acımasız bir öfke bütün bedenini ele geçirerek ciğerlerini intikam duygusuyla doldurdu. Kolundaki bütün kasların kasıldığını, gücünün yerine geldiğini, onu yerinden kaldırarak taşımaya başladığını hissetti.

Rakibinin yüzüne baktı ve gözlerinde onun da bu değişikliğin farkına varmış olduğunu gördü. O da fark etmişti, biliyordu.

Artık hiçbir şansının kalmadığını biliyordu.

23

Selam Jonathan,

Sana bu küçük e-postayı kafenin terasındaki son görüşmemizden sonra çok düşündüğümü söylemek için yazıyorum. Benim açık sözlülüğümü sen de bilirsin, o yüzden lafı çok dolandırmayacağım: İşe geri dönmemeyi tercih ettiğin bana çok açık görünüyor. Seni fazlasıyla formda, olumlu ve keyifli gördüm, şirkette çalıştığın zamanlarda olduğundan çok daha fazla. Belki de aslında bu iş daha en başından sana göre değildi ve şimdi de meslek değiştirmen daha iyi olabilir.

Bu aynı zamanda Angela'yla ilgili sorunu çözmek açısından da iyi olacaktır. Birbirinizi her gün görmeye devam etmenin çok sağlıklı bir davranış olmadığını herhalde sen de kabul edersin.

Eğer sen de benimle aynı fikirdeysen, hiç kimse için tatmin edici olmayan bir durumu sürüklemektense bir an önce harekete geçmekte fayda var.

O halde önerim şu: Sana hisselerini satın alabileceğimden daha önce de söz etmiştim. Öylesine ortaya atmış olduğum bir fikirdi bu, o yüzden de bu konuyu sana yazarak anlatmam ve özellikle de önerdiğim koşulları belirgin hale getirmem bana daha doğru göründü.

Araştırdım; şirketin cirosunu, marjını, kârını ve hâlâ kırılgan bir durumda bulunduğunu göz önüne aldığımızda toplam değeri 450 bin doları aşmıyor. Sen hisselerin üçte birine sahipsin. Bu durumda ben sana 150 bin dolar ödemeye hazırım. Bu da fena bir tutar sayılmaz, kolay kolay bulunacak para değil bu.

Bana herkes için, en çok da sen ve Angela için en doğru çözüm bu gibi görünüyor.

İşte böyle, düşün ve cevabını bana hızlıca bildir. Bütün evrakların hazırlanması için avukatın da biraz zamana ihtiyacı olacaktır.

Ciao bello[1]*,*

Michael.

Jonathan cep telefonunun ekranını kapattı ve onu cebine yerleştirdi. Michael ona bu teklifi daha önce de sunmuştu gerçekten ama şimdi yazılı olarak, rakamlarla birlikte görmek tuhaf oluyordu. Sanki böylece iş gerçekleşmiş gibi olasılığı daha gerçek hale getiriyordu. Jonathan yüreğinde bir sıkışma hissetti. Gerçi mesleğinde hoşuna gitmeyen kimi yönler olduğu doğruydu ama bu apaçık teklif ona şu an için her şeyi bırakıp gitmeye de hazır olmadığını fark ettirmişti. Bu şirketi ortaklarıyla birlikte sıfırdan kurmuşlardı. Bir anlamda onun için ikinci çocuğu gibiydi. Bu yüzden de Angela'yla ayrılmış olmalarının sorun yaratmakta olduğu gerçek olabilirdi ama bir başka gerçek de çocuklarının velayetini almış olan Angela'nın bunu bırakmaya hiç niyeti olmamasıydı.

Jonathan, Gary'nin dükkânının kapısını itti. Taze çekilmiş kahveyle karışık sıcak hamur işlerinin kokusu onu karşıladı.

"Günaydın," dedi Jonathan.

Gary karşılık olarak anlaşılmaz bir şeyler homurdandı.

---

1 (İt.) Hoşça kal, yakışıklı. (ç. n.)

"Bir sade *muffin* ve bir tane de kuru üzümlü lütfen."

"Burada mı yiyeceksiniz?"

"Paket olacak."

"İki dolar, otuz beş sent," dedi Gary *muffin*leri beyaz kâğıttan paketlerine sararken.

Jonathan ona bir onluk banknot uzattı. O sırada telefon çaldı ve Gary bozuk paraları çıkarırken bir yandan da telefonu açtı.

"Ne var?" diye sordu kötü günlerine özgü sesiyle. "Ha? Ne?"

Tezgâhın üzerine on yedi dolar ve altmış beş sent bıraktı.

"Hiçbir şeye ihtiyacım yok benim," diye söylendi Gary. "Hayır, yok."

Sakalının içinde küfrü basarak telefonu kapattı. Jonathan hoşnut gülümsemesini bastırmaya çalışarak bozuklukları cebine attı. Demek şanslı günündeydi, ilk defa onun yararına bir hata yapılmıştı.

"İyi günler," dedi arkasını dönerken.

"Günler," diye mırıldandı öteki.

Jonathan kapıya doğru yürüdü ancak az önce hissettiği hoşnutluk birdenbire tuhaf başka bir duyguya dönüşmüştü. Hiç tanımadığı, yabancı bir duyguya. Durdu ve düşünmek için hiç zaman harcamadan, bir çeşit içgüdüye boyun eğercesine yeniden arkasına döndü.

"Sorun mu var?" dedi Gary kaşlarını çatarak.

"Bana on dolar fazla vermişsiniz."

Jonathan banknotu tezgâhın üzerine bıraktı. Gary hiçbir şey söylemeden parayı alıp kasaya koydu.

Jonathan dükkânı bir kere daha aşarak sokağa çıktı. Serin havayı ciğerlerine doldurdu. Kendini birdenbire çok hafif, çok iyi, çok gururlu hissetmişti. İyi bir insan olduğunu bilmenin verdiği basit ama şahane duygu. İnsanı derinden sevindiren bir duygu.

Gökyüzü ona her zamankinden mavi, güneşse çok daha parlak göründü. Yoldan geçen bir kadın onun önünden geçtiği sırada ona gülümsedi.

Kafenin terasına kadar yürüdü ve çok sayıdaki müşterinin arasında bir yer bulup oturdu. Yüzlerini tanıdık bulduğu müdavimlerle birlikte yabancılar ve turistler de vardı. Terasın öteki ucunda yalnız bir kadın donuk bakışlı gözlerini dikmiş, önüne bakıyordu.

Bir kahve siparişi verdi.

Yanındaki masada oturan gençler aralarında gülüşüyorlardı. Biraz daha ötedeki yalnız kadının çok üzgün bir hali vardı. Hiç tanımadığı bu kadının belirgin keyifsizliğiyle kendi apaçık neşesi arasındaki zıtlık rahatsız ediciydi.

Bakışını kadından çevirip ilgisini yanı başında gülüşmekte olan gençlere yöneltti. Onların bu neşeli kaygısızlıklarını görmek keyif vericiydi. Her birinden olumlu, hafif, heyecan verici birer hava fışkırıyordu.

Dumanı tütmekte olan kahvesi geldi. Soğumasını beklerken *muffin*lerinden birini kemirmeye başladı. Çok lezzetliydi. Gary kadar nahoş bir adam nasıl olup da bu kadar lezzetli şeyler pişirebiliyordu?

Yan taraftaki gençler neşeli sohbetlerini sürdürüyorlardı ve onların bu keyiflerini hissetmek Jonathan'ın da hoşuna gidiyordu.

Ancak bir süre sonra kendini yeniden yalnız kadına bakmaktan alıkoyamadı. Onun varlığını aklından çıkarmayı başaramıyordu. Kadın hâlâ aynı somurtkan havayla oturuyordu.

Jonathan uzun bir süre onu inceledikten sonra birden aklına bir fikir geldi ve garson kıza işaret etti. Kız kırmızı bağcıklı, gülünç beyaz spor ayakkabılarıyla yanına yanaştı ve Jonathan alçak sesle konuştu. Garson kız onu duyabilmek için eğilmek zorunda kaldı.

"Şu tarafta, terasın köşesinde oturan kadını görüyor musunuz?"

"Hangisi? Saçları uzunca olan esmer kadın mı?"

Garson kız kopkoyu bir Texas aksanıyla konuşuyordu.

"Evet, o. Ona bir kahve götürüp adını vermek istemeyen biri tarafından ısmarlandığını söyleyin. Kahveyi de benim hesabıma yazın."

"Vay canına, bunu yapabileceğimden emin değil..."

"Küçük bir iyiliği herkes yapabilir," dedi Jonathan kararlı bir sesle.

Kız başını salladı ve Jonathan söylediklerinin mi yoksa kendine olan güveninin mi kızı ikna ettiğini merak etti. Birkaç dakika sonra kızın esmer kadına doğru ilerleyip masasına bir kahve bıraktığını gördü. Kadın başını iki yana salladı ve aralarında birkaç sözcük konuştular. Sonra kadın çevresine bakındı. Jonathan kahvesine batırdığı *muffin*'ini ısırdı. Görüş alanına kırmızı beyaz spor ayakkabıların girdiğini ve yanından geçip gittiğini fark etti.

Bir dakika kadar bekledikten sonra doğru yöne bir göz atabilmek üzere kafasını kaldırabilmek için büyük bir yudum kahve içti.

Kadın deminki oturuşuna geri dönmüştü ama şimdi dudaklarında hafif bir gülümseme, gözlerinde parıldayan küçücük bir ışık vardı.

Jonathan, Gary'nin dükkânından çıkarken hissetmiş olduğu o güçlü duyguyu içinde bir kere daha buldu. Öyle zevkli bir duyguydu ki bu, sürekli olarak bu durumda kalabilmek uğruna veremeyeceği şey olmazdı.

Daha eski yıllarda buna yakın bir duyguyu düzenli olarak hissettiğini hatırlıyordu. Kariyerinin başındayken, sigortacılık yapmaya yeni başladığı zamanlardaydı. İnsanlara yaşamın zorlu darbelerine karşı korunacakları bir şeyler, sığınacakları bir yerler sağlıyordu ve bu sayede de huzurlu bir yaşam sürüyordu. Bu işi yapmanın ona nasıl bir sevinç verdiğini şimdi hatırladı. Başlarda. Yalnızca en başlarda. Sonradan bu sevinç gitgide azalmış, mesleki gereklilikler, Michael karşısında giriştiği rekabet ve giderek artan kişisel gereksinimleri onu nüfuzunun sürgüsünü kendi çıkarından yana çekmeye zorladıkça da tamamen ortadan kaybolmuştu.

Yavaş yavaş, farkına bile varmaksızın bütün bu şeylerin kendisini yoldan çıkarmalarına izin vermiş, onu bu yola sürüklemiş olan görevi yerine getirmektense elde edeceği sonuçlar uğruna çalışmaya başlamıştı. Gitgide dikkatini ele geçirmekte olan bu şeyler sonunda onun için bir motivasyon kaynağı halini almışlardı. Sanki ikinci bir motor takılan bir arabada ikinci motorun yavaş yavaş ilkinin yerini alarak aracı garaj yoluna doğru sürüklemesi gibiydi.

Bu şekilde davranarak sonunda kendini kaybetmiş, yüreğinin sesini dinleyerek, kendi değerleri doğrultusunda hareket etmenin verdiği sevinçten doğan en saf ve en yalın duygulardan uzaklaşmıştı.

"Başka bir isteğiniz var mı?" diye sordu garson kız ikinci hesap pusulasını da masasına bırakırken.

Jonathan başını kaldırıp ona gülümsedi.

"Başka bir şey yok, teşekkürler."

Kızın kolunun altında menüyle uzaklaşmasını seyretti.

Önünde kalan zamanı nasıl yaşamayı istediğini artık biliyordu. Hangi duyguyu hissetmeyi istediğini ve onu nasıl elde edebileceğini biliyordu.

24

Raymond, Stella'nın Yeri'nin kapısını itti ve bara oturdu.

Sipariş vermesine gerek kalmadan birasını getiriyorlardı. Bu ayrıcalıktan her yararlanışında içinde bir parçacık gurur da hissetmiyor değildi.

Zaten kızarmış olan ten rengini iyice ortaya çıkaran kırmızı bir kasketin altına sokuşturduğu darmadağınık sarı gri saçlarıyla Raymond, Flushing Meadows'ta görevli kameramanların en kıdemlisiydi. Kırk bir yıllık hizmeti vardı. Yani aşağı yukarı öyle sayılırdı, çünkü aslında işe bum operatörü olarak başlamıştı. O yıllarda bu iş böyle yürüyordu: İlk üç yıl boyunca mesleği öğrenmek, kameramanı gözlemlemek, onun nasıl davrandığına, röportajı yapılan kişi fazla heyecanlı olduğunda kendini unutturmak için neler yaptığına dikkat etmek için bum çalıştırılırdı. Bu sayede kol kasları da güçlenirdi. Bum ağır bir şey değildi gerçi ama çeyrek saat boyunca hiç kımıldamadan tutulduğunda kol kaslarını, bugünün gençlerinin spor salonlarında kaldırdıkları ağırlıklardan çok daha fazla ısıtırdı. Mesleğe hazırlıklı olmak için de güçlü kollar şarttı. Çünkü o yıllardaki kameralar bira fıçılarından daha ağır oluyordu.

"Selam Ray, ne haber?"

"İdare eder."

Roger Federer, yanında koçu ve iki de basın sözcüsüyle birlikte geçip gitti.

Başka hiçbir şey Raymond'a, bir sporcunun kendisine adıyla seslenmesi kadar zevk veremezdi. Deneyiminin, görevinin değer görmesi anlamına geliyordu bu. Çünkü o sporcular için türlü zahmetlere girer, onları en iyi açıdan çekebilmek, en iyi ışıkta yakalamak, kusurlarını silip onları en güzel, en güçlü, en insani halleriyle gösterecek ifadeleri bulabilmek için uğraşırdı. Başlı başına bir sanattı bu ve çoğu sporcu da onlar için neler yaptığının hiçbir zaman tam olarak farkında olmasalar bile ona minnettardılar.

Okuldan yeni çıkmış genç kameramanlar gibi değildi o. O çocukların kafalarını bulanık kuramlarla doldururlar ama mesleğin esasını hiç öğretmezlerdi. Sonuç olarak bunlar da daha ellerine bir kamera bile almadan çalışmaya başlar başlamaz kendilerini Stanley Kubrick sanırlardı.

Raymond kasketini kaldırıp kafasını kaşıdı ve sonra onu tekrar indirdi. Bu kırmızı kasket onun gururuydu. Onu takmaya başlayalı otuz bir yıl olmuş, o günden bugüne de hiç çıkarmamıştı. Boşuna da değildi, insan Jimmy Connors'un şahsen hediye ettiği bir kasketi kolay kolay çıkaramaz. Evet ya, bizzat Jimmy Connors. Bir maçı kazandıktan sonra verdiği röportajı Raymond filme çekiyordu. Connors'un keyfi acayip yerindeydi, sorulara esprili yanıtlar verip duruyordu, derken birdenbire kasketini çıkarmış ve öylece Raymond'un kafasına geçirivermişti. Sonra da soyunma odasına yürümüştü. Raymond o gün sevincinden ağlamıştı.

Bir yudum bira içti. Turnuvaların kulislerinde yaşanılan bütün bu suç ortaklığı anları... Dünyayı verseler başka bir kariyer istemezdi. Mesleğini de sporcuları, gazetecileri, bütün personeli de o kadar çok seviyordu. Sahanın yıldızlarına yakın olmaktan ne kadar heyecanlandıklarını görebildiği top toplayıcı çocukları bile.

Birden Austin Fisher'ın koçu Warren içeri girdi, Federer'in eski antrenörünün önünden geçerken başıyla küçük bir selam verdi ve barda biraz ötede bir yerde ayakta durdu. Bir kahve ısmarladı.

Biraz soğukça bir adamdı Warren, ellilerindeydi, birazcık gizemliydi. İyi kesilmiş saçları gibi gözleri de kapkaraydı. Raymond ondan çok fazla hoşlanmıyordu ama sonuçta herkesin karakteri kendineydi.

Stella'nın Yeri sporcuların, gazetecilerin ve personelin buluşma noktasıydı. Herkes buraya biraz gevşemeye gelirdi çünkü Stella'nın Yeri'nde kayıt yapılmazdı. Âdet böyleydi. Bütün sohbetler kayıt dışıydı. Ayrıca burada hiç seyirci de olmazdı, yalnızca profesyoneller.

Rakip bir kanalın gazetecisi olan Chuck Vins, dudakları kalp şeklinde boyanmış, güzel bir sarışın olan asistanıyla birlikte içeri girdi. Daha üç adım yürümemişti ki Warren elini kaldırıp ona doğru salladı. Chuck onun yanına gitti.

"Austin son röportajınızdan hiç hoşnut kalmadı," dedi Warren buz gibi bir sesle. "Ben de öyle. Ona biraz fazla yüklendiniz. Biraz da olsa övebilirdiniz. Dünyanın bir numaralı tenisçisi o, Chuck. Biraz gayret gösterin."

Chuck Vins zorla gülümsedi ve hiç karşılık vermeden, başını dimdik tutarak yürüyüp geçti.

Raymond gördüğüne inanamadı. Profesyonel bir koç bir gazeteciye karşı nasıl bu kadar yanlış davranabiliyordu? Bu şekilde sitemde bulunmak bir anlamda intihar demek oluyordu.

Hiçbir şey olmamış gibi kahvesini içmekte olan koça bir süre daha baktı. Görünüşe bakılırsa yaptığının farkında değildi. Onu uyarmak, hata yaptığından haberdar etmek gerekirdi. Çünkü sonunda bunun cezasını Austin çekecekti kuşkusuz. Gazeteciler ne söylemeleri gerektiğinin kendilerine dikte edilmesinden hiç hoşlanmazlar. Chuck öcünü bir sonraki röportajında alacaktı: Bu seferki bir öncekinden çok daha sert olacaktı. Orası kesindi. Zavallı Austin... Başı basınla zaten dertteydi. Ona yardım etmek gerekiyordu.

Raymond uygun anı kolladı ve Warren başını onun tarafına doğru çevirdiğindeyse kendini suya attı.

"Beni ilgilendirmez ama az önce gazeteciye söyledikleriniz onu karşınıza almanın en iyi yoludur. Gerçekten. Ben kamerama ne kadar bağlıysam bu adamlar da özgürlüklerine o kadar bağlıdır. Eğer onların sizi rahat bırakmalarını sağlamayı başaracağınızı düşünüyorsanız, beni ilgilendirmez ama sözleriniz ters tepki yapacaktır. Bunu sizin iyiliğiniz için söylüyorum ha, özellikle de Austin'in iyiliği için..."

Warren yüzünde en küçük bir ifade belirmeksizin onu dinledi.

"Haklısınız," dedi. "Sizi ilgilendirmez."

25

Jonathan menüyü gözden geçirdi. Ortaklarıyla öğle yemeği yemeyeli epey zaman olmuştu.

Zaman zaman Michael ona doğru alışık olmadığı türden bakışlar atıyordu. Davranışlarını incelemekte olduğu seziliyordu. Herhalde göndermiş olduğu e-postaya vereceği tepkiyi merak ediyordu.

"Organik yemekleriniz var mı?" diye sordu Jonathan garsona.

"Hayır, kusura bakmayın."

"O halde ben... Şey... Karışık sebze tabağı alayım."

"Bir panga fileto," dedi Angela.

"Bana da biftek," dedi Michael.

"İyi pişmiş mi?"

"Kanlı."

Garson uzaklaştı.

"Sakın bana organik ürünlerle beslenmeye başladığını söyleme," dedi Michael.

"Başladım."

"Tamamen mi?"

Jonathan başıyla onayladı.

"Sahi mi?" dedi Michael gülmekten ölmek üzereyken. "Peki fiyatlarına hiç baktın mı? Asrın soygunu bu!"

"Ürünlerini doğrudan satan bir küçük çiftçiler birliğine başvurursam bana çok pahalıya mal olmayacaktır. Ayrıca yerel olacağı için ulaşım derdi de yok, dolayısıyla çevreyi de daha az kirletiyor."

Michael gözlerini devirdi.

"İyi de organik yemeyi nereden çıkardın?"

Jonathan duraksadı. Ne yanıt vermeliydi? Önyargılara karşı savaşılmazdı...

Zaten Michael da yanıt beklemeden konuşmaya devam etti.

"Küçük çiftçiler iyidir, hoştur ama her şeyi bulamazsın. Sana ancak sebze ve meyve verebilirler, onlar da her mevsim değil. Et bulamayacaksın. Senin o birliğe danalarıyla, kuzularıyla gelebileceklerini mi sanıyorsun? Bu işlerin yazılı kuralları var, resmî kesimevleri, veteriner denetimleri, dağıtım ağları var."

"Dana ve kuzu etini bıraktım ben zaten."

Şaşkın bir sessizlik.

"Neden?"

"Artık bebek yememeye karar verdim."

Angela aperatifini içerken az kalsın boğuluyordu. Michael gülmeye başladı.

"Peki ya sığır?"

"Sığırı da çok daha az tüketmeye karar verdim, Amazon Ormanlarını korumak için. Bu da organik ürünlerin ticaretinin yüksek fiyatını dengeliyor."

"Nereden çıktı bunlar?"

Jonathan da bir yudum içti.

"Bossuet'nin sözlerini hatırladım diyelim."

"Bossuet mi?"

"Burgonyalı bir on yedinci yüzyıl yazarı. Biliyorsun ya, benim çocukluğum Burgonya'da geçti..."

"Ne demiş senin şu Burgonyalı?"

"Tanrı, bayıldıkları nedenlerin sonuçlarına ağlayan insanlarla çok eğlenir."

"Siktir, bayağı derinmiş."

"Aslında... Toplumdaki kötülükler hakkında ileri geri söylenmektense sorumluluktan payıma düşeni üstlenmeye karar verdim. Başkalarına ders vermek yerine kendi kendimle barışık olmamın benim için daha önemli olduğunu fark ettim."

"Bu yüzden de bundan sonra organik ürünlerle beslenebeceksin..."

"Evet, mümkün oldukça... Gerçekleri daha fazla görmezden gelmek istemiyorum. Hayvanları yemek normal bir şey olabilir ama ben öncesinde bir yaşam sürmüş olmalarını tercih ederim. Gerçek bir yaşam, açık havada, mümkün olan bütün özgürlüğe sahip olarak. Hem ayrıca hormon, antibiyotik, böcek ilacı ve GDO yemekten de bıktım usandım artık... Kimyasallarla değil gıdalarla beslenmek istiyorum."

Son birkaç dakikadır ortakları ona sanki transseksüel olduğunu, adının da bundan böyle Rosanna ya da Pamela olacağını söylemiş gibi bakıyorlardı.

"Bana dayatılan bu pislikler yüzünden ölmektense ecelimle ölmeyi istiyorum," diye ekledi Jonathan.

Diğerlerinin inanmaz bakışları hâlâ üzerindeydi.

"Eskiden çok sevdiğin bütün bu şeylerden vazgeçersen," dedi Angela, "daha uzun yaşayacağına mı inanıyorsun?"

"Daha uzun yaşar mı orasını bilemem," diye araya girdi Michael. "Ama yaşamının ona daha uzun geleceği kesin!"

Sonra da bitmek bilmeyen bir kahkaha patlattı.

"Belki de tamamen haksız sayılmaz ama," dedi Angela.

Jonathan başını kaldırıp ona doğru baktı. Ayrıldıklarından bu yana ilk defa söylediği bir şeyi destekliyordu.

Birden Margie'nin söylediklerini hatırladı. Halasını her gördüğünde kendisine Angela'yla konuşmasını öğütlüyordu. Ama o bunun için gereken cesareti bulabilecek miydi?

Yemekleri geldi. Michael kendi yemeğine bir göz attı. Jonathan bir an bekledi.

"İşimin başına dönmeye karar verdim," dedi birden.

Michael elinde çatalıyla etinin ilk lokmasını yutmaya hazırlanıyordu. Ağzı açık öylece kalakaldı.

Sığır eti konusundaki fikrini değiştirmiş miydi yoksa?

26

"Bay Jonathan Cole!"

"İyi günler Bay Chatterjee. Nasılsınız?"

"Fena değil, fena değil. Uzun zamandır görüşmemiştik, buyurun, sizi dinliyorum."

Bay Chatterjee şehir merkezinde bir hırdavatçı dükkânı işletiyordu. Neredeyse sağlığa zararlı, eski bir binanın giriş katındaki biçimsiz bir alana kurulu geniş bir yerdi bu. Hiçbir mantığa uymaksızın, karmakarışık yığılmış her çeşit ve renkte mal dükkânın dört bir köşesinde, duvarlarda, tavandan aşağı asılı ya da raflardan tavana uzanacak şekilde üst üste konmuş, aralarındaki dar koridorlardan geçebilmek içinse ancak sürünecek kadar yer kalmıştı. Havada süzülen belli belirsiz tütsü kokusu dükkân sahibinin Pakistan kökenli olduğuna dair tek ipucuydu.

"Sözleşmelerinizi gözden geçirdim ve bir şey fark ettim."

"Durun tahmin edeyim: Bana satacak yeni bir sözleşme buldunuz."

Jonathan gülmeye başladı.

"Aslında tam tersi. Sözleşmelerinizden bazılarının aynı riski birkaç kere karşıladığını fark ettim. Özetle aynı koruma için birkaç kat fazla ödeme yapıyorsunuz. Ben de her şeyi yeni baştan hesapladım ve böylece ayda seksen dokuz dolar tasarruf edebileceksiniz."

"İyi haber!"

"Evet, sevineceğinizi tahmin etmiştim."

"Peki, başka bir şey yok mu?"

"Nasıl yani?"

"Bana satacağınız başka bir şey?"

"Hayır."

"Bana yalnızca bunu söylemek için gelmediniz herhalde."

"Şey... Aslında öyle. İyice kontrol ettim. Dediğim gibi, bence şimdi hesap tamam oldu."

Bay Chatterjee hayretle onun yüzüne baktı.

"Eh... Size bir fincan masala çayı ikram edebilir miyim?"

Haftanın geri kalanı şahane geçti. Jonathan kariyerinin ilk zamanlarındaki çalışma şevkine kavuşmuştu. Müşterilerini ziyaret ediyor, sözleşmelerini gerçek gereksinimlerine uygun olarak yeniden düzenliyor, yararlı olduğu durumlarda onlara yeni korunma yolları öneriyordu. Yepyeni bir atılımın, yeni bulunmuş bir enerjinin kendisini taşımakta olduğunu hissediyordu. İşi onun için yeniden anlam kazanmıştı. Misyonu, yerine getirmekte olduğu görevi onu mutlu kılıyordu.

Cuma günü olunca kafenin terasında Angela'yla bu kez baş başa buluştu. Aynı kaldırımın üzerinde, onlardan biraz ötede önünde yere ters bırakılmış bir kasket duran yaşlı bir saksafoncu çarpıcı bir özgüven eksikliğiyle caz parçaları çalıyordu.

"Michael gelemedi," dedi Angela. "Az önce bana bir mesaj gönderdi, müşterileriyle ilgili acil bir durum çıkmış."

Kahvelerini ısmarladılar. Jonathan onunla baş başa kaldığı için neredeyse çekingenlik duyuyordu. Artık buna alışkın değildi ve rahatsızlıktan belli belirsiz bir sevince kadar uzanan karmakarışık duygular içindeydi.

Kadın onun kadar gergin görünmüyordu. Tabii eğer içindeki karmaşayı çok ustalıkla gizlemiyorduysa.

Margie'nin onu Angela ile konuşmaya zorlayan, yüreğinde taşıdıklarını ona açması gerektiğini söyleyen sesi Jonathan'ın aklından çıkmıyordu. *Duygularını onunla paylaş.* Ancak bu öğütleri düşündükçe kendini koruyucu bir tutukluğun içinde donmuş olarak buluyordu.

Saksafoncu aşırı tiz bir çıkış yaptı ve hiç bölmeden devam etti.

Angela sohbeti yönlendiriyordu ama Jonathan kadının bakışlarını kendininkilerden kaçırmakta olduğu izlenimine kapıldı. Yokluğu sırasında şirkette olan bitenlerden söz ediyordu. Sonra bu konu bitince, güncel olayları her zamanki sivri uçlu mizah duygusunun prizmasından geçirerek yorumlamaya başladı. Jonathan bir zamanlar bu mizah duygusuna bayılırdı. Kimi zaman onu, söylediklerine dikkatini hiç vermeden dinliyor, kendini istemli bir yanılsamanın içine bırakarak sanki ilişkilerine yeniden kavuşmuşlar gibi bir duygu içinde karşılıklı sohbet ediyor olmalarının tadına varıyordu.

Sonra bir an geldi ve içinde bir itki hissetti: Sanki Angela'nın da benzer bir zevk almakta olduğunu, bu anı onunla baş başa paylaşıyor olmanın onun da hoşuna gittiğini düşündü. Güçlükle fark edilebilecek bir sezgiydi bu, ancak bakışındaki küçücük bir ışık, dudaklarında belli belirsiz bir gülümseme. O zaman Margie'nin sesi daha da belirginleşti, karşı koyamayacağı kadar ısrarlı hale geldi. Ya şimdi ya hiçti.

Gözlerini ondan ayıramıyor, içinde yepyeni bir özgüvenin, şimdiye kadar eksikliğini duyduğu türden bir cesaretin yükselmekte olduğunu hissediyordu. Angela ise konuşmaya devam ediyordu, dudaklarındaysa artık gerçek ve belirgin bir gülümseme vardı. Demek ki bunu hayal etmemişti, gerçekten gülümsüyor, gözleri onunkilerle giderek daha sık buluşuyordu.

"Angela..."

Onu duymamıştı. Jonathan'ın çok sevdiği o leziz gülümsemesiyle konuşmaya devam etti. Nihayet aradığı uyumu bulmuş gibi görünen saksafoncunun çalmakta olduğu Charlie Parker melodisi eşliğinde sesi titreşiyordu.

"Angela..."

Kadın başını kaldırıp onun yüzüne baktı ve sustu. Sanki bir şey bekler gibi görünen uysal bir bakıştı bu. Onu konuşması için cesaretlendiren bir bakış. Jonathan bu anı uzun zaman sürdürmeyi, yoğunluğunu koruyabilmeyi, Angela'nın gözlerinin ta içine doğru bu bakışını sonsuza dek saklayabilmeyi ne çok isterdi.

"Angela... Sana söylemek istediğim... Haklı olan sendin... Yani eskiden... Aileme çok az zaman ayırdığımı söylerken... Chloé'nin eğitimi... Bütün her şey... Bunu geçenlerde fark ettim... Ve sana da söylemek istedim..."

Kadın yanıt vermedi. Sessizce yüzüne bakmayı sürdürüyordu. Jonathan devam etti.

"Bir şeyi daha fark ettim... O zamanlar bunu sana göstermeyi ya da belki söylemeyi bilememişim... Yani seni... sevdiğimi. Bu çok aptalca olabilir ama bunu zaten bildiğini düşünüyordum, duymana gerek olmayacağını."

Angela tepki vermedi, hiçbir şey söylemeden onu dinliyordu.

"Ayrıca şunu da bilmeni isterim ki," dedi, "sana olan duyguların... hiç değişmedi. Ve ben... Aramızdaki bir yanlış anlamanın ilişkimizi bozmasına izin veremeyiz diye düşünüyorum. O ilişki benim gözümde hâlâ çok değer taşıyor..."

Sustu. Angela gözlerini ondan ayırmıyordu ama gülümsemesi yok olmuş, bakışı daha soğuk, daha duygusuz hale gelmiş, yüzü ciddileşmişti. Uzun bir süre boyunca, hiçbir şey söylemeden, hiç tepki vermeden öylece yüzüne baktıktan sonra boğazını temizlemek için öksürdü.

"Benim gitmem gerekiyor."

Ayağa kalktı, cep telefonunu el çantasına koyup çantayı omzuna astı ve sokakta işlerine gitmekte olan yaya kalabalığının arasında gözden kayboldu.

Jonathan, çaresizlikle bakışlarının gündelik işlerini yerine getirmek üzere hızlı adımlarla yol alan isimsiz yabancılardan oluşan bu kalabalığın içinde yitip gitmesine izin verdi.

Birdenbire içini bomboş hissetmeye başlamıştı, bütün enerjisi, bütün düşünceleri boşalmış gibiydi. Umudu boşalmıştı. Saksafonun ruhtan yoksun sesi kafasının içinde çınlıyordu. Gözleri yoldan geçenlerin bitmek bilmeyen akını üzerinde gezinmeyi sürdürüyor ama hiç kimse dikkatini yakalayamıyor, bakışı yaprakların üzerinden akıp giderken onları ıslatmayı başaramayan bir su gibi geçip gidiyordu.

Uzun bir süre bu şekilde geçti ve Jonathan içinde bulunduğu uyuşukluktan ancak garson kız hesabı masasına getirdiğinde çıkabildi.

Mekanik bir hareketle cüzdanını çıkardı ve hesabı ödedi.

Sonra da telefonunu eline aldı, bir arama yaptı ve bekledi. Telefonun sinyali saksafonun notalarının üzerine biniyordu.

"Michael, benim, Jonathan."

Devam etmeden önce derin bir soluk aldı.

"İyice düşündüm. Teklifini kabul etmeye karar verdim. Avukata haber ver, evrakları hazırlasın. Ne kadar çabuk olursa o kadar iyi."

27

"Ve Austin Fisher, Avustralyalı rakibi Gay Harisson karşısında bu maçı da büyük bir zaferle kazanarak yarı finaldeki yerini elde etmiş oldu. Her ne kadar omuzu hâlâ sargılı da olsa geçirdiği sakatlık artık yalnızca kötü bir anı haline gelmiş görünüyor. Skoru hatırlatıyorum: 6-4, 7-5, 6-4. Sempatik Avustralyalının gönüllerini fethetmeyi başardığı seyirciler biraz düş kırıklığına uğramış görünüyorlar..."

Michael hoşnutlukla televizyonu kapattı. Şampanya patlatmak için ikinci bir vesile daha! Jonathan'ın kararından sonra kanat takıp uçmaya başlamıştı. Hisselerin devri gerçekleştiğinde şirketin üçte ikisi ona ait olacaktı ve o da hiç zaman kaybetmeden bunları kendisine teklif ettiği küçük servet karşılığında alıcıya satacaktı. Böylece bu iş tamamlanmış olacak, sonrası tatil, güzel zamanlar, güneşte aylaklık ve güzel kızlar olacaktı...

Bunları düşününce aklına bir fikir geldi. Telefonunu açtı.

"Samantha? Benim, Michael. Bu akşam seni görmek istiyorum."

"Ne için? Müsait değilim."

"Kutlama yapmak için! Neden müsait değilsin?"

Sessizlik.

"Tahmin et."

"Sorun değil, iptal et!"

"Verdiğim sözleri tutarım ben, itibar meselesi. Müşterilerim titizdir."

Michael güldü.

"İki katını öderim."

*

* *

Jonathan tıraş olurken banyonun açık penceresinden dışarı baktı. Karşıki bahçede Gary'nin çocuklarının oyun oynamakta oldukları duyuluyordu. Bir süre sonra babaları da çıktı.

"Yine ne yaramazlık peşindesiniz siz?" diye bağırdı.

"Ama baba... Yaramazlık yapmıyoruz ki biz, oyun oynuyoruz! Gel bak ne yaptık!"

"Aklınızı mı kaçırdınız siz? Benim işim gücüm yok mu sanıyorsunuz? Ayağınızı denk alsanız iyi edersiniz! Gıkınızı duymayacağım, anlaşıldı mı?"

Çocuklar belirgin bir üzüntüyle başlarını salladılar. Adam onların perişan suratlarının farkına bile varmadan içeri girdi. Annelerinin ölümü onlar için çok acı olmuş olmalıydı. Babalarındaki bu huysuzlukla da artık hiç şefkat göremiyorlardı...

Önce Chloé'yi, sonra da Angela'yı düşündü.

Michael başından beri haklıydı. Bu şekilde bir arada bulunmaları sağlıksızdı. Uzun zaman önce bu sayfayı kapatmış, başka şeylere geçmiş olmalıydı. Böylelikle Angela'yı da unutabilir, yeni bir şeyler kurabilirdi.

Ama geçmiş şeyler için pişmanlık duymanın hiçbir işe yaramayacağını iyi biliyordu. Yaşam böyle bir şeydi, hatalarla doluydu ve herhalde bu hataların bile var olmaları için bir neden vardı. Her şeye karşın onlar da bize bir şeyler kazandırıyor olmalıydılar. *Kabullenmek*. Sonuçta Margie'nin felsefesi geçerliydi. Kabullenmek bir yaşama sanatıydı.

Elbette ki tam da işi, gözünde yeniden eski anlamına kavuşmuşken onu bırakmak zorunda kalması yazık olmuştu ama bu konuda da güvenini yitirmemesi gerekiyordu. Hayatın, hayal kırıklıklarımızın yasını tutmak için çok kısa olduğunu herkesten daha iyi biliyordu. Varoluş sürekli bir hareketlilikti, her şey her an değişmekteydi ve bu değişime karşı koymak insana felaketten başka bir şey getirmezdi. İlerlemenin, yeniden ayağa kalkmanın ve sonunda olup bitenlerin değerini bilmenin yolu yaşama güvenmekten geçiyordu. Bundan sonra ne yapacağını henüz bilmiyordu gerçi ama nasıl olsa daha önünde zaman vardı. Evrakların hazırlanması haftalar sürecekti ve o da bir süreden beri onu canlandırmış olan atılımı mümkün olduğunca korumaya çalışarak, en son güne kadar görevini yerine getirmeyi sürdürmeye, mesleğini içine sindiği şekilde yapmaya kararlıydı

Gary'nin dükkânına uğrayarak iki *muffin* aldıktan sonra kafenin terasına gidip oturdu ve koca bir fincan çay eşliğinde bunların tadını çıkardı.

Jonathan'ın yandan görebildiği, içerideki duvardaki televizyon ekranında bir psikolog, insanların kimi zaman hiç tanımamış oldukları uzak atalarının sevgi gösterilerinin eksikliğinden dolayı bile sıkıntı çekebildiklerini anlatıyordu. Bir çocuk ciddi biçimde sevgi eksikliği çektiğinde, sevildiğini hissetmediğinde bilinçdışı bir çeşit korunmayla kendi duygularıyla olan bağını koparabiliyordu. Jonathan, Gary'yi düşünmeden edemedi. *"Böyle bir çocuk,"* diyordu psikolog, *"yetişkinliğinde kendi çocuklarına karşı soğuk davranabiliyor ve böylelikle yaşanan sorun yankısını kuşaklar boyunca sürdürebiliyor..."*

"Yetti artık bu saçmalık," dedi barda ayakta duran bir müşteri. "Başka kanal mı yok?"

Barmen kanal değiştirdi ve ekranı Austin Fisher'ın kararlı yüzü kapladı. Jonathan ona Michael'la olan geçmişte kalmış rekabetini anımsatan eski idolünü karşısında görünce gülümsedi. Hiçbir zaman onun kadar büyük bir ticari başarı kazanamayacaktı, orası artık kesin bir gerçeklikti. Ama bu hiç de sorun değildi, çünkü Jonathan kendi misyonunun bu olmadığını biliyordu artık.

Birkaç dakika sonra terasta son derecede perişan görünen, ufak tefek bir ihtiyar fark etti. Onu bir süre inceledikten sonra garson kızı, fazla belli etmeden yanına çağırdı.

28

Raymond kamerasını iskemlenin üzerine bıraktı ve sonra da onu taşımış olan omzunu gevşetmek için hafifçe oynattı. Çeyrek finalin hemen öncesinde Austin Fisher'ın soyunma odasına girişini filme çekmişti. Şu Fisher yaman adamdı doğrusu. Ortalıkta yaralı bir hayvan gibi acı çekmekte olduğu söylentisi dolaşırken o sakatlığına karşın kazanmaya devam ediyordu. Üstelik de bu sıcakta...

Her yanı birbirine girmiş kablolarla dolup taşan, karanlık ve havasız salonun içinde kameramanlar birbirlerini itiştirip duruyorlardı.

Raymond bir bira açtı, elinin tersiyle alnındaki teri sildi ve bir dikişte elindeki teneke kutunun yarısını boşalttı.

Warren'ın yanından geçmekte olduğunu görünce başını öte yana çevirdi. Bu sevimsiz herifi selamlamaya hiç de niyeti yoktu. Üstelik nankördü de...

"Bir saniye bekleyin!"

Kim olduğunu bilmediği çok güler yüzlü bir genç kadın tam soyunma odasının kapısından içeri girmek üzere olan Warren'a seslenmişti. İşe yeni başlamış biri olacaktı. Koç ona doğru döndü.

"CNN'den Clara Spencer," dedi kadın çok neşeli bir sesle. "Austin'in hayran kulübünün kendi kendini atamış başkanıyım!"

Warren hiçbir şey söylemeden, soğuk bakışlarla onu süzdü.

"Maç öncesindeki ruh halini alabilmek için Austin'le bir dakika röportaj yapabilmeyi çok isterim. Yalnızca bir dakika sürecek."

Warren ona buz gibi bir bakış fırlattı.

"Söz konusu bile olamaz."

"Ama..."

"Maç öncesinde mümkün değil," dedi uzaklaşırken.

"Tamam o zaman, ben de sizi karşılaşma sonrasında bulurum ve..."

"Sonra görüşürüz."

Soyunma odasına girdi.

Raymond gözlerine inanamıyordu. Bir koç bir gazeteciye nasıl böyle davranabiliyordu? Üstelik de sporcusunun hayranı olduğunu söylediği halde... İnanılır gibi değildi. Özellikle de gazetecilerin genellikle Austin'e karşı çok da şefkatli olmadıkları düşünülecek olursa. Bu sefer onun iyiliğini isteyen bir tanesi ayağına gelmişti... Bu hiç normal bir şey değil. Beni ilgilendirmez ama bu adam Austin'e hiç de iyilik yapmıyor, orası kesin.

*
* *

Michael çalışma masasının üzerine şirketin muhasebe raporuyla birlikte geçmiş ayın geçici hesap dökümlerini bıraktı. Öfke içinde kendini koltuğuna attı.

Aralık duran pencereden caddede akmakta olan trafik, motor gürültüleri, klakson sesleri, frenler ve göremeyenler için trafik lambalarının bip bipleri duyuluyordu.

Karşı binanın karolarından yansıyan ışık gözünü kamaştırınca storu indirmek üzere ayağa kalktı ama eskimiş madeni manivela sıkışmıştı ve çalışmayı reddediyordu. Sinirle yerine geri dönüp içini çekerek koltuğuna çöktü.

Alıcıya bu rakamları göstermesine olanak yoktu. Henüz sözleşmeyi imzalamamış oldukları için bu çok riskli olacaktı. Bunun yerine imzayı iki ay erteleyerek ona üç aylık raporları göstermek daha yerinde olabilirdi. Tabii rakamların hızla yükselmesi koşuluyla. Hem de ciddi biçimde. Telefonunu açtı.

"Jonathan, benim."

"Selam Michael, nasılsın?"

"Kötü. Aylık hesap dökümlerini okudum da. Rakamlar çok can sıkıcı. Az buz değil. Tam bir felaket. Neden biliyor musun? Muhasebeci çok açık konuştu: Senden kaynaklanıyor, yani senin müşterilerinden."

Karşı tarafta bir sessizlik.

Michael içini çekti, sonra da birden patladı.

"Siktir be, neler oluyor?"

Yeniden sessizlik.

"Tam bilemiyorum, yani..."

"Bu iş ciddi, farkında mısın? Sen işe geri döneli yedi hafta oldu ve o zamandan beri rakamlar düştükçe düşüyor. Ne halt ediyorsun sen? Sen çalışmıyorken bile daha çok kazanıyorduk! Ne bok yiyorsun sen?"

"Bak... İşe daha farklı bir biçimde yaklaştığım doğru... Yani ben... Bunun rakamlar üzerinde olumsuz bir etki yaratmış olması mümkündür ama..."

"Aması ne? Benimle dalga mı geçiyorsun sen? Bir aydır hisselerini satın almam için gereken evrakları hazırlamakla uğraşıyoruz ve bu arada da beyimiz rastgele denemelere kalkışıyor. Şirketi batırmak niyetinde misin? Bu saçmalık ne demek oluyor?"

"Özür dilerim, Michael, ben yalnızca..."

"Ne sanıyorsun ki? Artık hiçbir değeri kalmamış hisselerini satın alacağımı mı?"

Sessizlik.

"Michael... Kafam karıştı, ben..."

"Beni dinle, ne halt ediyorsun, işe nasıl yaklaşıyorsun, bilmiyorum, öğrenmek de istemiyorum. Tek istediğim yeniden önceki gibi çalışmaya başlaman, ben hisselerini satın alıncaya kadar. Yitirilen rakamları geri kazanabilmek için de iki kat hızlı olman gerek. Bu iş acil."

Yine sessizlik.

"Beni duyuyor musun?"

"Michael... Bak... Bu mümkün olamayacak..."

"Ne? Nasıl yani?"

"Önceki gibi çalışmayı istemiyorum ben... Ama söylediklerini de anlıyorum, senin durumunu görebiliyorum, bunun senin için sorun yarattığını fark ediyorum..."

"En hafif deyişle!"

"Bütün bunları anlıyorum ama... Değerlerimden ödün vermeyi de istemiyorum. Ben..."

"Ne anlatıyorsun sen böyle? Bu saçmalıklar da nereden çıktı yine?"

"Beni dinle... Tekrar söylüyorum ki bunun senin için sorun yarattığını anlıyorum ve... Eğer bu durumda hisselerimi satın almak senin için kazançlı olmayacaksa seve seve vazgeçebilirim..."

Michael hayret içinde kalakaldı.

"Eğer istersen," dedi Jonathan, "her şeyi durduralım."

Michael sonunda telefonu kapadı. Kıpkırmızı olmuştu. Jonathan denen bu küçük sersem her şeyi mahvetmek üzereydi...

*

* *

Dolapta tek bir paket bile çikolata kalmamıştı. Birlikte yaşadıkları zamanlarda stoklarının her zaman dolu olmasıyla Jonathan ilgilenirdi. Kimi zaman Angela'yı hiç çikolata kalmadığına inandırarak bir saniye için telaşa kapılmasından çok eğlenir, sonra da bir sihirbaz gibi özenle saklanmış bir paketi ortaya çıkararak onun rahatlaması karşısında kahkahayı basardı.

Jonathan... Angela onunla son görüşmelerini düşündükçe kendini kötü hissediyordu. Hazırlıksız yakalanınca o şekilde kaçıp giderek belki de kötü tepki vermişti. Onun söylediklerini duymaya hazır olmadığı kesindi ama yine de onun bu adımı atabilmiş olması cesaret gerektiren bir şeydi. Nankörlük ettiğini, haksızlık yaptığını hissediyordu. Bir ihtimal diye düşünerek gerginlikle yandaki dolabı açtı.

Yok.

Dudaklarını ısırdı.

Bir süre mutfakta olduğu yerde tepindikten sonra heyecanla öteki dolapları açtı. İçindeki çikolata isteğini gidermek için kemirebileceği bir şeyler mutlaka olmalıydı. Şekerli bir şeyler, herhangi bir şey, ne olursa...

Hiçbir şey yok.

Neyse, strese gerek yoktu, bu şekilde yerinde duramayacaktı zaten, bunu biliyordu. Chloé'nin odasından içeri başını uzattı ve gözleri içerdeki karanlığa alışıncaya dek birkaç saniye bekledi.

Kızı derin uykudaydı, ağzı aralık duruyor, kollarının arasındaysa oyuncak domuzunu tutuyordu. Çok şirindi.

Angela kapıyı usulca kapattı, çantasını ve anahtarlarını alarak ayaklarının ucuna basa basa evden dışarı çıkıp, dış kapıyı arkasından özenle kapattı. Beş dakika ona yeterdi, acele ederse kızını herhangi bir riske atmadan gidip gelebilirdi.

Sokakta hava ılık ve yumuşaktı. Angela caddeye doğru adımlarını hızlandırdı. Gece yakınlardaki Dolores parkından ağaçların tatlı kokusunu taşıyordu. Arabaların gürültüsü artık yalnızca uzak bir uğultudan ibaretti. Hemen köşedeki, bir Hintlinin işlettiği şarküteri gece yarısına kadar açıktı. Dükkânın önüne geldiğinde tam içeri girmeye hazırlanıyordu ki biraz ötedeki Fenzy's lokantasının otoparkının önüne gelip duran bir BMW dikkatini çekti. Arabanın içinden müthiş kısa elbiseli, yüksek topukları ve iki kilometre bacakları olan bir genç kadın indi. İşte o zaman Angela şaşkınlık içinde evinde Jonathan'ın yanı başında memeleri ortadayken yakalamış olduğu çocuk bakıcısını tanıdı. Kot pantolon ve spor ayakkabılar yerine şimdi siyah bir gece elbisesi giymişti.

O gün hissetmiş olduğu acı tıpkı insanın bütün bedenine, yüreğine, beynine bir anda yayılarak onu acımasızca felce uğratan bir zehir gibi aynı biçimde geri gelmişti. Sonra bunu hayret ve anlayamama izledi: Nasıl oluyor da bir bebek bakıcısı bir BMW sürebiliyordu?

Olduğu yere çivilenmiş olan Angela, genç kadının güvenli adımlarla yürüyerek arabasının anahtarlarını adamın yüzüne hiç bakmadan otopark görevlisine uzattığını, sonra da ona tuhaf bakışlarla bakarak lokantanın kapısında beklemekte olan bir adama doğru yürüdüğünü gördü. Yaşı kendisininkinin belki üç katıydı.

"Samantha?" dedi adam duraksayarak.

Kadın yanıt olarak onun dudaklarına hızlıca bir öpücük kondurdu.

Aralarında birkaç sözcük konuştuktan sonra lokantadan içeri girdiler.

Angela içinde bir öfke ve nefretin yükselmekte olduğunu hissetti. Jonathan yalnızca onu aldatmakla kalmamış bir de üstelik bunu bir telekızla yapmıştı.

29

Jonathan tramvayın gelişini uzaktan görünce elindeki küçük çiçek buketini sıktı. İçinde heyecanla karışık bir duraksama hissediyordu. Kafenin terasından çok uzak olmayan bir bankın üzerinde oturduğu bu yerin konumu gayet iyiydi: Duraktan ancak birkaç metre mesafede bulunuyordu.

Akşamüzeri, iş çıkışı saatiydi. Jonathan geçirdiği günden hoşnut kalmıştı. Yeni baştan düzenlenen sözleşmeler, kendisine sırlarını açan müşterileriyle yaptığı verimli sohbetler, onların gereksinimlerine en uygun biçimde kurulan yeni korunma yolları. Artık seveceği şekilde yaptığı işi.

Çiçeklerin kokusu burun deliklerini gıdıkladı, sanki doğa şehir merkezine, trafiğin orta yerine kendi kendini davet ediyor gibiydi. İyice alçalmış olan güneş gelip geçmekte olan sarı taksilerden usulca yansıyordu.

Tramvay uzakta belirdi.

Jonathan içinden planını yineledi: Tramvaydan inecek yedinci kişiyi seçecekti. Yedinci. Nasıl biri olacağını merak ediyordu...

Ya bir erkek olursa? Bunu düşününce gülümsedi. Bu buketi bir erkeğe verecek cesareti kendinde bulabilecek miydi? Ya iri yarı bir kabadayıya çatar da suratının ortasına yumruğu yerse?

Bankın üzerinde kendi kendine yüksek sesle güldü ve yoldan geçen bir adam endişeli gözlerle ona baktı.

Kırmızı tramvay yaklaştı ve önce bir kükreme ardından da frenlerin rayların üzerinde çıkardığı gıcırtıyla birlikte onun tam önünde durdu, durağı bildiren zil çınladı. Jonathan yüreğinde hafif bir sıkışma hissetti.

Kapılar açıldı ve birkaç kişi aynı anda dışarı çıktı. Jonathan onları dikkatle inceledi. Bir yeni yetmeyle aynı anda genç bir kadın, arkalarındansa bir memur. Üç. Ufak tefek bir ihtiyar ve liseli görünüşlü bir kız: Dört ve beş. Altıncı, siyah bir bastona tutunan beyaz saçlı yaşlı bir kadın ve... Başka kimse yok. Jonathan gözlerini tramvayın kapısından hiç ayırmadan bekledi. Tam kapı kapanmak üzereyken bir kadın aceleyle basamaklardan aşağı inerek dışarı çıktı. Orta yaşlı, sıradan görünüşlü, herkes gibi biriydi. İş çıkışında aceleyle evine dönmek isteyen biri gibi hızlı adımlarla yürüyordu. Dalgın bakışlarıyla çatık kaşları, kafasının hâlâ gün içindeki işleriyle meşgul olduğunu düşündürüyordu.

Jonathan ayağa kalktı ve kadının yaklaşmasını bekledi, sonra da yolunu kesmek için yana doğru bir adım atarak elindeki buketi ona uzattı. Kadın irkildi ve az kalsın bir adım geri çekilecekti.

"Sizin için," dedi Jonathan suratında kocaman bir gülümsemeyle.

Sonra da buketi kadının kollarına bıraktı. Kadının yüzündeki şaşkınlığı fark etmeye ancak zaman bulmuştu ki evlerine varmak için acele etmekte olan yayaların arasına karışıp gözden kayboldu.

*

* *

Gülmekten öldürür.

Salak.

Çirkin kadının birini gözüne kestiriyor, ona bir buket çiçek almak için dünyanın parasını veriyor, sonra da işi sonuna kadar götürmeye bile kalkışmıyor! Hiçbir şey söylemeden, adını bile vermeden çekip gidiyor! Tek kelime etmeden...

Ryan talihine inanamıyordu. Jonathan denen şu vasat herif saçmalamakta kendini aşmaya başlamış, gitgide en saf, en katıksız aptallığa gömülmekteydi. Bundan önceki videoda hiç tanımadığı bir kadına kahve ısmarlayıp kendini tanıtmaya bile cesaret edemeyişi yeterince matraktı zaten. Blogda ciddi bir sükse yapmıştı: Yüz seksen dokuz *like* ve yirmi yedi yorum. Bir rekor. Tam da Gary'nin omuz kaldırmaları dizisine ilgi azalmaya başlamışken zamanında yetişmişti.

Ryan videoyu gereksiz yere uzatan ilk birkaç saniyeyi kesip atarak hızlı bir kurgu hazırladı. Ancak sonunda kadının birdenbire ortadan kayboluveren yabancının arkasından bakakaldığı anları çıkarmadı. Jonathan'ın fırsatı nasıl kaçırdığının anlaşılabilmesi için kadının gülümsemesinin, yüzünün bir anda nasıl ışıldamaya başladığının görülmesi gerekiyordu.

Videoyu blogda yayımladı ve sayfaya birkaç reklam da ekledi. Zekâ testi satan her zamanki reklamlara bu sefer buluşma kulüplerinin ve internet üzerinden çiçek buketleri satan bir şirketin tanıtımlarını da ekledi.

Sonra da heyecanla ilk tepkileri beklemeye koyuldu. Fazla beklemesi de gerekmedi.

Ne sersem!!!

Anlaşılan baştan çıkarma okuluna gitmiş ama derslerini iyi anlayamamış.

Zevzekler kralı!

Hıyar.

Gerzek!

Ryan bundan böyle Jonathan'dan gözünü ayırmayacak, terasta görünür görünmez onu çekmeye başlayacaktı. Hatta ikinci kamerayı da yatak odasının penceresinden onun evinin arka bahçesine doğru kuracaktı. Bu sersemlik abidesinin hiçbir serüvenini kaçırmak istemiyordu.

*
* *

Jonathan, Gary'nin dükkânının kapısını itti. Sıcak *muffin* kokusu hemen etrafını sarmıştı. Dükkânın öbür ucunda, sarımsı bir ışıkla aydınlanan tezgâhının arkasında Gary yine kötü günlerine özgü ifadesini, yani her günkü ifadesini takınmıştı. Jonathan adamın bu hale gelebilmek için neler yaşamış olabileceğini hiç bilmiyordu. Belki de arka arkaya öyle ağır darbeler yemişti ki artık en küçük bir olumlu duygu hissedemiyordu. Belki gördüğü ihanet ve suistimaller sürekli birbirini izlediği için artık içtenliğin olasılığına bile inancı kalmamıştı.

"Günaydın," dedi gülümseyerek. "Bugün nasılsınız?"

"Naydın," diye mırıldandı Gary.

"Üzümlü bir *muffin* istiyorum. Paket olacak."

Gary bir tane alıp paketledi.

"Sizin *muffin*leriniz çok lezzetli. Doğrusu kutlarım, çok yeteneklisiniz."

Gary kalın, kara kaşlarını çattı ve başını hiç kaldırmadan ona aşağıdan yukarıya doğru kuşkulu gözlerle baktı.

"Bir dolar otuz beş sent."

Jonathan yüzündeki gülümsemeyi hiç bozmadan parayı tezgâhın üzerine bıraktı. Adam sessizce parayı aldı.

"Hoşça kalın, size iyi günler," dedi Jonathan hiçbir etkiye yol açamayan neşe dolu bir sesle.

Dükkândan çıktı. Bu adamın dünyayı başka türlü görebilmesi için kaç tane olumlu deneyim yaşaması gerekiyordu acaba?

Bu aklına bir fikir getirdi. Müşterisi olan Pakistanlı hırdavatçının dükkânına uğradı ve beyaz kâğıttan bir peçete satın aldı. Evine dönüp telefonu açtı ve Gary'yi aradı.

"İyi günler," dedi sesini biraz değiştirerek. "Sipariş vermek istiyordum. Yarım saat içinde elli tane üzümlü *muffin*'e ihtiyacım olacak."

"Elli tane mi?" dedi öteki inanmaz bir sesle.

"Evet."

"Almaya geleceksiniz gerçekten, bu bir şaka falan değil, değil mi? Çünkü elli tane *muffin*'i bir gün içinde satmam mümkün değil."

"Elbette geleceğim, bana güvenin."

Bir süre sessizlik.

"Adınızı alayım."

Jonathan bir saniye durakladıktan sonra uydurdu.

"Robbins. Yarım saat sonra."

Jonathan cebinde çakısı ve bir keçeli kalem, elinde bir el feneriyle birlikte bodruma indi. Küf kokulu, nemli karanlıkta tozlu birkaç eşyayı kenara ittirdikten sonra nihayet aradığını buldu: Tahtadan bir masa ayaklığı. Bir tane de tahta parçası buldu ve dışarı çıktı.

Gary'nin dükkânının yakınlarında birkaç dakika bekledikten sonra kaykaylı bir çocuk gördü.

"Hey, delikanlı! Üç dakikada iki dolar kazanmak ister misin?"

Çocuk gülümsedi.

"Duruma göre değişir. Karışık bir iş mi?"

"Hiç değil: Şu dükkâna girip Robbins adına verilmiş siparişi almaya geldiğini söyleyeceksin ve bu banknotu adama vereceksin. Sonra da dükkândan çıkıp paketi bana vereceksin ve iki dolarını kazanacaksın. Ballı, değil mi?"

Çocuk başını iki yana salladı.

"İki dolar hiçbir şey değil..."

"Dalga mı geçiyorsun? Üç dakikada iki dolar, saatte kırk dolar eder! Müdür maaşı bu aslanım!"

"Üç dolar."

"Ama... Çok kolay bir iş bu, yorulmayacaksın bile!"

"O halde neden kendin yapmıyorsun?"

"İşte..."

"Üç dolar."

Jonathan kahkaha attı.

"Hayatta kendini kolay kolay ezdirmeyeceksin sen."

İki dakika sonra Jonathan dörde kesilmiş *muffin*leri, Gary'nin vitrininin dışarı doğru çıkıntı yapan kısmının önünde kurmuş olduğu uyduruk tezgâhın üzerine serdiği beyaz peçetelerin üzerine yerleştiriyordu. Adamın bunu görmeyeceğinden emindi, dükkândan dışarıya burnunu bile uzattığı yoktu nasıl olsa.

Jonathan cebindeki kocaman, pembe, keçeli kalemi çıkardı ve beyaz peçetenin üzerine kocaman bir kalp çizerek, en güzel yazısıyla içine de şöyle yazdı:

Gary'nin ikramı

30

Yüzde yirmi daha az.

Jonathan bunu hiç tahmin etmemişti.

Oysa aslına bakılırsa gayet mantıklıydı. Ücretinin değişken kısmı, doğrudan çalışmalarının sonucunda şirkete sağladığı kazanca bağlıydı. Kazanç düştükçe kendi ücreti de düşüyordu. İnsan aynı anda her şeye birden sahip olamıyordu.

Olsun, eskisi gibi çalışmaya dönmesi yine de söz konusu olamazdı. Artık bunun onun için hiçbir anlamı kalmamıştı, üstelik kendini dürüst, namuslu ve başkalarına yararlı hissediyor olmaktan çok hoşnuttu. Kendini iyi bir insan olarak hissetmek ona fazlasıyla gurur veriyordu. Şimdi artık çok açıkça gördüğü, iyiliğin iyilikten doğduğu gerçeğinin farkına varmadan onca yılı boşa harcadıktan sonra şimdi yeniden geriye dönmesine olanak yoktu. Anahtar iyilikteydi. Kim olduğunu bilmekte, her an ve tamamen kendin olmakta, başka bir şey olmayı reddetmekteydi.

Para olmasa da olurdu. Hem zaten artık motivasyonu para da değildi. Hayatının sonunu uzaktan da olsa gören herkes için durum böyle oluyordu herhalde. Yalnızca firavunlar zenginliklerini kendileriyle birlikte mezara götürebilmişlerdi. Biz, sıradan fanilerse yaşamımız boyunca dikkatimizin en büyük kısmını harcadığımız şeylerin son günümüz geldiğinde tamamen yararsız hale geldiğini, bize hiçbir yardım, hiçbir derman sağlamadığını fark ediyorduk.

Ancak yine de Jonathan'ın bir sorunu vardı, belki çok daha fuzuli ama ne yazık ki çok da somut: Kirasını ve faturalarını ödemesi gerekiyordu. Şimdi bunu yapamama riskiyle karşı karşıyaydı.

Dalgınca banka hesap cüzdanını inceledi ve harcamalar sütunundaki tutarların uzun listesini gözden geçirdi.

Her ne kadar savurganlıktan uzak bile olsa yine de yaşam standartlarını biraz daha düşürmesi gerektiğine kuşku yoktu. İsimsiz hediyeler vermeyi de bırakması gerekecekti. Kahveler, çiçekler, *muffin*ler derken sonuçta hesap kabarıyordu. Çok yazık... Bu iş çok zevkli, çok keyifliydi oysa... Hepimiz birbirimize bağlı olduğumuza göre, başkalarına iyilik yaparak aslında kendini mutlu ediyordu...

Bunu yapmanın başka bir yolunu, başka bir biçimini bulması gerekecekti, banka hesabını göçertmeyecek bir yol...

*

* *

"Sizin bu mallarınız çok lezzetli! Bravo üstat!"

Gary müşteriyi süzdü. Kırklı yaşlarında, kılığı kıyafeti yerinde bir adamdı. Onu daha önce hiç görmemişti. En azından müdavimlerden olmadığını biliyordu.

"Üç tane verin, yok hayır, dört olsun," dedi adam.

Gary *muffin*leri sessizce paketleyip parayı kasaya koydu.

"Müthiş," dedi herif. "İyi akşamlar, tekrar teşekkürler!"

Adam eşiği aşıncaya dek Gary onun arkasından baktı.

Sabahtan beridir bu insanlara ne olmuştu böyle Tanrı aşkına? Nesi vardı bu müşterilerin? Hepsinde bir gariplik, bir tuhaflık görüyordu. Normal olmayan bir şeyler vardı. Hem neden bu kadar çok müşteri geliyordu? Daha önce hiçbir günde bu kadar çok müşterisi olmamıştı. Bir kere bile. Yenilerini pişirmeyi yetiştiremiyordu.

Birden yaramazların dışarıda bağrışmakta olduklarını fark etti. Çok meşgul olduğundan şimdiye dek dikkatini çekmemişti. Belli ki yine yaramazlık yapıp duruyorlardı. Avludaki çocuklar da tıpkı fırındaki *muffin*ler gibiydiler, beş dakika arkasını dönecek olsa yanmıştı.

"Gary siz misiniz?"

Adam başını kaldırdı. Yüzünde tam anlamıyla tuhaf bir gülümseme, başındaysa daha önce hiç görmediği cinsten bir şapka olan, hiç tanımadığı bir kadın üzerine doğru ilerliyordu. Bakalım bu ne istiyordu?

"Pastalarınız ağız sulandırıcı!"

Gary bir an kadını süzdü. Tiz sesiyle ona zaman zaman televizyonda gördüğü, sanki gırtlakları kesiliyormuş gibi çığlık çığlığa haykıran opera şarkıcılarını anımsatmıştı.

"Pasta değil onlar, *muffin*..."

"Bana iki tane verin lütfen. Öyle yumuşacık, öyle güzeller ki siz pastacıların bir numarasısınız! Mükemmelsiniz! Şahanesiniz! Ah, bayılıyorum bu pastalara!"

Kadın dur durak bilmiyordu. Paketini aldı ve filmlerde zevkten çığlıklar atan kadınlar gibi tiz haykırışlar çıkararak, kendinden geçercesine dışarı çıktı. Filmlerdeki kadınlar gibi, çünkü gerçek hayatta öyle bir zevk yoktu.

"Ah beyefendi, sizin kekleriniz bir harika. Tanesi kaça bunların?"

Bugün de çeşit çeşittiler.

"Kek değil bunlar, *muffin*. Sadesi bir dolar, diğerleri bir otuz beş."

"Tamam, ben sadesinden bir tane alayım. Abartmıyorum ha, gerçekten çok acayipsin, söylüyorum sana bunlar güzelden de öte."

Gary kaşlarını çattı. Çocuklarını düşündü. Sonunda buna benzemesinler diye onlara karşı biraz daha sert olmalıydı.

"Tekrar teşekkürler, beyefendi! Bir numara sizin bu... Şeyleriniz!"

"İyi akşamlar, biraz acelem var da," dedi genç bir kadın. "İki tane sarabilir misiniz, lütfen? Damla çikolatalı."

Gary sessizce paketi hazırladı.

"Bu yaptığınız çok şirin bir jest. Ben genellikle dükkânınıza hiç uğramadan önünden geçip giderim..."

Gary kadının arkasından baktı.

Bugün herkesin ona gülümsüyor, iltifatlar ediyor oluşu tuhaftı. Sanki onunla alay etmek için aralarında anlaşmış gibiydiler.

Yine de o akşam, zorlu bir iş gününün sonunda yatmaya hazırlanırken, nedenini bilmeksizin dudaklarında hafif bir gülümseme buluvermişti. Herhalde bütün o insanların çılgınlığı sonunda ona da bulaşmış olmalıydı.

31

Jonathan ortağına baktı. Michael bir süredir değişmiş gibiydi. Artık ona karşı eskisi kadar neşeli davranmıyordu, oysa başkalarına karşı eski mizah duygusunu yitirmiş de değildi. Herhalde bu yeni iş yapma biçimi eskisi kadar kazançlı olmadığı için onu bağışlayamıyordu. Oysa bu aslında onun kendi ücretini hiç etkilemiyordu çünkü ortakların her biri kendi yaptıkları satışlar oranında komisyon alıyorlardı.

Ancak bir anlamda Jonathan onu anlayabiliyordu. Ortaklar arasındaki ilişki bir bakıma bir çiftin ilişkisine benziyordu: Eğer bir taraf diğerinden farklı bir yönde gelişmeye başlarsa bir arada bulunmaları güçleşebiliyordu.

Kaçınılmaz olarak Angela'nın yüzü gözlerinin önünden geçip gitti. Ona içini açtıktan sonra yaşadığı aşağılanmadan bu yana birbirlerinden özenle kaçınıyorlardı. Jonathan iki günde bir sabah kahvesini Michael'la paylaşıyordu.

Hiç dile getirilmemiş, bir çeşit üstü kapalı anlaşmaydı bu.

O sabah teras çok kalabalıktı.

"Kırmızılı kızın karşısında oturan bej hırkalı adam müşterim," dedi Jonathan sesini alçaltarak.

Michael birkaç saniye adama baktı.

"Umarım ona yangın sigortası da yaptırmışsındır."

"Neden?"

"Kız arkadaşını tanıyorum."

"Ne olmuş yani?"

"Ateş gibi hatundur."

Jonathan gülümsedi.

"Hayır, aslında hiç zahmet etme," dedi Michael. "Bu hatun nereye gitse doğal afet ilan edileceğinden emin olabilirsin."

"Sus Michael, yeter," dedi Jonathan gülmesine engel olamayarak.

"Sahi, doğal afet demişken, sağ tarafta en uçtaki herifin kıyafetini gördün mü?"

Jonathan o yöne doğru baktı.

"Değişik... Yaratıcı..."

"Değişik olmasına değişik, orası kesin," dedi Michael kahkahayla.

Garson kız yanlarına geldi.

"İyi günler, bugün size ne ikram edebilirim?" dedi hafif bir pelteklikle.

"İki kahve," dedi Jonathan.

Michael kızın arkasından baktı.

"Simdi geliyor kahvelerinis," dedi.

"Yapma..."

Jonathan bunu daha önce de fark etmişti: Michael kendini iyi hissetmediğinde mizah duygusu alaycı hale geliyordu.

"Bu yıl hiç tatil yapmayacak mısın sen?" diye sordu Jonathan.

Michael başını iki yana salladı.

"Birilerinin de işlerin başında durması gerekiyor."

Jonathan üstüne alınmadı.

Önlerinde bir araba kaldırıma yanaşmaya çabalıyordu.

"Tüh be, olmadı," dedi Michael. "Haydi, sen de benim gibi yap: İkimiz de gülerek şu kadına bakalım, bahse girerim yapamayıp vazgeçecek."

"Michael..."

"Haydi ama, ben belki on beş defa yapmışımdır bunu, gülmekten ölürsün. Biraz zorlanır, gözünü dikip bakarsın ondan sonra artık hiç beceremez!"

"Öyle bir şey yapmak istemiyorum ben."

"Biraz eğleniriz işte. Bu bana başka bir şeyi hatırlattı. Ama onu yapabilmek için masada en az üç dört kişi olmamız gerekir: Yaklaşmakta olan yüksek topuklu bir kadını gözümüze kestiriyoruz, sonra hepimiz kaşlarımızı çatarak gözlerimizi onun ayaklarına dikiyoruz, sanki ayaklarında bir sorun varmış gibi. Ne oluyor biliyor musun?"

"Bilmiyorum."

"On kereden dokuzunda sendeliyor!"

Çılgın bir kahkaha kopardı.

"Yeminle söylüyorum, acayip komik oluyor!"

Jonathan gülümsedi.

"Eh, doğru... İnsan sorun görmek istediğinde sorun yaratır."

Michael onu duymazdan geldi.

"Direksiyon başında en kötü olanlarsa ihtiyarlar oluyor. Sanki boyunları kaskatı kesilmiş gibi geri geri giderken dönüp de bakmıyorlar, yana dönerken bile o tarafa doğru bakmazlar. Ne diye huzurevinde kalmazlar acaba?"

Garson kız kahveleri getirdi.

Jonathan birkaç saniye Michael'a baktıktan sonra ona doğru eğilip sesini alçalttı.

"Bazen benim de boynum tutulur ve kaskatı kesilir."

"Şanssızlık."

Jonathan sır verir gibi alçak sesle devam etti.

"Bazen arabamı park ederken ben de kaldırıma yanaşmayı beceremem. Bazen de konuşurken heyecanlanıp sözcükleri yutmaya başlarım ve kimse bir şey anlayamaz. Aslında pek çok kusurum var: Çabuk korkarım, fazla cesur değilimdir. Kimi zaman da kendimden şüphe ederim, sonra bazen hiç enerjim kalmaz. Bazen de..."

"Bütün bunları bana ne diye söylüyorsun?" diye sözünü kesti Michael bu itiraflar karşısında rahatsız olmuş gibi.

"Sana bir sır vereceğim: Mükemmeliyetçi değilim. Bir işin ayrıntılarında boğulmaktan nefret ederim, hem ayrıca bir şeyi yapmayı canım istemediğinde onu ertelerim, günden güne, ta ki o şey bir soruna dönüşünceye dek. O zaman da bu işi en başında yapsam harcayacağımdan üç kat fazla zaman harcamam gerekir. Ama yine de kendime engel olamam. Aptalca, değil mi? Hem sonra fazla sabırlı da değilim, çabuk sinirlenirim. Örneğin Chloé bir yaramazlık yaptığında hemen ona bağırırım, sonra da bunun için kendime kızarım. Bir de ayrıca benim..."

"İyi de... Bunları bana neden anlatıyorsun?"

"Benim çok zorluk çektiğim bir başka konu da..."

"İyi yönlerin de var ama..."

Jonathan birden durdu ve sakince doğruldu.

"Evet," dedi kocaman bir gülümsemeyle. "İyi yönlerim de var."

*
* *

Ryan gözünü açıp saate baktı.

Siktir.

Saat dokuz. Nasıl böyle uyuyakalmıştı? Bir sıçrayışta yataktan kalkarak salonun penceresine koştu ve siyah tülleri araladı. Mutlaka Jonathan'ın terastan geçişini kaçırmış olmalıydı. Onu dün de görememişti zaten...

Dolu masaları gözden geçirdi. Birden onu bir masanın arkasında ayakta gördü, garson kızın karşısında tek başınaydı ve belli ki artık gidiyordu. *Fuck!*

Hemen araç gereçlerine koşturdu, göz açıp kapayıncaya dek her şeyi hazır hale getirdi ve kulaklığı kafasına geçirdi.

"Size söylemek istediğim bir şey daha var," dedi Jonathan garson kıza.

Ryan ikisinin yüzlerine zum yaptı.

"Gülümsemeniz çok hoş ve size çok yakışıyor. Sabahtan beri keyfimi yerine getiriyor."

Garson kızın gülümsemesi iyice genişledi ve teninin rengi de biraz kızardı.

Jonathan terastan ayrıldı.

32

Pazar.

Ryan gerginlikle siyah tüllerin arkasından dışarı baktı.

Terasta yalnızca turistler vardı. Blogunun kahramanı hafta sonlarında pek uğramazdı zaten.

Bir kola kutusunu açtı ve hemen dudaklarına götürdü. Küçük damlacıkların burun deliklerini gıdıkladığı bu ilk saniyelere bayılıyordu. Serin içecekten birkaç yudum içti.

Blog son zamanlarda hiç ummadığı kadar yükselişteydi. Bu kadarını hiç tahmin etmemişti. Sadık kullanıcıların sayısı artık binleri buluyordu ve trafik her geçen gün artıyordu. İnternetin en güzel tarafı buydu: Başlamak zor oluyordu ama bir kere tutturdun mu arkası hızla geliyordu. Haber ağızdan kulağa çok çabuk yayılıyordu. İnsanlar arkadaşlarını eğlendirmek için linki bütün kontaklarına iletiyorlardı. Gördükleri hoşlarına giderse arkadaşları da aynı şeyi yapıyor ve böylece yayılım katlanarak hızlanıyordu. Mühendislik okullarında çok sevilen cinsten hoş bir eğriydi bu.

Kulaklığını kafasına geçirdi ve masadan masaya dolaşarak dinlemeye başladı.

Turistlerin sohbetlerinden daha boş bir şey bulunamazdı. Ne yazık ki aptalca değil, bomboş olurlardı. Yani hiç de eğlenceli değildi. Ryan pes ederek yatak odasına geçti ve pencereden dışarıya bir göz attı.

Jonathan'ı uzaktan seçince sürekli onun bahçesine dönük duran kamerasını hemen çalıştırdı. Bir şeyler olacağını anında sezmişti. Jonathan tuhaf gözlerle çevresine bakınıyordu. Bu hiç de doğal değildi. Daha iyi. Ryan görüntüyü odakladı, sesi ve kadrajı ayarladı.

Jonathan bir saniyeliğine bahçesinden içeri girdi ve arkasından da çim biçme makinesini önünde iterek geri geldi. Siktir. Çok yazık. Ama içinden gelen bir çeşit itkiyle Ryan bir süre daha kayda devam etti.

Jonathan yeniden çevresine birkaç kere göz attıktan sonra bahçesinin en dibine doğru ilerledi. Çim biçme makinesini yana doğru çevirdi ve kendi bahçesiyle tam karşısındakini ayıran bir çit görevi görmekte olan çalılığın dallarını kenara ayırdı.

Karşıki bahçe Ryan'ın blogunun bir önceki kahramanı Gary'ye aitti.

Jonathan dalların arasından güçlükle bu bahçeye süzüldü.

Bu adam çim biçme makinesiyle komşusu olan salağın bahçesinde ne halt edecek olabilirdi acaba?

Makine titremeye başladı. Eğer bir sigortacı ay sonlarını getirebilmek için komşularının çimlerini biçiyorsa gazetelerde yazılanlara karşın kriz hâlâ sürüyor demekti.

*

* *

Eğer her birimiz sahip olduklarımızın sonsuz değerinin farkında olabilsek dünyanın çehresi tamamen değişik olurdu.

Ancak içinde yaşadığımız toplumda insanlara onlar hakkında düşündüğümüz iyi şeyleri çok nadiren söylüyoruz. Kendimizi ifade etmekten utanıp sıkılıyor, sürekli kendimizi tutuyoruz: Herkes olumlu düşüncelerini ekeceği ya da rüzgârın esintisine, toprağa ve yağmura teslim edeceği yerde cebinde kuruyup kalmalarına göz yumduğu birer tohum gibi gizlice kendi içinde saklıyor.

Belki de bu yüzden insanlar bu türden mesajlar almaya alışkın değiller ve yanlış anlaşılmadan, sinsice art niyetleriniz olduğundan kuşkulanılmadan birine içtenlikle iltifat etmek bu kadar zor oluyor. Olur da içtenliğiniz duyulmamış bir şans eseri sorgulamaya tabi tutulmazsa bu sefer de karşınızdaki kişi böylesine alışılmadık bir hediye almanın verdiği utancı gizleyebilmek adına çoğunlukla elinden geleni ardına koymayarak ona atfetmiş olduğunuz niteliği küçültmeye kalkışıyor.

Bu güçlükleri aşabilmek için Jonathan benzersiz bir çözüm bulmuştu: İltifatta bulunduktan sonra gözden kaybolmak. Şaşkınlığı, bir gülümsemenin doğuşunu ya da gözlerde bir ışıltının başlangıcını görebilecek kadar zaman aldıktan sonra bu küçücük olumlu aynayı teslim edip sıvışmak. Bu müthiş zevkli bir şeydi ve çok hoşuna gidiyordu.

Kurbanlarını tanımadığı için de asıl sorun genellikle nasıl bir iltifatta bulunacağına karar vermek oluyordu. Ancak bu konuda kafenin terasına sıklıkla gidiş gelişleri ona içgüdülerini geliştirme ve sezgilerini dinleme vesilesi vermişti.

Aslında hiç tanımadığı birinin iyi yönlerini öylesine, sırf sezgiyle tahmin etmeye çalışmak epeyce eğlenceli oluyordu. Ona birkaç saniye bakarak, varoluş biçimini, değerlerini, erdemlerini, kozlarını hissetmeyi denemek. Bu tamamen öznel, kesinlikle akılcı olmayan ve baştan sona temelsiz bir şeydi. O kişiyle ilişki kurarak onunla konuşmanın bir yolunu buldukça çoğu zaman yanılmamış olduğunuzu görmek sizi çok eğlendiriyordu.

Ancak o gün, tramvaydan inen yedinci yolcunun, gece kulüplerindeki fedaileri andıran bir adamın karşısına geçtiğinde alıştırmaları ona çok az yardımcı olabilmişti.

"İyi günler," demişti Jonathan gülümseyerek. "Size şunu söylemek istemiştim ki..."

Adam onu hiç de hoş olmayan bir bakışla süzmekteydi. Sanki her an bağırıp çağırmaya başlayabilecek gibi görünüyordu. Bu da Jonathan'ın esinini kökünden kesmiş, kendini bir anda karşısındakine dair en küçük bir iyi yön hissedemeyecek durumda bulmasına neden olmuştu.

"Söylemek istediğim şuydu ki... Yani size..."

Çabuk, iyi bir nitelik, ne olursa... Acaba böyle bir adamın ne gibi bir iyi yönü olabilirdi?...

"Ne?" dedi öteki saldırgan bir tavırla.

Bakışları gitgide sertleşiyor ve bu da Jonathan'ın giderek büyümekte olan rahatsızlığına biraz da utanç ekliyordu.

En basit çözüm, aklına gelen ilk iltifatı çok kısaca dile getirivermek olurdu ama Jonathan söyleyeceği her şeyin içtenlikli olmasına yemin etmişti.

"Benden ne istiyorsunuz?" dedi adam giderek artan bir öfkeyle.

Jonathan'ın üzerine doğru bir adım yaklaştı.

"Aslında, ben... Hiç! Size hiçbir şey söylemek istemiyorum. Hiç."

Adam bir süre onun yüzüne baktıktan sonra, kapkara bakışlarını onun yüzünden ayırmadan uzaklaştı.

Neyse ki kötü talih Jonathan'ın üzerinde kalıcı olmadı. Bir sonraki seferinde rastlantı onun için çok güler yüzlü bir nineyi seçti ve Jonathan da onda anında binbir çeşit iyi özellik buldu.

*

* *

O sabah Gary her günkü gibi dükkânından bir elinde mektupları, diğerinde kahvesiyle otların üzerindeki beyaz plastikten bahçe koltuğuna oturmak üzere çıkmıştı. Ancak daha birkaç adım atmıştı ki ağzı bir karış açık olduğu yerde kalakaldı.

Her zaman çocukları tarafından yarı yarıya çiğnenmiş yaban otlarıyla kaplı olan bahçesi karşısında kusursuzca biçilmiş olarak duruyordu. Kocaman gözlerini ovuşturdu.

"Neler oluyor Tanrı aşkına?"

Düş görüyor değildi. BİRİSİ, ONUN çimlerini biçmişti. Acaba bunu ondan habersiz veletleri yapmış olabilir miydi? Hayır, mümkün değildi bu, bütün pazar günü boyunca onunla birlikte evde, buradan on kilometre uzaktaydılar. Bisikletle bile gelip gidecek zamanı bulamazlardı.

Bakışı mükemmelce biçilmiş çimlerin üzerinde gezindi. Başını yavaşça iki yana salladı. Bu aralar hayatında neler oluyordu böyle?

Sonunda oturdu ve günün mektuplarına saldırdı.

Bir güvenlik kamerası reklamı.

Bir telefon faturası.

Kira.

Bir ışıklı tabela reklamı.

Üzerine elle Gary yazılıp altı çizilmiş, küçük, kahverengi bir zarf.

Kaşlarını çattı. Burnuna kötü kokular geliyordu. Yaramazların avluda yaptıkları gürültüden şikâyet eden ya da belki yağ kokusundan rahatsız olan bir komşu falan olmalıydı bu.

Kalın parmağını açıklığına sokarak zarfı yırttı.

İçinden yine kahverengi tek bir sayfa kâğıt çıktı.

Kâğıdı çıkarıp açtı.

Sayfanın tam ortasına elle yazılmış tek bir cümleden ibaretti:

Dedenin babası dedeni seviyordu ama bunu ona göstermeyi bilmiyordu

Gary kaşlarını kaldırdı, cümleyi birkaç defa arka arkaya okudu, sonra kâğıdı ve zarfı evirip çevirip inceledi. Hiçbir iz yoktu. İçgüdüsel olarak yavaşça çevresine bakındı, gözleriyle etraftaki evleri, apartmanları taradı.

"Bu saçmalık da neyin nesi?"

Sonra omuzlarını kaldırdı ve bir sonraki mektuba geçti.

Un tedarikçisi tarifede yüzde 2,3'lük bir zam yaptığını duyuruyordu.

Business as usual.[2]

---

2 (İng.) Her zamanki gibi iş. (ç. n.)

33

Çirkinleri baştan çıkarmak için boşa çabaladıktan sonra nihayet elinin altındaki hedeflere razı oldu.

Bu sıradan başlığın altında blog, hepsi birbirinden matrak bir dizi video yayınlıyor, bunlarda Jonathan'ın sokakta en az seksen yaşında bir ihtiyar kadını durdurarak ona iltifatlar yağdırdığı görülüyordu.

Baştan çıkarma dersleri, uygulama no 9

Bu videoda Jonathan kaldırımın üzerinde tramvaydan inen yolcuların kendisine doğru yaklaşmalarını bekliyordu. Gözlerinde umuda benzer bir ışığın parladığı görülüyordu. Sonraki videoda Jonathan katil suratlı, iri yarı, biraz daha erkeksi olsa ölecek bir adamın yanına sokuluyor ve gözünüzle görmeseniz inanmayacağınız şekilde ağzının içinde bir şeyler geveleyerek onu baştan çıkarmaya kalkışıyor, arkasından da adam tarafından kovalanıyordu.

Blogun sayısı gitgide artmakta olan kullanıcıları zincirlerinden boşanmışçasına alaylara, hakaretlere girişiyor, Jonathan'ı yerden yere vuruyorlardı. Aşağılamalar havada uçuşuyor, öldürücü yorumlar yağmur gibi yağıyor, Ryan ise zevkten dört köşe oluyordu.

Uzun zaman elinden gelen her yolu deneyerek salaklarını ünlü etmeye çalıştıktan sonra Ryan'ı şimdi bambaşka bir görev beliyordu: başarıyı yönetmek. Sitenin ziyaretçi akını günden güne artarken sistemin de beslenmesi gerekiyordu. Neyse ki yıldız salağı yeterince verimliydi; dur durak bilmiyordu.

*

* *

Jonathan, bir gözü Gary'nin bahçesinde tıraş oluyordu. Herif yine, çok da fazla ciddi bir şey yapmamış oldukları anlaşılan çocuklarını haşlıyordu.

Tıraş makinesinin şarj aletini ararken Jonathan bir zamanlar saçındaki ilk beyazları boyamak için kullandığı boyaya rastladı. Gülümsedi ve boyayı banyodaki küçük çöp kutusuna fırlattı. Tam elini şarj cihazına attığı sırada kapı zili ısrarla çaldı.

Beyaza boyalı dar, tahta merdivenleri koşarak indi ve kapıyı açtı.

Takım elbiseli, kravatlı bir adam üzerinde fotoğrafı bulunan madeni bir rozeti burnuna doğru uzattı.

"James Gordon, Adalet Bakanlığı memuru."

Ona bir kâğıt uzattı.

"Bu Kaliforniya Bankasından resmî bir bildiridir. Okuyacağınız üzere borcunuzu ödemek için on beş gün süreniz var, süre dolduğunda buraya tekrar gelip menkullerinizin dökümünü çıkaracağım."

Jonathan ne diyeceğini bilemedi.

"Şurayı imzalayın lütfen," dedi memur ona bir kalem ve bir makbuz uzatarak.

*

* *

Gary posta kutusunda küçük, kahverengi zarfı görünce ürpermemek için kendini zor tuttu. O sabah gelen tek mektup buydu. Camdan dışarı, caddeye doğru bir göz attı ve içini çekti. Dükkânın içinden geçerken kahvaltı sofrasının başına oturmuş olan çocuklarına doğru bağırdı:

"Çabuk bitirin tıkınmayı, birazdan açacağız!"

Avluya çıktı ve kapıyı özenle arkasından kapattı. Sonra zarfı yırttı ve içindeki kâğıdı çıkardı. Geçen seferkiyle aynı, kahverengi, yumuşak kâğıttandı.

Deden babanı seviyordu ama bunu ona göstermeyi bilmiyordu

Gary metne uzun uzun baktı ve mekanik olarak birkaç kere okudu. *Tanrı aşkına, ondan ne istiyorlardı? Ona bu türden oyunları kim oynuyor olabilirdi? Bu aralar hayatına neler oluyordu böyle?*

*

* *

Raymond'un canı fena halde sıkıldı. Stella'nın Yeri'nde hiç boş yer yoktu. Doluyuz. Ona böyle demeye cüret edebilmişlerdi, oysa o neredeyse kırk yıldır buranın demirbaşı olmuştu artık. Böyle bir yanıtla ilk defa karşılaşıyordu ve yaşadığı aşağılanmadan yüzü kızarıyor, öfkeden vücudunu ter basıyordu. Neredeyse ağlayacaktı.

Derinden incinmiş bir halde daha ötede, sitenin en dışında yer alan öteki bara kadar yürüdü. Buraya *beautiful people*[3] hayatta adım atmazlardı. Sanki sırt çantasındaki kameranın yerine iki tonluk bir kaya koymuşlar gibi kendini ağırlaşmış hissediyordu.

Kapıyı itti ve içeri girip güneş gözlüklerini bile çıkarmadan bara yerleşti.

"Bir Bud."

Alkol utancını eritinceye kadar içti.

Sonra derin bir iç çekti ve birazcık gevşedi. Böyle şeyler tansiyonu için iyi değildi.

Sonunda arkasını dönüp salonun içine bir göz attı.

Gördüğü şey karşısında olduğu yere çakılıp kaldı.

Austin'in koçu Warren, onun başlıca rakibi, yeminli düşmanı, unvanını elinden alabilecek tek kişi olan Jack Volsh'un sponsoruyla öğle yemeği yiyordu.

Raymond gözlerine inanamadı.

Beni ilgilendirmez ama burada ters bir şeyler dönüyor.

Bu ikisinin kimse tarafından görülmeyecekleri bu barda buluşmuş olmaları herhalde rastlantı olamazdı.

İşe bak...

Bu her şeyi açıklıyor, şimdi her şey belli oluyordu.

Warren satılmıştı.

---

3 (İng.) Güzel insanlar. (ç. n.)

34

Gece San Francisco'yu gizemli karanlığına sarmıştı. Angela tepenin en zirvesine kurulu olan küçük evinin terasından şehrin uzakta parıldamakta olan ışıklarını görebiliyordu.

Son günlerde ay, iyice küçülerek incecik kalmıştı, gökyüzüyse yıldızlarla doluydu.

Chloé yumruklarını sıkmış, uyuyordu ve bu akşam Angela'nın canı da bir hiçbir şey yapmak istemiyordu. Ne televizyonda bir film izlemek ne de bir kitabın kapağını açmak. Mekanik bir hareketle e-postalarına baktı. Özel bir şey yoktu. Liseden eski bir arkadaşı olan ve uzun süre boyunca izini kaybettikten sonra Facebook'ta onu bulduğundan beri arada sırada yazışmakta olduğu Julia'dan bir posta vardı. Üstelik kişisel olarak ona bile gönderilmiş değildi. Angela çok sayıdaki alıcıdan yalnız biriydi.

LOL !

www.minneapolischronicles.com/thekingofidiots.html

Öpücükler, Julia

Julia'nın zaman zaman gönderdiği türden, az çok komik ve herhalde zevksiz bir şeye yönlendiren bir link daha mutlaka.

Ama neyse ne, Angela da bu akşam bunalımın eşiğinde olduğuna göre birazcık gülmekten zarar gelmezdi herhalde.

Tıkladı.

Hata mesajı.

Julia linki kopyalarken hata yapmış olmalıydı. Angela sitenin ismini klavyede yazdı ve giriş sayfası karşısına geldi.

Komik sahnelerin geleceğini düşündüren çarpıcı başlıklar altında bir dizi video.

İlkini tıkladı, kısa ve yeterince komikti. O da birkaç tanesine daha göz attı, her ne kadar alaycı başlıklar biraz canını sıksa da videolar bayağı eğlenceliydi. İçlerinden birini izlerken içinde birdenbire açıklanması güç olan, tuhaf bir duygu hissetti. Sanki nedensiz, küçük bir iç sıkıntısı, oysa aslında yalnızca bir masanın başında oturmuş iki kişi aralarında sohbet ediyorlar, biri diğerine bahçesindeki çiçekleri yediğini anlatıyordu. Bu duygu öylesine tuhaftı ki, içinde uyanan bu rahatsızlığın kaynağını keşfedebilmek umuduyla videoyu bir kere daha izleme zorunluluğunu hissetti. Nedenini bulamasa da aynı garip hissi yine duymuştu.

İçinde bu siteden bir an önce çıkma isteği uyandıysa da içinin başka bir tarafı da onu burada tutuyor, nedenini bilmediği halde ona gitmemesini emrediyordu.

Siteyi gezmeye devam etti ve epeyce gülünç birkaç video daha izledi. Mizahı için Oscar verilecek türden bir şey yoktu gerçi ama yine de eğlendiriyordu. Gevşedi ve birkaç sayfa daha ilerleyerek her seferinde komik düşünceleri ya da davranışları olan yeni bir kurbanın yüzüyle karşılaştı.

Ekranı bir anda Jonathan'ın yüzü kapladığındaysa çığlığına engel olamadı.

Böyle bir blogda ne işi vardı onun???

Sitenin adı *Minneapolis Chronicles*'tı. Oysa Jonathan'ın Orta Batı ile hiçbir bağlantısı yoktu ki.

Merakına yenik düştü: Bu sitede yer alabilmek için ne türden bir hayvanlık yapmış olabilirdi acaba? Sabırsızlık içinde hızla videoyu açtı.

Jonathan'ın dört ayak üzerinde çimenliğindeki yoncaları teker teker kopardığı filmi görünce kahkahayı koparırken bir yandan da şaşırmıştı: Onu böyle kendi evinin bahçesinde filme almayı nasıl becerebilmişti bu herifler? Eğer her önüne gelen komşularını filme alıp da böyle bir blog üzerinden yayınlayabiliyorsa bu biraz rahatsız ediciydi doğrusu...

Ziyaretçilerin bıraktıkları mesajlar acımasızca alaycıydı. Ama sonuçta internet üzerinde bu zaten kaçınılmaz bir şeydi...

Yine de Jonathan'ın bu şekilde, habersiz olarak filme çekilip de bu blog üzerinden izlenebiliyor olması inanılır gibi değildi! Gördüklerine bir türlü inanamıyordu. Ayrıca eski sevgilisiyle hiç tanışmamış olan, dolayısıyla da onu tanımış olmasına hiç olanak bulunmayan Julia'nın bu linki ona göndermiş olması nasıl bir rastlantıydı böyle! Herhalde hiç tanışmamış olmaları daha iyi olmuştu bu durumda...

"Devam" yazan düğmeyi tıkladı ve bir sonraki sayfa belirdi. Yine Jonathan'ın bir videosu!

Bu seferkinde kim olduğunu bildirmeden bir kadına kahve ısmarlıyordu. Blogun kullanıcıları bu dolaylı baştan çıkarma girişimiyle dalga geçiyorlardı ama Angela yanılıyor olduklarını hemen anlamıştı. Bu kadın kesinlikle eski sevgilisinin tipi değildi, buna kalıbını basardı. Hem zaten onu baştan çıkarmayı istese böyle denemezdi, bunu bilmeye yetecek kadar tanıyordu onu.

Daha bir sürü video vardı. Jonathan internet kullanıcılarının alayları altında daha başka isimsiz ikramlarda bulunuyordu. Bu meşru linç karşısında Angela neredeyse kendini kaybedecekti. Bu sahneleri izledikçe kahramanın ne yapmaya çalıştığını gitgide daha fazla anlayabiliyordu. Söz konusu edimlerin niyetlerinde, yol açtıkları alaylarla son derecede çelişen bir soyluluk vardı.

Aşağılayıcı, küçük düşürücü, hakaret eden yorumlar yüzlerceydi. Sonunda Angela'nın bakışları buğulandı ve bu mide bulandırıcı sözleri okumakta olan gözleri yavaş yavaş yaşlarla doldu.

Bundan sonra gelen videolarda Jonathan çeşitli yabancılara değişik iltifatlarda bulunuyor, sonra da teşekkür beklemeksizin, geldiği gibi gözden kaybolup gidiyordu. Bedava edimler. İnsanların yüzlerinde gülümsemelerin oluştuğu görülüyor, gözlerinde sevinçli ruhlara özgü bir ışıkla yollarına giderlerken günlerinin geri kalanını neşe içinde geçirecekleri sezilebiliyordu.

Altında akmakta olan hakaretler seline doğru gözlerini indirmek için cesaretini toplarken Angela'nın yanaklarından aşağıya yaşlar süzülüyordu.

Jonathan'ın sokakta çok güzel bir genç kadının yanına yanaşarak ona dokunaklı bir içtenlikle "Sizi çok hoş buluyorum," dediğini görünce Angela kaskatı kesildi. Ekranda genç kadın, o kalabalığın içinde gözden kaybolmadan hemen önce muhteşem bir gülümsemeyle onu ödüllendirdikten sonra film donuyor, kadının yüzündeki ifadeyse kuşkuya yer bırakmayacak biçimde ona bu iltifatı etmiş olan adama karşı kayıtsız olmadığını gösteriyordu.

Arkasından gelen iğrenç yorumlarsa bu sefer iyice vahşi, iyice sertti. İlk defa kız gerçekten güzel olunca bu sefil yaratıklar kendi cinsel yoksunluklarını Jonathan'ın üzerine yansıtıyorlardı. Kendilerinin hayatta yakalayamayacakları bir fırsatı teptiği için onu bağışlayamıyorlardı.

Türlü çeşitli karışık ve çapraşık duyguyla kuşatılmış olan Angela hemen klavyesine saldırdı, aklına gelen ilk takma adı aldı ve yüreğinden geçenleri haykırmaya başladı.

Hiçbir şey anlamamışsınız, o kimseyi baştan çıkarmaya çalışmıyor, kimseye kendini beğendirmeye çalışmıyor, bunlar birer cömertlik, başkalarını düşünme, insanlık edimi. Jonathan...

Kendine gelip ismi sildi.

Bu adam hayran olunacak kadar iyi bir insan!

Gözleri sırılsıklam, burnundan soluyarak yazdığı yorumu kopyaladı ve teker teker, sayfa sayfa bütün videoların altına yapıştırdı.

Sonra öfke içinde bilgisayarını kapadı, başını ellerinin arasına aldı ve hıçkırıklara boğuldu.

Jonathan'ın onu aldatarak kendisine çektirmiş olduğu onca acıya karşın içten içe onu hâlâ sevmekte olduğunu hissediyordu.

35

"Michael?"

"Evet."

"Benim, Angela. Beni bugün kahveye bekleme. Bugün işe gelemeyeceğim."

"Hasta mısın?"

"Hayır..."

Sessizlik.

"Ama çalışabilecek havada değilim."

Havasında değilmiş. Havan batsın...

"Tamam o zaman... Yarın görüşürüz."

Yine sessizlik.

"Emin değilim. Aslında... Sanmıyorum, hayır."

"Nasıl yani?"

"Sanırım biraz uzaklaşmaya ihtiyacım var... Ben... Ne zaman geri döneceğimi sana bildiririm."

Michael telefonu kapattı.

Çalışabilecek havada değilmiş... İşte bu, şimdi de bu bir ay boyunca ortadan kaybolacak, sonra da geri gelip mesleğe yeni bir yaklaşım getirmeyi deneyerek rakamları yüzde yirmi düşürecek! Hay sikeyim, nereden gidip de ortak olmak için bu ezikleri buldum ben? Üstelik daha kolay kolay bu tembellerden kurtulacağım da yok... Sürekli düşüşte olan bir şirketin üçte bir hissesini kim satın almak ister sanki? John Dale değil, orası kesin. Lanet olsun, servete konmama iki parmak kalmış olduğunu düşündükçe... Ne boktan iş...

Asistanı odaya girdi.

"Suratını asmışsın," dedi.

Michael gözlerini devirdi.

"Sen de bana biraz uzaklaşmaya ihtiyacın olduğunu söylemeye gelmedin umarım?"

"Nasıl yani?"

"Ne yani, sen bir ay boyunca havanın yerine gelmesini beklemeyi, mesleğinin anlamını, yaşama bakış açını sorgulamayı, arka ayağınla kulağını kaşımayı istemez misin?"

"Neden bahsediyorsun sen böyle?"

"*Good girl.*[4] Bana ne söylemeye gelmiştin peki?"

"Hiç, geçen ayın muhasebe raporunu getirmiştim sadece."

"Moralimi sıfıra indirmek için hepiniz birleştiniz, bu mudur yani?"

Kız omuzlarını kaldırdı ve dışarı çıktı.

Michael belgeyi açtı.

Genel ciro: + yüzde 3.

Bu saçmalık da neyin nesi?

Doğrudan Jonathan'ın rakamlarının bulunduğu sayfaya atladı.

Müşteri başına ortalama ciro: – yüzde 19.

Sektör başına ortalama ciro: + yüzde 17.

---

4 (İng.) Aferin kızıma. (ç. n.)

Telefonunu eline aldı.

"Jonathan, benim. Söylesene geçen ay çok yağlı bir sözleşme falan mı bağladın sen?"

"Hayır."

"Genel ciron yükselişe geçmiş ama müşteri başına ciron düşmeye devam ediyor. Bu ne demek oluyor böyle?"

"Yükseliyor muymuş?"

"Evet."

"Yeni müşterilerim oldu, küçük müşteriler. Herhalde oradan geliyor olmalı."

"Peki bunlar öylece gökten mi indiler?"

"Kulaktan kulağa derler ya, öyle geliyorlar işte. Anladığım kadarıyla tavsiye ediliyormuşum."

Michael telefonu kapattı.

Bir ayda yüzde üç artış uzun zamandır görülmüş değildi.

Uzunca bir süre öyle dalgın dalgın oturduktan sonra öfkeyle masaya bir yumruk indirdi.

Siktir, Jonathan'ın hisselerini bana satmaktan vazgeçmesini kabul etmeyecektim!

*

* *

"Ace!"

"Oyun, set ve maç."

Austin gözlerini yumdu. Finale çıkmıştı.

Güçlü ama sevinçsiz alkışlar. Belli ki yakışıklı İspanyolun kazanmasını tercih ederlerdi.

Ne olursa olsun, iki gün sonra turnuvayı kazandığımda rekor kitaplarına gireceğim, tarihe geçeceğim. Onlar isteseler de istemeseler de. Ondan sonra artık bana tepeden bakamayacaklar. Sevmeseler de bana saygı duymak zorunda kalacaklar çünkü bir kahraman saygı görür. Mecburlar.

Fileye doğru yaklaştı, önce rakibinin, sonra da hakemin elini sıktı ve soyunma odasına daldı.

Göz kamaştıran güneşin yerini sanki kara bir tünelin içine girmiş gibi bir anda karanlık almış, sonra yeniden ışığa, bu sefer üzerine doğru üşüşen gazetecilerin yanlarındaki projektörlerin aydınlığına çıkmıştı.

Birkaç yanıt verdikten sonra odasına çekildi, içinde iki iskemle, bir kanepe ve üzerinde bir meyve sepetiyle küçük su şişeleri duran bir sehpa olan, havasız kokulu, beyaz duvarlı, kişiliksiz bir odaydı bu. Duvar boyunca uzanan bir masanın üzerine hayranlarından gelmiş olan birkaç buket çiçek yığılmıştı.

"Tebrikler," dedi Warren. Oyunu değerlendirmeden önce sana birkaç dakika izin vereyim de terin soğusun.

Yandaki odaya geçti.

Austin oturdu ve o anda üzerindeki bütün baskı çöktü. Bütün yorgunluğu bir anda üzerine yığılmıştı. Birkaç yudum su içti. Lavanta kokulu ıslak bir havluyla yüzünün terini kuruladı ve gözlerini yumdu.

Finali kazanacaktı, bunu hissedebiliyordu. İstiyordu ve kazanacaktı.

Gözlerini açtığında karşısında tuhaf bir adam buldu. Kendisine bir yerlerden tanıdık gelen yüzü biraz kızarmış, altmışlı yaşlarda bir adamdı bu. Herhalde bütün uyarılara karşın onun özel odasına kadar kendine yol açabilmeyi başarmış bir ses teknisyeni falan olacaktı.

"Merhaba," dedi adam. "Sizi görmeye gelmekte biraz duraksadım ama sonradan bunu içimde saklı taşıyamayacağıma karar verdim."

"Kimsiniz siz?" diye sordu Austin sabırsızlıkla.

Rastgele bir yabancının içinde saklı tuttuğu şeyi dinlemeye can atmıyordu.

"Kameramanım... Sizi yıllardır takip ediyorum..."

Tanınmamış olmaktan neredeyse gücenmiş gibi bir hali vardı. İnsanlar bazen çok tuhaf oluyorlardı.

"Benden ne istiyorsunuz?"

Karşısındaki, okul müdürünün odasına çağırılmış bir çocuk gibi bir o ayağının bir diğerinin üzerinde sallana sallana utangaçlığını gizlemeye çalışıyordu.

"Aslında beni hiç ilgilendirmez ama... Sanırım sizden bazı şeyler saklıyorlar... Ciddi şeyler..."

Austin kaşlarını çattı.

"Ne demek istiyorsunuz?"

Adam ezilip büzülmeye devam etti.

"Yani, sizin şu koç... Bana kalırsa arkanızdan bir iş çeviriyor."

"Ne kastediyorsunuz?"

"Tekerinize çomak sokması için Jack Volsh'un sponsorundan para alıyor olabileceğinden şüpheleniyorum."

Austin bir süre adamın yüzüne baktı. Bu herif biraz sersem görünüyordu ama samimi gibiydi.

"Çok ciddi bir suçlama öne sürüyorsunuz. Böyle bir şeyi nereden çıkardınız?"

Adam bir adım geriledi ve birazcık daha kızardı.

"Hiçbir şey uydurmuyorum ben... Sadece ne gördüysem onu söylüyorum, o kadar... Bunları yalnızca sizin için anlatıyorum, benim bu işten bir çıkarım yok..."

"Peki tam olarak ne gördünüz?"

"Koçunuz geçen gün Jack'in sponsoruyla yemek yiyordu."

"Bu yasak değil ya."

"Evet, ama hepsi bu da değil! Onu daha önce bir kere de sizin hakkınızda güzel şeyler söylemek isteyen, hayranınız olan bir gazeteci kızı başından savuştururken görmüştüm..."

Austin donakaldı.

"Hem sonra," diye devam etti adam, "başka bir seferinde de bir başka gazeteciyle konuşmasına tanık oldum. Onu karşısına almak için elinden geleni yaptı. Size yemin ederim ki yaptıkları sizin yararınıza değil, beni ilgilendirmez ama gördüğüm kadarıyla gazetecilerin sizinle uğraşması hep onun yüzünden..."

Austin ne düşüneceğini şaşırmıştı. Acaba bu herif doğru söylüyor olabilir miydi?

"Bakalım, şimdi anlarız. Warren?"

Adamın gözleri fal taşı gibi açıldı ve rengi gitgide daha da kızararak başını iki yana sallaya sallaya geri çekildi.

"Yok, hayır... Onu çağırmayın... Bu beni hiç ilgilendirmez..."

"Warren!"

Adam arkasını döndü.

"Orada kalın!"

Yüzü mosmor, titreye titreye tekrar döndü.

Warren bozguna uğramış gibi bir yüzle odaya girdi.

Tanrı aşkına, dedi içinden Austin onun suratını görünce. *Bu herif doğru söylüyor.*

Konuşmadan önce gözünü dikip uzun uzun koçun yüzüne baktı. İçten içe her şeyin sonsuza dek yıkılabileceği anı geciktirmeyi istiyordu.

"Bu beyefendiye ne yanıt vereceksin?"

Warren gözlerinde sert bir bakışla olduğu yerde kaldı.

"Hiç", dedi buz gibi bir sesle ve suçlayıcısına bir kere bile göz atmadan.

Austin buna inanamıyordu. Sınırları çok iyi çizilmiş, çerçevesi çok belirgin olan dünyasında bir şeyler yıkılmak üzereydi. Anlaşılmaz bir şeyler.

Gözlerini koçundan ayıramıyor o da bakışlarını kaçırmaya hiç çalışmıyordu.

"Siz çekilebilirsiniz," dedi sonunda öteki adama ve o da bir dediğini ikiletmedi.

Odanın üzerine ağır bir sessizlik çökmüştü.

"Bana bazı açıklamalar borçlu olabilir misin?" dedi Austin bir süre sonra.

Warren başını sakince iki yana salladı.

"Benim görevim seni kazandırmak. Gerisi seni ilgilendirmez."

Austin dudağını bükerek başıyla yavaş yavaş onayladıktan sonra birden patladı.

"Volsh için çalıştığını öğreniyorum ama bu beni ilgilendirmez öyle mi?"

"Vosh için çalışmıyorum ben. Sponsoru eski bir arkadaşım sadece."

"Peki ya gazetecilerin yanında beni küçük düşürmenle ilgili hikâyeler, o saçmalıklar da neyin nesi?"

"Senin bana verdiğin tek görev başarılı olmanı sağlamam."

"Ama gazeteciler... Onların bu tavrının beni ne kadar incittiğini gayet iyi biliyorsun..."

"Bana bu konuda herhangi bir görev bildirmedin."

"Bu bir neden değil ki..."

"Yaptığım her şeyin tek bir amacı var: Senin başarılı olman."

"Ama..."

Austin birdenbire anladı.

Anladığı şey o kadar büyüktü ki suratının orta yerine bir tokat yemiş gibi sarsıldı.

Soluğu kesilerek gözünü koçuna dikti. Kanın şakaklarında akmakta olduğunu hissediyordu, ter içinde kalmıştı.

Çantasını aldı, aceleyle oradan çıktı ve kapıda kendisini beklemekte olan limuzinin içine daldı.

36

Ryan, Gigi21'in önceki gece yazdığı yorumu okuyunca gülmekten kırıldı.

Bu nasıl bir salaktı böyle?

Aptallığın içinde insanlık görebilmek için insanın ne derecede budala olması gerekiyordu? Epey saf bir hatun olmalıydı bu! Ya da belki aptallığın bütün insanlığın içinde yer aldığının bir işaretiydi bu da...

Son videodan sonra sayıları gitgide artmakta olan yorumları okumaya devam etti. Başka kullanıcıların da bu salak hatunun görüşünü paylaşmakta olduğunu görünce canı sıkıldı. Bunların da terasta kendilerini göstermiyor oluşları çok yazıktı, onlardan da iyi malzeme çıkacağına kuşku yoktu çünkü. Böylece stokunu doldurabilirdi.

Sonra da blog sayfalarına ziyaret sıklığının istatistik analiziyle ilgilendi. Jonathan'ın videolarının bulunduğu sayfalar açık arayla en sık ziyaret edilenlerdi ve ilginç bir şekilde eski videoları bile izleyici kazanmaktaydı. Görünüşe bakılırsa halk bu salağı tutmuş, onu daha fazla görmeyi istiyordu. Onlara istediklerini vermek gerekirdi.

Reklam gelirleriyse ciddi bir yükselişteydi. Jonathan kazanç sağlayan bir salaktı.

*

* *

Yok olmuş.

Gary posta kutusundan çıkarmış olduğu on tane kadar mektubu gözden geçirdi. Küçük, kahverengi zarf yoktu. Oysa postacının elinde onu görmüş olduğundan emindi. Hatta gördüğü anda yüreğinin sıkıştığını bile hissetmişti.

Kutuyu yeniden açıp elini daracık deliğin içine bir kere daha soktu. Kocaman parmaklara sahip olmak her zaman pratik olmuyordu. Kutunun soğuk, madeni iç çeperlerini eliyle yoklarken birden ona dokunuverdi. Zarf sanki dışarı çıkarılmayı reddediyormuşçasına yarığın altındaki demir çıkıntının altına gizlenip kalmıştı. Gary onu dışarı çıkarırken elini sıyırttı. Mektup hâlâ direniyordu demek. Zarfı sol elinde tutmakta olduğu küçük yığının arasına sokuşturdu ve kahvaltı sofrasında oturmakta olan afacanlarla hiç ilgilenmeden dükkânın içinden geçip gitti. Alışkanlıklarını bozarak kendine kahve hazırlama zahmetine girişmeden dışarı çıktı ve avludaki plastik koltuğuna geçip oturdu.

Heyecanlanmıştı.

Yaşamında karşısına böyle tuhaf şeylerin çıkmasına artık alışmış olması gerekirdi. Yine de zarfı yırtarken elleri titriyordu.

Baban seni seviyordu ama bunu sana göstermeyi bilmiyordu.

Başını iki yana salladı. Bir bakıma bunu bekliyordu zaten. Mantıklı olan devam buydu.

Bu sözcükleri tekrar tekrar okurken içini çekti. Sonra birden, nedenini bilmeksizin ağlamaya başladı.

Sanki hiç bilmediği, hiç anlamadığı bir şeyler yüzeye çıkıyor gibiydi. Tıpkı hamurun içine fazla maya koyduğu zamanlarda ortaya çıkan hava kabarcıkları gibi yükselmiş, yükselmiş ve sonunda kabuğu dört bir yanından çatlatmıştı.

Zihninden karmakarışık görüntüler geçmeye başladı. Yaşarken kendisini sevdiğini hiç hissetmemiş olduğu karısı. Ona karşı hiçbir zaman sevecen olmayan çocukları. Şu son günlere kadar her zaman soğuk ve suratsız davranmış olan müşterileri. Sonra da kaldırımın üstünde bulduğu içi kırıntılarla dolu bir tepsi ve bir peçete üzerine çizilmiş kocaman kalp, "Gary'nin ikramı".

Birden aklına nereden çıktığı belli olmayan daha da eski bir anı geldi: On dört yaşındaydı, bir fırıncı ustasının yanında çıraklık yapıyordu. Baştan ayağa beyaz pamuktan kalın ve sert giysiler içinde, henüz sakalı bile çıkmamış, incecik bir çocuktu daha. Sabahın üçünde, gece karanlığıydı. Dört bir yandaki unlar her yerde uçuşuyor, bütün zemini kaplıyor, tenini ve saçlarını bembeyaz yapıyordu. Sıcak ekmek kokusu, içinde odunların çıtırdadığı kocaman fırın... Bu fırını açtığında sanki cehennemin kapıları önünde açılmış gibi hissediyor, alevlerin sıcaklığı bütün şiddetiyle yüzünü yakıyordu.

Ustası ona Fransız meslektaşlarından öğrendiği sırrı vermişti: Bütün canlı varlıklar gibi ekmek mayasına da hükmedilemezdi. Ama sen ona ne kadar bağlıysan o da sana o kadar bağlıydı. Eğer sen iyi olmazsan, keyfin yerinde değilse ya da dikkatini yaptığın işe vermiyorsan o da kabarmazdı. Elinden gelen her şeyi denesen de bir işe yaramazdı. Saatlerce yoğursan da, odanın sıcaklığını değiştirsen de, nemlilikle oynasan da hiçbiri işe yaramazdı. Ama eğer sen iyi olursan, yaptığın işte mutluysan o zaman maya da senin gibi mutluluk içinde olacak ve mucize gerçekleşecekti.

Gary sonunda ustasının yanından ayrılmış ve kimyasal maya kullanmayı tercih etmişti.

Bütün bu anılar nedensiz yere ortaya çıkıyor ve birbirlerine karışıyorlardı. Zihni tam bir çıfıt çarşısına dönmüş, yaşamının, geçmişinin, acılarının, pişmanlıklarının ve aşağılanmalarının kırıntılarının dört bir yandan fışkırdığı bir ambara benzemişti.

Derken bütün bu görüntüler, sesler ve biçimden yoksun duygular patlamasının ortasında birdenbire bir fikir belirerek gitgide belirgin hale geldi, tıpkı eski günlerde bir banyo suyunun içine batırıldığında sihirliymişçesine bomboş kâğıdın üzerinde görüntülerin ortaya çıktığı fotoğraflar gibi. Bütün yaşamının hatalarını özetleyen bir fikir: Çocukluğunda başkalarının soğuk ve acımasız olduklarını düşünüyordu.

Sonraları nazik, iyi, sevecen insanların da bulunduğunu keşfetmişti. Ama bunlar onun karşısına çıkmıyordu. O her zaman lanet, suratsız, dayanılmaz insanları kendine çekiyordu. Onun kaderi, karması buydu ve bunu yaşamı boyunca taşıyacaktı.

Şimdiyse başkalarının ne nazik ne de acımasız, ne iyi ne de kötü olduklarını fark ediyordu. Herkes bunların hepsini içinde taşıyordu. İnsanların dışarıya ne vuracakları onun dışarı ne vurduğuna bağlı olarak değişiyordu, sanki onların içinin bir parçası kendi içinin bir parçasına karşılık veriyormuş gibi. Başkalarının davranışı kendisininkinin bir aynasıydı yalnızca.

Gözyaşlarını sildi ve uzun bir zaman bu şekilde avluda oturarak anılarının su yüzüne çıkmasına izin verdi, bütün yaşamını bu yeni keşfin ışığında gözden geçirdi.

Sonra çocuklarına seslendi.

Yanıt alamadı.

Daha yüksek sesle bağırdı ve sonunda çocuklar kapıda belirdiler.

Onların korkmuş göründüklerini fark edince kendinden utandı.

Onlara yaklaşmalarını işaret etti.

Çocuklar yavaşça söyleneni yaptılar. Babalarının karşısına gelince durdular. O da kollarını onların sırtlarına atarak çocuklarını kendine doğru çekti.

37

Gecenin bir yarısıydı. Angela yatağında dönüp duruyordu ama boşuna, uyuması mümkün olmuyordu. O adi blogda Jonathan hakkında okuduğu berbat şeyler aklından hiç çıkmıyor, düşündükçe kendi kendine sinirleniyordu.

Başka şeyler düşün.

Sakinleşmesi, bütün bunları unutması gerekiyordu. İsterse gündüz bu konuyu tekrar düşünebilirdi ama şimdi uyumalıydı.

Sakin, güzel, olumlu şeyler düşün.

Gözünde, rengârenk kır çiçekleriyle, otların üzerinde zıplayan küçük tavşancıklarla dolu güzel bir çayır canlandırmak için kendini zorladı.

İşte böyle, eğer böyle devam edersen birazdan uykuya dalarsın.

Çiçekler ve... Ve birden aklına bahçesindeki çiçekleri nasıl yediğini anlatan adam geldi. Blogda dolaşırken huzurunu ilk kaçıran video bu olmuştu. Jonathan'ın olmadığı, içinde fazla bir şey bulunmayan, çok sarsıcı bir tarafı olmayan bir videoydu bu. Kendisini neyin rahatsız ettiğini anlayamadan iki kere izlemişti onu.

Normal bir şey değildi bu. Rahatsızlığına neden olan bir şey olmalıydı mutlaka. Bunu bulması gerekiyordu. İçinde bir şeyler onu bunu bulmaya zorluyor, aramasını emrediyordu. Bir çeşit sezgi, bir önsezi gibi.

Uyu. Yarın yaparsın. Şimdi uyuman gerek. Doğayı düşün, küçük tavşanları düşün...

Kendini zorlayarak derin ve yavaş soluk alıp vermeyi, bu şekilde gevşemeyi denedi.

Hayır. Hayır, bu da bir işe yaramıyordu. Artık o video aklına düştüğüne göre bundan sonra hiç uyuyamayacaktı, bunu biliyordu. En iyisi sorunu hemen şimdi çözmekti. En acele tarafından.

Elini uzatıp baş ucu lambasını yaktı ve ayağa kalktı.

Koridorda Chloé'ye bir göz attı. Bir bacağı yatağının dışında çok rahatsız bir şekilde uyuyordu. Angela onu uyandırmayacağından emin olmak için odasının kapısını çekti.

Salona inerek bilgisayarı açtı. Ekranın solgun ışığı uykuda olan odayı aydınlattı. Oturdu. Çıplak bacaklarında derinin soğuk dokunuşunu hissetti.

Blogu açtı. Bu siteyi çalıştıran küçük serseriyi eline geçirerek herife ağzına geleni söylemeyi çok isterdi. Erkek olduğundan hiç kuşkusu yoktu. Bir kadın asla böyle şeylerle uğraşacak kadar kendini alçaltmazdı.

İlk önce Jonathan'ın videolarını gözden geçirmeden edemedi.

Kendisininkini destekleyen başka yorumlar da yazılmıştı. Bu içine biraz su serpti. Ardı ardına gelen çok sayıdaki paragrafı gözden geçirdikçe bunlardan çok büyük bir kısmının onun yaptığı gibi bu haksız alaycılığa isyan ettiklerini görüyordu. Sayfaları çevirdikçe benzerleri gözünün önünden geçip gitmeye devam ediyordu. Sanki farkında olmadan bir itiraz çığını tetiklemişti. Âdeta insanlar birbirlerine haber vererek içlerindeki öfkeyi belirtmek üzere siteye hücum etmişler gibiydi. Artık Jonathan'la alay edilmiyor, tam tersine yaptıklarına değer veriliyordu. İçinde keskin bir intikam ve adalet duygusu hissetti.

Aradığı videoyu bulmaya çalıştı ama kolay iş değildi bu. Sitenin mantıklı bir yapılanma biçimi yok gibiydi, bu yüzden tek tek bütün sayfalara girip çıkıyordu ama boşuna.

Birden görüntüyü tanıdı ve bütün dikkatini toplayarak filmi oynattı, sahnenin akışını titizlikle incelemeye koyuldu. Hepsi hepsi otuz ya da kırk saniye sürüyordu zaten ve sonunda Angela yeniden onu bu kadar rahatsız etmiş olan açıklanamaz huzursuzluğu hissetti. Dayanılmaz, iç bunaltıcı, anlaşılması çok zor bir duyguydu bu.

Acaba bu videonun içinde bilinçaltına hitap eden bir görüntü mü vardı? Hani şu reklamcıların filmlerine belli etmeden yerleştirdikleri cinsten, biz bilinçli olarak farkına varmadan dikkatimizi uyandıran gizli cinsel görüntüler gibi?

Küçük okun üzerini adım adım sağ tıklatarak sahneyi kare kare yeniden gözden geçirmeye karar verdi.

Sahne yavaş yavaş aktıkça, Angela her bir görüntüyü dondurarak sessiz bir dikkatle bütün görsel unsurları yakından inceliyordu. Gecenin serinliği onu ürpertince üzerine bir şeyler giymemiş olduğuna pişman oldu.

Bir anda, uzakta, arka planda bir yüz fark etti ve onu hemen tanıdı: Kafenin garsonuydu bu kız. Üst üste yedi karede görülebiliyordu ama Angela filmi normal hızda izlerken hiçbir seferinde onu fark etmemişti.

Adım adım devam etti. Sahnenin sonuna yaklaşıyordu ama hâlâ bir şey bulamamıştı. Kendisini rahatsız etmiş olan şey garson kızın görüntüsü olamazdı herhalde. Blogcunun o dükkânı filme almakta olduğunu zaten biliyordu, Jonathan'ın videolarında da burayı tanımıştı.

Birden çığlık attı.

Konuşanlardan birinin arkasında bir köşede, bulanık şekilde ama tanınabilir olarak telekızın silueti görülüyordu. Karşısındaysa gülümsemekte olan Michael'ın yandan görülen yüzü.

Angela gözlerini anlamı çok ağır olan bu görüntüden bir türlü ayıramadı.

Çabuk, tarih.

Videonun tarihi 7 Nisan'dı.

7 Nisan... Jonathan'ı yarı çıplak kızla yakaladığı ve ayrıldıkları günden bir gün önce.

Angela dudağını ısırdı, yüreği sıkışıyordu: O gün eve her zamankinden erken dönmesi için Michael ısrar etmişti.

"Yorgun görünüyorsun," demişti, "evine gidip dinlen, iyi gelir."

*

* *

Ryan hayretle başını iki yana salladı. Yorumların sayısı her geçen gün biraz daha katlanıyordu ve neredeyse tamamı da Jonathan'ı savunuyordu. Yorumlar bir yana sitenin ziyaretçi sayısı da baş döndürücü, akıl almaz bir katlanma gösteriyordu. Jonathan taraftarları haberi aralarında paylaşıyorlar, ağızdan kulağa çılgın gibi yayıyorlardı. Bu artık basit bir destek dalgası olmaktan çıkmış, tam bir tsunami halini almıştı.

Bütün bunlar Ryan'ın başını döndürüyordu. Aylar boyunca bu blogu birkaç düzine insan için canlı tutmuş, her gün sayılarının birazcık daha artmasını ummuştu ama şimdi olaylar onu tamamen aşıyordu. Aptallığı sergileme girişiminin ters tepki yaratmış olması, bloğunun konusunun tersine dönmüş olması can sıkıcıydı elbette ama onu asıl endişelendiren bu değildi. Ortada bundan daha büyük bir sorun vardı.

Sitenin yarattığı yankının büyüklüğü ürkütücü, akıl dışı bir yön taşıyordu. Kontrol dışı bir şeydi bu. Sanki koca bir salaklar ordusu ayaklanmış da içlerinden birini savunmak üzere onun üstüne yürüyor, ilerledikçe de aralarına yeni yeni gönüllüler katılıyor gibiydi.

Rakamları inceleyerek içini rahatlatmaya çalıştı. Ama rakamlar hiç de iç açıcı türden değildi. Blogun ziyaretçi sayısı birkaç gün içinde milyonu aşmıştı. Bu gidişle hafta sonuna kadar üç milyonu bulacağı belki de aşacağı anlaşılıyordu...

Yeniden yorumları okumaya geri döndü. Anlamaya çalışıyordu.

İnsanlar Jonathan'ı tarif etmek için kullandıkları övgülerde birbirleriyle yarışıyorlardı. Bunları okuyan söz konusu adamın örnek bir sistem karşıtı olduğunu sanırdı, bir kural yıkıcı, bireyciler diyarında kendinden başkalarına da düşünen biri, olumlu bir isyankâr, toplumsal sinir bozukluğundan sıyrılmış bir firari, tek başına bir direnişçi...

Herkes onda kendini buluyordu: Solcular onu bir hümanist olarak görüyor ve dayanışma edimlerini benimsiyor, sağcılarsa kişisel girişim ve yardımseverlik duygusunu göklere çıkarıyorlardı. Ateistler laik cömertliğini övüyorlardı. Dindarlara göreyse onun edimleri ilahi bir çağrının sonucuydu ve bir kadının ona arzuyla baktığı zamanlarda bile kaçıp gitmesinin kanıtladığı olağanüstü dirençliliğin altını çizerek günaha karşı koyuşuna hayranlık duyuyorlardı. Budistlere gelince onlar da onda son derecede saygıdeğer bir mesafelilik duygusu buluyorlardı.

Herkes kendi fikrini, kendi açıklamasını, kendi analizini ileri sürüyordu. Herkes bu edimleri kendi inanç ve değerlerinin doğrultusunda yorumluyordu. Jonathan'a sahip çıkıyorlar, onu kendi tekellerine almaya çalışıyorlardı.

Ryan korkmuştu.

Beyninin bir köşesinde kırmızı bir ışık hiç durmadan yanıp sönmekteydi: Bu videolar tamamen yasa dışıydı. Özel yaşamın ihlali. Her an biri Jonathan'ı ya da kurbanlarından herhangi birini tanıyabilirdi. İşte o gün kendisi de boka batmış olacaktı. Hem de tepesine kadar.

38

“Aşağılık herif neredeyse hayatımızı mahvedecekti ama senin önerdiğin hisselerimizi ona satarak çekip gitmek, öyle mi?”

Angela öfkeden çılgına dönmüş bir halde Jonathan’ın evinin salonunda bir ileri bir geri yürüyüp duruyordu. Jonathan ise bilgisayarının başında oturuyordu. Ekranda Michael, telekızla birlikte görülüyordu. Blogu ve kendi filmlerini keşfetmesi onun üzerinde tuhaf bir etki yapmıştı. Fazla bir şey söylememişti gerçi ama Angela içten içe altüst olduğunu bilecek kadar iyi tanıyordu onu.

“En çok kime öfkelisin?” dedi sonunda anormal derecede sakin bir sesle.

“Şu anda hem bize yaptıkları için ona hem de kendini paspas etmeye bu kadar hazır olduğun için sana!”

Jonathan başını kaldırıp ona baktı.

“Hepsi bu kadar mı?”

Kadın, çaresizliğini gösteren bir hareketle kollarını iki yanına bıraktı.

“Duymak istediğin buysa,” dedi sesini birden alçaltarak, “zamanında sana inanmadığım için kendime de kızıyorum ama bu Michael’ın yaptığını yanına bırakmamız için bir neden değil!”

Jonathan bir süre sessiz kaldıktan sonra içini çekti.

“Bize kötülük yapmış olan birinin yanında kalmak doğru değil. Buradan gitmek en akıllıca hareket olur.”

“Asıl gitmesi gereken o ama!”

“Yasal olarak onu buna zorlayacak hiçbir kanıt yok elimizde.”

Angela nefretle başını iki yana salladı.

“Gidelim,” dedi Jonathan. “Yeni bir iş kurarız, bunu yapabilecek güçteyiz, başımızın çaresine bakabiliriz. Yaşama güvenmemiz gerek.”

Angela patladı.

“Ona hisselerimizi satacak değiliz! Zaten aylardır bunun peşinde! Başımıza bu işleri de bu yüzden açtı zaten. İlişkimizi, ailemizi yıkıyordu neredeyse, sen de ona istediğini hediye etmek niyetinde misin?”

“Ne olursa olsun fazla seçeneğimiz de yok zaten. Hisselerimizi ondan başka kimin satın alabileceğini göremiyorum. Alıcı hemen bulunabilecek bir şey değil ki. O halde eğer aylar boyunca her sabah Michael'ın yüzünü görmeye devam etmeyi istemiyorsak...”

“Ağzına sıçayım.”

Jonathan içini çekti.

“Bırak onu, ne yaptığını bilmiyor.”

“Pisliğin teki o.”

“Bence ona kızmaktansa acımak gerekir...”

Angela üzüntüyle başını iki yana salladı.

“Savaşmak istemiyorum,” dedi Jonathan. “Hayatımın geri kalanını çatışmayla harcamak gelmiyor içimden.”

Angela kaşlarını çattı.

“Bunu da nereden çıkardın? Ben de sana ömrümüzün sonuna kadar hınç tutalım demiyorum ki...”

Jonathan konuyu değiştirmeye karar verdi. Şimdi ona kehanetten söz etmenin sırası değildi.

"Gidelim. Başka bir şey bulacağım. Ne olduğunu henüz bilemiyorum ama sana söz veriyorum ki onu yaptıklarına pişman edeceğim."

*
* *

Yarım saat sonra öğle yemeği için kafenin terasına çıktılar. Uzaktan bir kalabalığın kafenin orada toplanmış olduğunu fark ettiler. Yaklaştıklarındaysa içlerinden biri haykırdı: "İşte geliyor!" Bunun üzerine hepsi birden Jonathan'a doğru döndüler, o ise bir gazeteciler, kameramanlar ve ses teknisyenleri ordusunun üzerine doğru koşmakta olduğunu görünce olduğu yerde donakaldı.

*
* *

Bu koşullarda başarının ne değeri kalıyordu?

Bu soru, Austin Fisher'ın dünden beri işkence altında olan zihninde hiç durmadan dönüp durmaktaydı. Koçunun stratejisini fark etmek onu bir yıldırım gibi çarpmış ve bunun üzerine kendini o zamana dek hiç aklından geçmemiş olan sorgulamalara teslim etmişti.

Tepki vermesi için aşağılanmasını sağlamak, kazanması için özsaygısıyla oynamak...

Demek mesele buydu.

Bir soru aklından hiç çıkmıyor, onu sürekli olarak taciz ediyordu: Bu olmadan da başarılı olabilecek miydi? Narsistçe yaraları deşilmeden, geçmişin acıları uyandırılarak intikam susuzluğu çekilmeden, değerini başkalarına kanıtlamak için duyduğu hastalıklı gereksinim canlandırılmadan da bu zaferleri kazanabilir miydi?

Odanın bir köşesinde bir haber kanalını gösteren televizyonda ekrana ünlü birinin görüntüsü geldi. Austin içindeki gerginliği dağıtmak için derin bir soluk aldı.

Başarı sinir bozukluğu olanlara verilen bir ayrıcalık mıydı? Ona sahip olmak için vazgeçilmez olan insanüstü iradeyi kendinde bulabilmek için hasar görmüş bir egoya sahip olmak şart mıydı?

Hükümetlerin tepelerinde ya da büyük şirketlerin yönetici makamlarında ne kadar çok sayıda psikopat olduğuna bakılacak olursa bu soru gayet makul görünüyordu...

Özel terasındaki yüzme havuzuna bakan büyük pencereyi açtı. Kaygıları zihnine işkence ediyor, bu sarayda kendisine tahsis edilmiş olan dairenin ölçüsüzce büyüklüğüne karşın boğulduğunu hissediyordu. Sehpanın üzerinde duran kristal sürahiye öfkeyle bir tekme savurdu. Paramparça olan camlar mermer zemine saçıldı.

Bu lüks, boku yemiş bir özsaygının zararını karşılayan tazminat oluyordu.

Derin derin içini çekti. Kendini toparlaması, bu metafiziksel sorgulamaları daha sonraya bırakması gerekiyordu. Finalden sonraya.

Bir şişe Perrier açtı ve elinin altındaki kristal kadehe hiç aldırış etmeden şişeden büyük bir yudum içti. Açık pencerenin önündeki ince tüller hafif ve sessiz bir rüzgârın esintileriyle birlikte nazikçe dalgalanıyordu. Televizyonda yayımlanmakta olan röportaja birkaç saat önce de rastlamıştı. Bir zamanlar internet üzerinde herkesin alay konusuyken ani bir sempati dalgasıyla birdenbire göklere çıkarılan bir adamdı bu. Austin adamın yaşam hakkında, edimlerimizin, sözlerimizin taşıdığı değer hakkında, bizi başkalarına bağlayan şeyler hakkında, rekabetin anlamsızlığı hakkında söylediklerini tek kulağıyla bir kere daha dinledi...

"Başkalarıyla uyum içinde olmayı," diyordu adam gazeteciye, *"ve kendimle barışık olmayı seviyorum. Edimlerim kim olduğumu yansıttığında kendimi iyi hissediyorum."*

Sonra da ona yabancılar için neden böyle şeyler yapmakta olduğunu sordular.

"Yaşam bir oyun, diye yanıtladı adam. Ben de oynuyorum, risk alıyorum..."

Biraz sonra da ekledi: *"İyilik yapmak bana iyi geliyor."*

Austin bu tür düşüncelerden ışık yılları uzaklığındaydı ama yine de bu sözler içinde tuhaf bir yankı buluyor, onun durumuyla garip bir şekilde örtüşüyordu. Şimdiye kadar kendisi için seçmiş olduğu belirgin ve kararlı yönelimi sarsmakta olan sözlerdi bunlar. Şimdiye kadar...

Çünkü artık kendini, bir felaketten sonra kuzeyini yitirmiş bir pusula gibi hissediyordu.

Ne diye bu sözleri bugün, dünden beri içinde olduğu bu durumdayken duyması gerekiyordu? Yaşam ona neden böyle bir rastlantı, böyle bir eşzamanlılık sunuyordu?

Terasa çıktı ve üstündekileri çıkararak havuza atladı.

Canlandırıcı, güdümleyici soğuk onu kendine getirdi. Dipten, havuzun karşı tarafına geçip başını sudan çıkardı.

Bu maçı kazanacaktı. Tek başına. Herhalde dünya tarihinde bir Grand Slam turnuvasına koçsuz olarak hazırlanacak ilk sporcu olacaktı. Ama kazanacaktı. Kim olduğunu ortaya koyarak, sağlıksız psikolojik oyunlara başvurmadan kazanacaktı. Bu zafer ona ait olacaktı, yalnızca ve gerçekten ona.

39

Başkalarıyla uyum içinde ve kendimle barışık.

Jonathan'ın dudaklarından dökülen bu formül bir anamotif gibi bütün röportajlarda yineleniyordu.

Ryan medyanın kurbanına göstermekte olduğu ilgiye hâlâ inanamıyordu. Bu açıdan bakıldığında bloğunu hızlıca kapatmış olması da bir işe yaramamıştı. Bunun için çok geç kalmıştı ve etik konusunda fazla titiz olmayan internet kullanıcıları çoktan videolarını çalmış ve Youtube başta olmak üzere daha bir dolu siteye yüklemişlerdi bile. Jonathan'ın formülü dört bir yanda tekrar ediliyordu.

Boğazı düğümlenip karnı ağrıyarak blogunu Minneapolis kökenli sunuculardan kaldırmış ve internet üzerindeki bütün izlerini titizlikle silmişti. Bu bir güvenlik ve hayatta kalma sorunuydu. Ne keşmekeş! Şimdi kendini oyuncağı elinden alınmış, tek sevinç kaynağına el konmuş gibi hissediyordu. Şaibeli işleri bırakmış bir politikacı gibi sıkılıyordu.

Tıpkı mühür altına alınmış bir suç mahalli gibi malzemelerini oldukları yerde hiç el değmeden bırakmıştı. Üçayaklıları üzerindeki hareketsiz kameraları içleri samanla doldurulmuş kocaman birer böceği andırıyordu.

O gün bugündür Ryan yalnızca televizyona bakıyordu, herhalde filme aldığı o salakların da her gün yaptığı gibi. Hemen kendine başka bir şey bulması gerekiyordu, yoksa sonunda onlara benzeyecekti.

*
* *

O gün, sanki güneş bütün gün boyunca yatağında tembellik etmeye karar vermiş gibi sis dağılmayı reddediyordu. Zil sesi çınladı ve tramvay durdu. Jonathan aşağı indi. Nem yüklü havada uzaktaki okyanusun kokuları seçilebiliyordu.

Jonathan caddeden yukarı doğru çıktı. Yaz tatili bitmiş olmasına karşın şehirde hâlâ sezon sonrasının tadını çıkarmakta olan bolca turist vardı. Tramvay onun yanından geçip sessizce tepeyi tırmanmaya koyuldu. Şirket satışının ayrıntılarını yürütmekle görevli avukatın bürosu biraz ilerideydi. Eğer işi erken biterse Jonathan, Angela'yı arayacaktı. Belki o çevrede bir yerlerde buluşup bir iki kadeh bir şeyler içebilirlerdi.

Sakince yürürken birden karşısında gördüğü bir şey kanını dondurdu ve olduğu yerde kalakaldı: Ancak birkaç metre ilerisinde yaşamının sonunu bildirmiş olan Çingene kadın duruyordu. Daha genç olan, o ilk günden sonra bir daha bulamadığıydı bu. Caddenin kenarındaki ağaçlardan birinin dibine oturmuş, gözleri kapalı uyukluyor gibiydi.

İçinde coşmakta olan duyguların rahatsızlığı içinde Jonathan öylece durmuş kadına bakıyordu. Sonunda kendini topladı ve sessizce ona doğru yaklaştı. Kadın onun varlığını sezmiş olacaktı ki bir süre sonra gözlerini açtı. Hiçbir tepki vermedi, geçen seferki gibi kaçmaya kalkışmadı. Tam tersine ağacın dibinde oturduğu yerden hiçbir şey söylemeksizin Jonathan'ın yüzüne bakıyordu. Sonunda sessizliği bozan Jonathan oldu.

"Geçen sefer seni bulmaya çalıştım..."

Kadın tepki vermedi, kocaman, kapkara gözlerini dikip yüzüne bakmayı sürdürdü.

"Seninle konuşmak... Daha fazlasını öğrenmek istedim."

Sessizlik.

"Sonunda ablana rastladım... O da senin... kehanetlerini doğruladı."

Genç Çingene kadını ifadesiz bir yüzle oturuyordu. Jonathan onun ciddi suratındaki kara gözlerinde belli belirsiz bir merhamet ışığı seçer gibi oldu.

İnsanlar Jonathan'ın arkasındaki kaldırımdan geçip gidiyorlar, caddede arabalar yollarına devam ediyor, zaman zaman uzaktan tramvayın sessiz soluğu hissediliyordu. Ancak bütün bu hareketlilik ona çok uzak görünüyordu. Sanki Çingene'yle o dünyanın geri kalanından apayrı bir baloncuğun içindeymiş gibiydiler.

"Bana söyleyeceğin bir şey var mı?" diye sordu sonunda ne umduğunu kendi de bilmeden.

Kadın sessizce gözlerinin içine bakmaya devam etti. Sonra da Jonathan'ın kulağında daha önce dile getirmiş olduğu cümlenin yankısıyla hâlâ titreşmekte olan sesiyle konuştu.

"Halana sor."

40

Maç sayısı.

Austin hızlı bir hareketle alnından aşağı akmakta olan teri gözlerine girmeden sildi.

Dayan. Kazanacaksın.

Seyircilerin arasındaki gerginlik, fırtınalı bir gökyüzünde insanın çevresinde kıvılcımların fışkırmasını beklediği zamanki gibi açıkça hissedilebiliyordu. Her vuruştan önce tribünleri dolduran insanlar sanki streslerini atmak istercesine öksürüp tıksırıyorlardı.

Austin yaklaşık dört saattir güneşin altında sahadaydı ve üzerinde yorgunluktan eser yoktu. Maç sırasında yorgunluğun ne demek olduğunu bile bilmezdi. Bütün varlığı kazanmak üzere harekete geçmişti ve içinde hissettiği tek şey zaferin karşı koyulmaz çağrısıydı.

Final tahmin edildiğinden daha zorlu geçiyordu. Son derecede sıkı bir maç oluyordu. Volsh da tıpkı onun gibi iki set kazanmıştı ve beşinci sette altı altı berabere kalmışlardı. Uzatma oyunu başlamıştı. Austin 6'ya 5 öndeydi ama şimdi servis Volsh'taydı. Eğer bunu alırsa Austin hem maçı, hem turnuvayı hem de tenis tarihindeki yerini kazanmış olacaktı. Eğer Volsh üst üste iki sayı alacak olursa kupayı o kazanacaktı. Austin kariyeri boyunca her şeyin son ana kaldığı bu kadar tehlikeli bir durumda hiç bulunmamıştı. Sanki dört saat boyunca boşu boşuna mücadele etmiş gibiydiler.

Volsh topunu havaya fırlattı ve bütün gücüyle vurdu.

“Let,” diye bağırdı hakem.

“Faul,” diye devam etti top yanlış tarafa düşünce.

Mükemmel.

Volsh yeni bir topu yerde birkaç defa sektirdi. Gergin bir tikle yüzü bir an için çarpıldı. Austin kazanacağını hissedebiliyordu artık.

Volsh topu fırlattı ve geçen seferkinden daha yavaş vurdu.

“Faul,” diye haykırdı hakem. “Oyun, set ve maç Austin Fisher’ın!”

Devasa stadyumda alkışlar çınladı ve her şey çok çabuk oldu. İnsanlar bariyerlerin üzerinden atlayarak sahayı doldurdular. Volsh rakibini kutlamak üzere fileye doğru ilerledi.

Austin ise olduğu yerde donakalmıştı. Yerinden bir milim bile kıpırdamadı.

Kıpırdamadı çünkü biliyordu.

Volsh’un atışının faul olmadığını biliyordu. Çizginin üzerine, çizginin dış kenarının üstüne düşmüştü top. Kesinlikle geçerliydi.

Kimse bir tepki vermemişti. Belki de bunu tek gören kendisi olmuştu ama biliyordu işte.

Şimdiyse korkunç bir ikilem içinde bulunuyordu. Bir şey söylemezse bütün zamanların en büyük şampiyonu olarak tarih kitaplarına geçecekti. Gerçeği söylerse her şeyi riske atmayı göze alacaktı. Üstelik kararını hemen şimdi vermesi gerekiyordu.

Turnuva ekipleri podyumu kurmaya hazırlanıyorlardı bile. Herkes tepkisizliğinden şaşkına dönmüş bir halde ona bakıyordu.

Zihninde bulanık, belirsiz görüntüler ve fikirler olanca hızıyla birbirini kovalıyordu.

"Hayır," diye bağırdı birden.

Stadın üzerine bir anda sessizlik çöktü. Bütün o kalabalık, tek bir kişiymiş gibi donakalmıştı. Âdeta Tanrı gökyüzünde "Durdur" düğmesine basmış gibiydi.

Austin tıpkı yirmi iki bin sessiz seyirci gibi hayret içinde gözlerini kendisinden ayıramayan hakeme doğru yürüdü.

"Volsh'un atışı faul değildi."

Stadyumda bir mırıltı dolaştı.

Hakem videoyu izlemeye karar verdi.

Mırıltı giderek yayıldı, güçlendi, tam bir patırtıya dönüştü ve hakem mikrofonunu eline alıncaya dek sürdükçe sürdü.

"Oyun devam edecek. Austin Fisher ve Jack Volsh, beşinci setin uzatmasında altı-altı berabere."

Seyirciler arasındaki şaşkınlık giderek yayılırken Austin sahanın en arkasındaki yerine geri döndüğünde içinde hiç tanımadığı bir duygu, her zaman hissetmeye alışık olduğundan çok farklı bir gurur vardı.

Tribünlerde heyecan son haddindeydi ve hakem düzeni sağlamak için çağrıda bulunmak zorunda kaldı. Sonunda sessizlik geri geldi. Elektrik yüklü bir sessizlik.

Austin servise hazırlandı.

Son birkaç çığlık daha duyuldu.

Austin topu fırlattı ve vurdu.

Karşılıklı vuruşlar otuz saniye kadar sürdü ve sayıyı rakibi kazandı.

"Volsh 7-6 önde," diye duyurdu hoparlörlerden gelen madeni ses.

Austin dikkatini yoğunlaştırdı.

Volsh topa inanılmaz bir güçle vurdu ve daha Austin topa dokunamadan sayıyı kazandı.

Bitmişti.

Austin rakibinin zaferinin duyuruluşunu içinde, eskiden olsa bir bozgun sırasında hissedebileceği yıkıntıdan uzak, büyük bir sakinlikle karşıladı. Önce rakibini, sonra da hakemi selamladı. Bundan sonra her şey hızlıca aktı ve birkaç dakika sonra kendini podyumun üzerinde buldu. Huzurluydu. Zaferlerinden sonra hissettiği gücü her şeye yeterliğin muhteşem hissine eşlik eden zevk dolu adrenalin boşalmasını yaşamamıştı ama içinin en derinliklerinden yeni, sahici ve yoğun bir duygunun kendi gerçek değerini hissedişinin yükselmekte olduğunu fark ediyordu.

Jack Volsh, güçlü alkışlar arasında kupasını zaferle havaya kaldırdı. Austin'e ikincilik kupasını verdiklerindeyse kariyerinin başından beri ilk defa seyircilerin onun için ayağa kalktıklarını gördü.

41

San Francisco'dan Monterey'e giden yol bitmek bilmez göründü. Her ne kadar Çingene'nin itirafı Jonathan'ın içini inanılmaz ölçüde rahatlatmış olsa bile, halasına karşı da içinde belli bir kırgınlığa yol açmıştı.

İhtiyar, beyaz Chevrolet'si malikânenin eşiğinden içeri girip de servilerle çevrili dar yolda ilerlemeye başladığında sanki bu diyar burnundan alevler saçan ejderhaları bile yatıştırabilecek güçte, sarsılmaz bir iyi niyet havası soluyormuş gibi öfkesi bir anda, âdeta büyü yapılmışçasına uçup gidiverdi.

Jonathan arabadan inip adımlarının altında çıtırdayan çakıl taşlarının üzerinde eve doğru yürüdü. Çiçeklerin sayısı azalmıştı, mavi yıldız çiçeklerinin yerini pembe filbaharlar almış, akça ağacın yaprakları hafifçe kırmızıya çalmaya başlamıştı. Ancak bahçede hâlâ aynı atmosfer, içinde sürekli bir sakinlik taşımakta olan o yumuşak ve güzel kokulu hava egemendi. Aşağıda asırlık çamlar, çarpık gövdeleri okyanusun hâlâ eski koyuluğunu koruyan maviliği arasında görünerek yerli yerinde duruyorlardı.

Margie her zamanki iyi niyetli ve ışıl ışıl gülümsemesiyle verandada belirdi ve Jonathan onu kollarına alıp sıkı sıkı sarılmadan duramadı.

Öğleden sonranın güzelliğinin tadını çıkarmak için halası ona bahçede, rahat Hint hurması koltuklar üzerinde çay ikram etti. Jonathan halasıyla yüzleşmek için fırsat kolluyordu. Doğru sözcükleri bulamıyordu.

Margie üzerinde şık, porselen çay takımlarının bulunduğu tepsiyi sehpaya bıraktı.

"Demek artık her şeyi biliyorsun, öyle değil mi?" dedi birkaç dakika sonra kendiliğinden.

Hazırlıksız yakalanmış olan Jonathan başını sessizce sallayarak onayladı. Margie kendilerinden hiçbir şey gizlemenin mümkün olmadığı, benzersiz bir sezgiye sahip olan, önsezili insanlardan biriydi.

Dumanı tütmekte olan çayı fincanlara doldurdu. Havaya yavaş yavaş bergamot kokusu yayıldı.

Tek bir esinti bile yoktu. Uzakta, denizin üzerindeki hareketsiz tek bir yelkenli, sanki manzaraya resmedilmiş gibi duruyordu.

Burada zaman sonsuza dek durmuş gibiydi.

"Ölümün farkındalığı yaşam için esastır," dedi halası yumuşacık bir sesle.

Sarı bir kelebek çevrelerinde uçuşup bir camgüzelinin üzerine kondu ve birkaç kere daha kanat çırptıktan sonra hareketsiz kaldı.

"Toplumumuz ölümün inkârı içinde yozlaşıyor, dedi kendini koltuğunda geriye doğru atarak. Sanki o hiç yokmuş gibi davranıyoruz. Adını bile anmaktan çekinerek mecazlı söylemlerin arkasına sığınıyoruz: Örneğin yaşlı bir amcamızı yitirdiğimizde göçtü diyoruz, gitti, aramızdan ayrıldı. Onu kaybettik diyoruz, sanki sokağın köşesinde ya da süpermarketin şekerleme reyonunda yeniden buluverecekmişiz gibi."

Jonathan gülümsedi.

"Bizi ölüme yaklaştıran her şeyi yadsıyoruz," diye devam etti Margie. "Yaşlılık belirtilerini daha görünür görünmez özenle gizlemeye başlıyoruz. Sanki yaşlanmak utanç verici ya da ürkütücü bir şeymiş gibi yalnızca gençliğe ve onun erdemlerine değer veriyor, yalnız bunları öne çıkarıyoruz. Filozoflarımız bile yüzlerini gerdirip genç görünmeye çalışıyorlar!"

Güldü.

"Oysa," diye sürdürdü, "insanlara mutlu olup olmadıkları sorulduğunda evet yanıtını verenler yirmi yaşındakilerden çok daha fazla sayıda altmış yaşındakiler oluyor..."

Fincanı dudaklarına götürdü.

"Eskiden köylerde her hafta ailece mezarlığa gidilir, aile büyükleri ziyaret edilirdi. İnsanlar içlerinden onlara hitap eder, onlarla konuşur ve böylece bir bağı, onlarla aramızda ortak olan bir şeyleri korurlardı. Yetişkinler toprakla ilgilenir, çiçeklere su verirken çocuklarsa mezarların çevresinde oyunlar oynar, farkına varmadan ölümü ehlileştirirlerdi."

Margie birkaç yudum çay içti ve Jonathan da aynını yaptı. İçeceğin rahatlatıcı sıcaklığı bedenine yayılınca gevşediğini hissetti.

"Bugün ölümün inkârı her yeri ele geçirdi," diye devam etti Margie. "Kimilerinin sınırları zorlamak konusundaki takıntıları da bununla açıklanabilir. İster fiziksel sınırlar olsun, ister mali, ister mevkilerle, kişisel ilişkilerle, iktidarla ilgili olsun... Çağımızda bedenin sınırlarını zorlayan büyük sporculara, konumları ya da eserleriyle bir çeşit ölümsüzlük kazanmış gibi görünen şöhretlere bu kadar hayranlık duyuluyor olması da yine bundandır..."

Fincanını bıraktı.

"Oysa biliyor musun? Aslında çelişkili olarak, bizi özgür bırakabilecek olan şey de sınırlarımızın farkında olmamızdır. Ancak onları tamamen kabul edebildiğimiz zaman gelişebilir, yaratıcılığımızı ilerletebilir ve hatta büyük işler başarmaya bile başlayabiliriz. Sınırlarımızın en büyüğü, en kaçınılmaz olanıysa ölümdür... Yaşamımız gerçek anlamda ancak bir gün öleceğimizin farkına vardığımız ve bunu tamamen kabullendiğimiz gün başlar."

Camgüzelinin üzerindeki kelebek neşeyle havalanarak çiçeği hafifçe dalgalandırdı.

Uzakta, okyanusun üzerindeki yelkenli nihayet kendisini taşıyacak bir esinti bulmuş gibiydi.

Jonathan hiçbir şey söylemedi. Her ne kadar sahte kehanetin kendisine verdiği acıdan dolayı halasına hâlâ kızgın olsa da içten içe yaşamın değerini gerçekten ve daha önce hiç olmadığı şekilde bilmeye de ancak o ölüm kaygılarını aşabildikten sonra başladığının farkındaydı. Ciddi bir hastalığa yakalandıktan sonra kendilerine uğramış olan bu felakete minnettar kaldıklarını söyleyen insanları bundan sonra anlamaya başlamıştı.

"Ölümün farkındalığı insanın yanılsamalarından kurtulmasına izin verir," dedi Margie. "Yaşamımızda aslında neyin değerli olduğunu birden fark ederiz. O zamana kadar dikkatimizi ve enerjimizi harekete geçiren başka her şey bir kerede ikincil hale düşer. Körlüğümüzden kurtuluruz, içimizdeki kuruntular yok olur. Kendimize kendimiz olma, hissettiklerimizi ifade etme, yaşamak istediklerimizi yaşama izni veririz."

Çaydanlığı eline aldıktan sonra ekledi.

"İyi yaşamak, pişmanlık taşımadan ölmeye hazırlanmaktır."

Jonathan sessizce başını salladı.

"Hem sonra ölüm belki de o kadar korkunç bir şey değildir. Herkesin ölüm anlayışı, bununla ilgili inanışları farklıdır. Ancak dinî yorumlamaları bir yana bırakacak olsak bile, onun bir durumdan bir diğerine, başka bir yaşam biçimine geçmek anlamına geldiğini düşünmek için toprağa karıştığımızda yalnızca maddeden ibaret kalacağımıza inanmaktan daha fazla neden var ortada. Yaşama bu şekilde maddeci bakışın en inançlı savunucuları bile ortaya bir kanıt süremiyorlar. Buna karşılık ölümün kıyısından dönmüş insanlardan, hepsi birbirine uygun düşen pek çok bağımsız tanıklık var elimizde. Bunların her biri öyle bir iyilik, güzellik, ışık ve sevgi durumundan söz ediyorlar ki hiçbiri bundan sonra ölümden korkmuyorlar."

"Bunlardan birkaç tane ben de okumuştum, doğru söylüyorsun."

"Derin bir koma halinde, beyinlerinin yarı yarıya ölü olduğu bir durumda bulunduktan sonra açıklanamaz bir şekilde yaşama dönen ve komada oldukları süre boyunca çevrelerinde olup biten olayları, doktorların ya da yakınlarının söyledikleri sözleri aynen anlatabilen ve hatta bazen o sırada başka bir odada olup bitenleri bile bilebilen hastaların sayısı hiç de az değil. Ayrıca pek çok cerrah ameliyat ettikleri hastaların, uyandıklarında ameliyat sırasında içerideki personelin edimlerini ve sözlerini eksiksizce anlatabildikleri ve hiç görmedikleri başka bir salonda bulunan nesneleri de tarif edebildikleri tanıklıklar toplamışlar. Bu durum bilim adamlarının, maddecilerin bile başına gelmiş! Tabii sonrasında bu konudaki görüşlerini gözden geçirmiş olduklarını söylemeye bile gerek yok..."

Gülmeye başlayarak şunları da ekledi.

"Elbette ki bu yaşanmış deneyimlerden kesin sonuçlar çıkaramayız ama çoğu zaman beynimizde bulunduğunu varsaydığımız ruhumuzun, aslında bedenimizde hapis olmadığını, ondan özgür kalabileceğini ve hatta zamanı geldiğinde ondan tamamen ayrılabileceğini düşünmek için de aklımızı çeliyorlar."

Jonathan bu düşünce karşısında gülümsedi, buna inanmayı o da istiyordu. Margie sustu. Dindarca bir sessizliğe gömülmüş olan bahçe sanki uykuya yatmış gibiydi. O sırada bir kuşun ötüşü duyuldu. Tüyleri kopkoyu bir siyahlıkta olan bir karatavuk birkaç metre öteye konmuştu.

Birden Jonathan'ın aklından bir fikir geçti. Margie'ye doğru döndü.

"Çingene'yle büyük bir risk almışsın. Kötü tepki verebilirdim, sonum kötü olabilirdi..."

Halası en ışıltılı gülümsemesiyle yüzüne baktı.

"Seni ne tepki verebileceğini tahmin edebilecek kadar tanıyorum, tatlım. Hem ayrıca," dedi günah çıkarırcasına sesini alçaltarak gözlerinde yaramaz pırıltılarla, "gelip beni bulacağından da emindim!"

Jonathan yaşlı kadının ışıldayan yüzüne, muzip gözlerine baktı. Gerçekten de yaman bir kadındı bu.

Sonra da bakışını bahçeye ve okyanusun gökyüzüyle buluştuğu ufka kadar uzanan muhteşem manzaraya doğru çevirdi. Batı rüzgârı yükselince yeni yelkenliler de açılmıştı. Jonathan derin bir soluk aldı. Deniz havası sonsuzluk kokuyordu.

42

Haftalar geçmiş ve sonbahara özgü bir serinlik dalgasının ardından, San Francisco'nun sakinleriyle turistlerinin yüreklerini ısıtan güzel bir pastırma yazıyla birlikte yumuşak hava geri gelmişti.

Televizyonun karşısında geçirdiği uzun öğleden sonralarından usanmış olan Ryan, en sonunda uzun, siyah tüllerinin arkasında gizli duran kamerasına geri dönmüştü. Uzun zamandır hiç çekim yapmıyordu ama parabolik mikrofonunun kulaklıkları kafasında, gözü objektifin arkasında terastaki müşterileri seyrediyor, konuşmalarını dinliyordu. Nedenini kendi de bilmiyordu.

Bir kola kutusu açtı, bir yudum içti, ıslanan ellerini tişörtüyle kuruladıktan sonra görevinin başına geri döndü.

Üstü açık bir Porsche caddenin köşesinde, kafenin kenarında bulunduğu dar sokak boyunca park ediyordu. İçinden Michael indi. Ryan onu gözleriyle takip ederken gülümsedi: Bu arabayla görülmeye başlayalı on beş gün olmuştu ve o zamandan bu yana ilk defa Michael birkaç adım attıktan sonra yeni oyuncağına bakmak için durup arkasına dönmemişti.

Bir masaya yerleşti, dikkat çekmiş olup olmadığını kontrol etmek için çevresine bir bakındı. Bu huyu henüz değişmemişti. Bir işaretle garsonu çağırdı.

Ryan zum yaptı.

“Bir kahve,” dedi.

Garson başını sallayıp uzaklaştı.

Michael bakışlarını yeniden terasta gezdirdi ancak bir süre sonra gözleri sanki boşlukta kaybolmuş gibi bir noktaya dalıp gitti.

Garson kahveyi bıraktı ve çekildi.

Haftalardır Michael hep yalnız, masasında tek başınaydı. Kahvesini de böyle kendi kendine içiyordu. Bu manzara Ryan’ın içinde bir yerlere dokunuyordu. Sanki ömründe ilk defa birine karşı empati duyuyor, kendini onun yerine koyarak yalnızlığını hissedebiliyordu.

Geriye doğru zum yaptı. Teras neredeyse doluydu. Çok fazla turist vardı, kimileri biraz hödük, kimilerinin suratları bön.

Boş bir masa.

Bir süreden beri Ryan ne zaman bu terasta boş bir masa görse içinden neredeyse aşağıya inerek oraya, bütün bu insanların arasına geçip oturmak isteği duyuyordu. Belki de onları seyrede seyrede o da salaklaşmıştı artık.

Sağ tarafta siyah bir leke.

Kötü giyimli bir Çingene kadını, memeleri ortada terastan geçmekteydi.

Masaların arasından yavaşça süzülürken Michael’ın önünde durdu ve onun elini tuttu.

Ryan zum yaptı.

Michael dudaklarında keyifli bir gülümsemeyle kadını kendi haline bıraktı. O açık avucunun üzerine doğru eğilirken kendisi de durumdan yararlanarak dekolte manzarasının tadını çıkarıyordu.

Kadın onun elini bıraktı, bir an için sessizce yüzüne baktı ve sonra da bir mağaradan çıkar gibi boğuk gelen bir sesle Michael'ı olduğu yere çiviledi.

"Öleceksin."

*

* *

Chloé okul çantasını salonun öteki ucuna doğru fırlattı.

"Yapacak ödevlerin var mı?" diye sordu Jonathan.

"Daha sonra," diye kestirip attı kız.

Sonra da karşılık beklemeden koşarak bahçeye çıktı. Annesiyle babasının dün kurmuş oldukları kemere kadar koştu ve salıncağa bindi.

"Ne aldım tahmin et," diye seslendi Angela açık pencereden içeri doğru.

"Hiçbir fikrim yok," dedi Jonathan.

Chloé şu lanet olasıca salıncağı yerinden kımıldatabilmek için kıvranıp duruyordu.

"Gary mayalı ekmek pişirmeye başlamış."

"Sahi mi?"

Sonunda salıncak doğru yöne doğru sallanmaya başladı.

Daha hızlı!

"Kahvaltı için bir tane aldım."

"Buraya gelinceye kadar hiç kalır mı bilmem."

Chloé sürat kazanmayı başardı. Çok eğlenceli bir şeydi bu ve karnını fena halde gıdıklıyordu.

Biraz daha hızlı!

"Chloé! Ödevlerin!"

"Sonra..."

Biraz oyun oynamaya hakkım var...

Gitgide daha hızlı sallanıyor, daha yükseklere çıkıyordu.

Gökyüzüne kadar!

Bir anda kalçaları tahtanın üzerinden kaydı ve havada uçtuğunu hissetti...

"Aaaaaaaaaaaah!!!

Sırtüstü yere düşüşü şiddetli oldu. Sanki soluğu tıkanmış, sıkışmış, artık çalışmıyormuş gibi soluk alamıyordu.

Annesinin çığlıkları. Annesiyle babasının koşarak gelişleri.

Tamam, soluk alıyorum... Düzeldi... Of...

Kollarını, bacaklarını kımıldattı, sonra da yavaş yavaş karnının üzerinde yuvarlandı.

"Canım," diye bağırdı Angela üstüne atılarak.

"Neren acıyor?" diye sordu Jonathan çok endişeli.

Korktular.

"İyiyim," dedi Chloé ağlayarak.

Canı neredeyse hiç acımamıştı ama otların içinde karnının üzerine yatarken nedenini bilmediği halde ağlaması giderek artıyordu.

Gerçekten hiç şansım yok...

Annesi ona sıkıca sarılarak kızını öpücüklere boğdu.

"Geçti canım, geçti."

Birden Chloé, burnunun dibinde, gözlerinden akmakta olan yaşların arasında inanılmaz bir şey gördü. Daha iyi görebilmek için gözlerini kırpıştırdı.

Gerçekten de varmış...

Ona dokunmak üzere elini uzattı. Karşısındaki ot filizlerinin arasında, orada gözünün önünde, gerçek bir dört yapraklı yonca duruyordu.

Her Şeyin Mümkün Olduğu Bir Yerden İçinde Yaşadığımız Düzene Kurnazca Bir Meydan Okuma

Gözlerinizi kapatın ve bir düşünün...
Öyle bir yer var ki orada kötü olan hiçbir şey yok!
Nefret, intikam, kıskançlık, hırs, açgözlülük bilinmiyor...

Gündelik hayattaki amaçlarımızın bize ne derece hizmet ettiğine, insana ve insanın anlam arayışına dair, size ilham kaynağı olacak olağanüstü bir roman.